Erik Orsenna

DIE ZUKUNFT DES WASSERS

Erik Orsenna

DIE ZUKUNFT DES WASSERS

Eine Reise um unsere Welt

Aus dem Französischen von
Caroline Vollmann

Büchergilde Gutenberg

Die Originalausgabe erschien auf Französisch unter dem Titel:
L'Avenir de l'eau. Petit précis de mondialisation II

Mit 9 Karten

Lizenzausgabe für die Büchergilde Gutenberg,
Frankfurt am Main, Zürich, Wien
www.buechergilde.de
Mit freundlicher Genehmigung
des Verlags C.H. Beck, München
Für die deutsche Ausgabe:

Satz: Fotosatz Reinhard Amann, Aichstetten
Druck und Bindung: CPI – Ebner & Spiegel, Ulm
Gedruckt auf säurefreiem, alterungsbeständigem Papier
(hergestellt aus chlorfrei gebleichtem Zellstoff)
Printed in Germany
ISBN 978 3 7632 6366 0

Für Claude Durand

Inhalt

I. Porträt der Person

II. Trockenheit (Australien)

III. Auf seine eigenen Kräfte bauen (Singapur)

IV. Das Wasser ist auch der Tod (Kalkutta)

V. Alle Übel der Welt (Bangladesch)

VI. Die Flüsse zähmen und der Sauberkeit näherkommen (China)

VII. Gletscher und Stauseen

VIII. Der Jordan ist tot, es lebe die Entsalzung (Israel)

IX. Allgemeine Erwärmung und Solidarität im Mittelmeerraum

X. Einige afrikanische Fragen

XI. Erholung und Mitleid

XII. Öffentliche Regie oder privates Nutzungsrecht?

XIII. Die Schule des Teilens

XIV. An Hunger sterben, an Durst zugrunde gehen?

XV. Die Logik des Sushis 303

Vorwort

Eines schönen Tages, in vorgerücktem Alter, beschließen Sie, mehr über das Leben erfahren zu wollen. Sie lesen noch einmal die Bibel, Sie lesen den Koran. Sie wagen sich an die indischen Mythen. Verblüfft stellen Sie fest, dass sich alle Anfänge gleichen: Es war einmal das Wasser. Sie erkundigen sich bei den Wissenschaftlern: Diese versichern Ihnen, dass Sie in erster Linie aus Wasser bestehen. Da sagen Sie sich, dass es höchste Zeit sei, dieses Geheimnis zu ergründen. Umso mehr, als Sie Angst überkommt, sobald Sie die Zukunft befragen: Wird er genug Wasser haben, der Planet, der kranke Planet, den ich meinen Kindern hinterlassen werde? Genug Wasser, damit sie trinken und sich waschen können? Genug Wasser, damit die Pflanzen wachsen können, die sie ernähren sollen? Genug Wasser, um zu vermeiden, dass zu all den Gründen, aus denen Krieg geführt wird, der Wassermangel hinzukommt?

Das Besondere an einem Schriftsteller ist, dass er auf die Fragen, die er sich stellt, mit einem Buch antwortet.

Tom Rich, von dem ich nicht viel mehr weiß, als dass er Australier ist, ist der Urheber eines Satzes von großer Weisheit. Dieser Satz hat mich in den zwei Jahren meiner Nachforschungen immer begleitet: «Wenn Sie die Geschichte meines Landes studieren wollen, müssen Sie den Willen zu scheitern (*the will to fail*) in sich tragen.»

Ohne jeden Zweifel trage ich diesen Willen zu scheitern heimlich in mir.

Wie sollte es einem auch gelingen, dieses Universum im Universum, das Wasser, zu schildern, ohne etwas zu vergessen?

★

Das Wasser hat mich mitgerissen. Es hat mich zu sehr fasziniert. Ich habe zu viel erfahren, zu viel gesehen, zu viel kennengelernt. Und später habe ich zu viel geschrieben. Mein Manuskript ist monströs geworden. Besorgt um die Wälder, aus denen das Papier kommt, konnte ich unmöglich alles drucken. Da ist mir das Internet zu Hilfe gekommen. Unter www.erik-orsenna.com/blog finden Sie die Seiten, die Ihnen erlauben werden, die Reise fortzusetzen und der Debatte neue Nahrung zuzuführen.

⋆

Mein Dank gilt meinem Verleger. Seinem Vertrauen verdanke ich meine Freiheit, die Möglichkeit, dass ich meinen Fragen so weit und so lange nachgehen konnte.

I. Porträt der Person

Die wahre Natur des Wassers 1: Es ist ein Paar

Ich habe Lavoisier an einem Januartag im Jahr 2006, bei sehr schönem, sehr kaltem, sehr trockenem Wetter, auf 66° westlicher Länge und 66° 15′ südlicher Breite getroffen. Unser Schiff, die stolze *Ada 2* (Eigentümerin: Isabelle Autissier), bewegte sich langsam durch die Eisberge. Unser Ziel war Marguerite Bay (benannt nach dem Vornamen von Madame Jean-Baptiste Charcot). Und wie immer, wenn ich auf See bin, ließ ich die Karte nicht aus den Augen, zweifellos, um mich zu beruhigen. In der vollkommensten Einsamkeit und begleitet von dem so vielfältigen wie beängstigenden Lärm jeder Schifffahrt im Eis (armer, ständig von den *Growlers* bedrohter Aluminiumrumpf!) zogen zu unserer Linken die beschneiten Berge des antarktischen Kontinents (Graham-Land) vorbei, während sich zur Rechten eine Insel erstreckte, die von unseren berühmten forschenden Vorgängern «Lavoisier» getauft worden war.

Aber wer war eigentlich dieser Lavoisier? Die Kenntnisse der Mannschaft wurden zusammengetragen, ein mageres Wissen. Abgesehen von dem berühmten Satz, mit dem man seine Hinrichtung gerechtfertigt hatte («Die Revolution braucht keine Gelehrten»), und einigen dunklen Erinnerungen an seine Rolle als «Begründer der modernen Chemie» («Nichts geht verloren, nichts entsteht neu, alles verändert sich») wussten wir kaum etwas.

Ich tauchte in die Offiziersmesse ab, stellte den Computer an und entdeckte mit Hilfe des Internets eine jener Persönlichkeiten, wie sie das 18. Jahrhundert hervorzubringen verstand. Einen jener Männer, die alle beschämen, die heute von sich behaupten, *workaholics* zu sein.

So erfuhr ich, dass er abwechselnd Rechtsanwalt, Generalpächter (Aktionär einer privaten Gesellschaft zum Einzug indirekter Steuern), Berater eines Generalkontrolleurs der Finanzen (Turgot), Leiter der Salpeter- und Pulverfabriken, Betreiber eines landwirtschaftlichen Guts (1129 Hektar), Ratgeber eines anderen Generalkontrolleurs der Finanzen (Necker), Verfasser von ungefähr hundert Berichten (über die Straßenbeleuchtung, die Reinhaltung der Städte, die Reform des Hôtel-Dieu in Paris, die Schaffung von Schlachthöfen, die Modernisierung der Landwirtschaft, die Verbesserung des Schulwesens ...), Verwalter der Diskontokasse, Mitorganisator der Entdeckungsreise von La Perouse usw. usf. war. Parallel dazu war sein Beitrag zur Wissenschaft ebenso vielseitig wie entscheidend: Von seinem ersten Memorandum (über den Gips), das er mit 22 Jahren verfasste, bis zu seinem erbitterten Kampf für die Vereinheitlichung der Maße und Gewichte trug er zum Fortschritt zahlloser Baustellen des Wissens bei, ohne dabei sein großes Werk zu vernachlässigen: die Begründung der modernen Chemie.

Wie könnte man ein eher kurzes Leben besser ausfüllen: 51 Lebensjahre (1743–1794)?

Kurz, Antoine-Laurent de Lavoisier war ein unersättliches Genie. Viel mehr als ein Enzyklopädist war er ein Mann, der an allen Fronten das Wissen vorantrieb, von dem die *Encyclopédie* zeugt.

Sein Interesse für das Wasser beginnt mit dem Jahr 1768. Kaum in die Akademie der Wissenschaften aufgenommen, beauftragt ihn diese, den von einem Ingenieur, einem gewissen Antoine de Parcieux, entworfenen Plan eines Aquädukts zu begutachten, über den die Pariser sauberes Wasser aus dem Flüsschen Yvette erhalten sollen. Paris wird zu der Zeit nur über die Seine versorgt, die gleichzeitig die Kanalisation ersetzt. Voltaire, der, wie man weiß, zu allem etwas zu sagen hat, schreibt an diesen Antoine, um ihn seiner Unterstützung zu versichern:

«Sie haben vorgeschlagen, den Häusern der Stadt Paris das Wasser zu liefern, das ihnen fehlt, und uns am Ende vor der Schande und der Lächerlichkeit zu retten, jeden Tag den Ruf: ‹Wasserholen!› hören und Frauen sehen zu müssen, die, eingespannt in einen länglichen Reifen, zwei Eimer Wasser, die zusammen dreißig Pfund wiegen, in einen Abtritt in der vierten Etage hinaufschleppen. Erweisen Sie mir die Liebenswürdigkeit, mir zu sagen, wie viele Tiere mit zwei Händen und zwei Beinen es in Frankreich gibt ...»

Der Aquädukt sollte 8 Millionen kosten.

Der Plan wurde fallengelassen: Die Obrigkeit zog es vor, die Oper wieder aufzubauen, die gerade abgebrannt war.

Aber Lavoisier hat von jener Studie profitiert, hat weitere Beobachtungen angestellt und neue Methoden der Analyse vorgeschlagen. Seine Schlussfolgerung ist eine politische. Man kann sich, sagt er, wie es heute Mode ist, mit dem Heilwasser beschäftigen. Aber nichts ist wichtiger als die Qualität des Trinkwassers.

«Von ihm hängt tatsächlich die Kraft und die Gesundheit der Bürger ab, und wenn das erstere (das Heilwasser) bisweilen einige wertvolle Köpfe des Staates ins Leben zurückgerufen hat, so erhält letzteres (das Trinkwasser), indem es unausgesetzt die Ordnung und das Gleichgewicht im animalischen Körper wiederherstellt, alle Tage eine wesentlich größere Zahl Menschen am Leben. Die Untersuchung des Mineralwassers im engeren Sinn interessiert also nur einen kleinen, entkräfteten Teil der Gesellschaft. Die Untersuchung des Wassers des täglichen Gebrauchs interessiert die ganze Gesellschaft und besonders jenen tätigen Teil, dessen Arme gleichzeitig die Kraft und den Reichtum eines Staates ausmachen.»

Inmitten des herrlichen Jahrhunderts der Aufklärung wird das Wasser nicht länger zögern, sein Geheimnis preiszugeben. Zu viele Gelehrte setzen ihm mit immer bohrenderen Fragen zu. In nicht allzu weiter Ferne wird es gewiss reden. Wer wird der Erste sein, der sein Geständnis vernimmt?

Henry Cavendish ist ein begüterter englischer Industrieller. Zu seinem Vergnügen untersucht er die «Lüfte», mit anderen Worten: die Gase. Eines Tages, im Jahr 1766, als er Vitriol (Schwefelsäure) auf Eisen gießt, sieht er ein Gas entweichen, das entzündlich ist. Es ist Wasserstoff. Acht Jahre später, 1774, entdecken der Schwede Carl Wilhelm Scheele und der Engländer Joseph Priestley mit wenigen Monaten Abstand den Sauerstoff (die «Lebensluft»).

1781 beobachtet ein anderer Engländer, John Warltire, dass eine Mischung aus Lebensluft und Wasserstoff, durch eine Flamme entzündet, Feuchtigkeit erzeugt.

Priestley bestätigt es, informiert Cavendish, der wiederum Lavoisier informiert. Dieser beschließt, alles andere zu unterbrechen und zusammen mit seinem Freund Laplace das Experiment durchzuführen. Das Ergebnis, das sie am 25. Juni 1783 in der Akademie der Wissenschaften vorlegen, ist eine Revolution:

«Wenn man unter einer Glasglocke etwas weniger als zwei Teile entzündbarer Luft mit einem Teil Lebensluft verbrennt ..., wird die Gesamtheit der beiden Lüfte absorbiert, und man findet ... eine bestimmte Menge Wasser vor, die dasselbe Gewicht hat wie die beiden Lüfte, die man verwendet hat.»

Entgegen allem Anschein und einem jahrtausendealten Glauben ist das Wasser *keine einfache Substanz*, sondern das Ergebnis einer Zusammensetzung, der Vereinigung von Wasserstoff und Sauerstoff.

★

Das Petit Arsenal wurde von Franz I. (1494–1547) im Süden der Bastille erbaut, um dort Pulver herzustellen. Heute zerstört, nahm es ein großes Rechteck ein, das bis zur Seine reichte. Dort haben sich die Lavoisiers eingerichtet. Der Tagesablauf von Antoine-Laurent ist unverrückbar. Fünf Uhr: aufstehen. Von sechs bis neun Uhr: wissenschaftliche Experimente. Von neun bis zwölf Uhr: die Pacht (Finanz- und Steuergeschäfte). Von 14 bis 19 Uhr: Verwaltung der Pulverfabriken und Akademie der Wissenschaften. Von 19 bis 22 Uhr, nach einer leichten Abendmahlzeit: Rückkehr ins Laboratorium ... Der Samstag ist ausschließlich den Experimenten vorbehalten: Dies ist sein liebster Tag. Das riesige Laboratorium ist im Dachgeschoss untergebracht. Lavoisier arbeitet dort nicht allein. Zunächst übernimmt seine Frau, Marie-Anne, die Rolle der Sekretäre, auch die der Schreiber. An einem kleinen Tisch sitzend, zeichnet sie die Versuchsanordnungen, notiert die Maße, hält die Ergebnisse fest, sammelt die neuen Anregungen. Um alles verstehen zu können, hat sie sich in die Chemie eingearbeitet. Und um mit den Forschern im Ausland korrespondieren zu können, hat sie Englisch gelernt. Neben einigen Gehilfen und technischen Assistenten sowie ausgesuchten Schülern kommen Wissenschaftler aus ganz Europa, um den Meister arbeiten zu sehen (seine Methoden zu kommentieren und sie, immer misstrauisch, auf ihre Stichhaltigkeit zu überprüfen). Lavoisier kennt es nicht anders: Vor diesen nicht immer ruhigen Zuschauern, umgeben von einem ständigen Getöse, führt er seine Arbeiten durch.

Er beschließt, das Experiment von 1783 zu wiederholen und die Ergebnisse dieses Mal genau zu beziffern. Um bei der erneuten Synthese dabei zu sein, herrscht am 27. Februar 1785 großer Andrang: Außer den üblichen Gästen sind nicht weniger als dreißig Gelehrte, Franzosen und Ausländer, da! Keiner will das Ereignis verpassen. Und eine Delegation der englischen Royal Society hat sich selbst eingeladen, nur um mögliche Betrügereien aufzudecken, auf die man in Paris immer gefasst sein muss.

Drei Tage und drei Nächte lang kommen und gehen die Leute, diskutieren und beobachten. Nicht genug, dass Marie-Anne das Experiment Schritt für Schritt protokolliert, sie empfängt und erklärt auch noch, beschwichtigt die Ungeduldigen, entwaffnet die Eifersüchtigen, teilt Frühstück und Abendbrot aus. Sodass die Gäste am Ende nicht nur überzeugt vom Genie Lavoisiers, sondern auch bezaubert von seinem Hauswesen zurückkehren. Arthur Young ist unser Zeuge:

«Ich war erfreut, diesen Mann prächtig untergebracht anzutreffen; allem Anschein nach verfügt er über ein ansehnliches Vermögen. Das bereitet Vergnügen: Die Ämter des Staates können in keine besseren Hände fallen als in die von Männern, die den Überfluss ihres Reichtums so gebrauchen.»

Gehen Sie in diesem Rechteck von Paris spazieren, auch wenn das Petit Arsenal verschwunden ist. Der Genius der Bastille wacht oben auf seiner Säule über Sie. Linker Hand, ordentlich aufgereiht an den Quais eines kleinen Hafens, warten Boote auf höchst unwahrscheinliche Fahrten. Und auf der anderen Seite, mitten zwischen reizlosen Gebäuden, die eine Kaserne der Pariser Gendarmerie überragt, schwebt die Erinnerung an jenes Laboratorium, in dem das Geheimnis des Wassers gelüftet wurde. Jedesmal denke ich wieder an jene Frau, Marie-Anne. 1785 ist sie 27 Jahre alt. Ein Freund ihres Mannes, aus Nemours, verliebt sich auf den ersten Blick in sie: Pierre-Samuel Du Pont. Er ist einer jener jungen Leute, die, um der Nation zu mehr Reichtum zu verhelfen, die französische Volkswirtschaft aus dem Schlaf rütteln wollen: Man nennt sie die Physiokraten. Marie-Anne wird seine Mätresse. Die Liebe ihres Liebhabers wird nie schwinden. Als die Schreckensherrschaft Lavoisier enthauptet, schlägt Pierre-Samuel Marie-Anne vor, zu heiraten. Da sie ablehnt, bricht er verzweifelt in die Vereinigten Staaten von Amerika auf. Er wird dort, nicht ohne Erfolg, Pulver und andere chemische Produkte herstellen: Du Pont de Nemours.

Die wahre Natur des Wassers II: Ein zerstörerisches Paar

Das Paar Sauerstoff – Wasserstoff hält nicht so fest zusammen, wie es scheint. Um genauer (und völlig taktlos) zu sein, der Sauerstoff wird mehr als recht und billig von jenen kleinen, leichtfertigen und negativen Tierchen angezogen, die man Elektronen nennt. Diese Anziehungskraft destabilisiert den Wasserstoff, dessen Neigung sich eher dem Positiven zuwenden würde. Nun weiß jeder, dass ein Paar, bei dem es kriselt, eine Gefahr für alle anderen Paare darstellt. Wenn man einander nicht völlig genügt, widersteht man nicht immer der Versuchung, sich anderswo umzusehen.

Und so kommt es, dass das Wasser, wenn es zum Beispiel auf Salz trifft, die Scheidung der beiden Elemente heraufbeschwört, aus denen dieses zusammengesetzt ist. Das Natrium und das Chlor versuchen zu kämpfen. Aber wie sollen sie Widerstand leisten, wenn die Scheidekraft des Wassers achtzigmal stärker ist als die Anziehungskraft, die sie zusammenhielt? Schritt für Schritt, unaufhaltsam, entfernen sich Natrium und Chlor voneinander. So muss man den Machenschaften dieser guten Freundin, des Wassers, das angeblich so sanft, ja die Unschuld selbst ist, tatenlos zusehen. Um sicher zu gehen, dass die Natriumteile und die Chlorteile nicht mehr miteinander in Kontakt treten, werden sie von kleinen Wassermolekülen umgeben, eines nach dem anderen belagert, so dass sie für immer getrennt bleiben. Die Zusammenballung hat sich im Handumdrehen in eine Gruppe kleiner Inseln verwandelt. Und so, durch Zerstückelung, durch Umzingelung, löst das Wasser das Salz auf. Und Dutzende, Hunderte andere Elemente. Nur wenige, sehr wenige, leisten ihm Widerstand.

Ein einfacher Regen, ein Guss von zehn Millimetern, kann hundert Kilogramm Sand pro Quadratkilometer auflösen ...

Die Alchimisten zogen aus dieser Kraft unhaltbare Schlüsse. Aber sie täuschten sich nicht, als sie im Wasser das allgemeine Auflösungsmittel, den Akteur aller «gemischten Körper» sahen. Denn, einmal geschieden, können sich die Elemente anderweitig wieder verbinden.

Das Wasser trennt, es treibt zur Scheidung. Aber nur, um eine bessere Heirat zu ermöglichen: Wechselt den Partner, sagt es, versucht es mit einer anderen Begleiterin, und ihr werdet sehen, euer Leben wird neuen Schwung bekommen.

Die wahre Natur des Wassers III: Schöpferischer Ehrgeiz

Den Wind kenne ich, glauben Sie mir, sehen Sie nur, wie er weht. Jeder Sturm, der sich erhebt, will vor allem zerstören.

Mit dem Wasser ist es etwas anderes. Es trägt den immerwährenden Wunsch in sich, die Welt neu zu gestalten.

Durch seine privilegierte Mittlerrolle vollziehen sich die klimatischen Veränderungen.

Wenn die Temperatur fällt, überzieht sich eine Hälfte der Erde mit Eis.

Wenn sich die Atmosphäre erwärmt, verliert der Regen jedes Maß. Anstatt seine Wohltaten gleichmäßig und friedlich zu verteilen, konzentriert er sich auf bestimmte Regionen und bestimmte Perioden, schafft hier Wüsten und verheert anderswo alles durch unabwendbare Überschwemmungen. Aber man glaube ja nicht, dass er in ruhigeren Zeiten untätig sei. Er arbeitet unablässig. Und vor allem greift er an.

Unter seinem sanften Äußeren ist das Wasser angriffslustig. Es kann nichts dafür, das ist seine Natur. Das Felsgestein ist sein erstes Opfer. Das Wasser löst es mit der Zeit auf.

Aber das Wasser attackiert, wirklich furchterregend, auch unverschämter, direkter. Die Regentropfen und die Flutwellen sind wie Geschosse, die alle Arten von Material sprengen können. Diese ungeheure Kraft des Wassers wird häufig in der Industrie genutzt: Ein dünner Strahl unter sehr hohem Druck kann selbst Stahlplatten zerschneiden.

Ist diese schöne Zerstörungsarbeit beendet, brauchen die Flüsse nur noch die isolierten Teilchen zum Meer zu tragen. Denn das Wasser, nicht damit zufrieden zu zerstören, transportiert auch. Das ist sogar sein bevorzugtes und im übrigen auch notwendiges Spiel: Wenn es die Trümmer nicht wegschaffte, würden sie es daran hindern, neue Felsen anzugreifen.

Wir verdanken dem Wasser den größten Teil unserer Landschaften.

Die wahre Natur des Wassers IV: Eine Materie, die nicht an derselben Stelle bleibt

Die Griechen fragten sich: Die Flüsse fließen unablässig ins Meer. Und trotzdem steigt der Meeresspiegel nicht an. Sie dachten nach und fanden eine einleuchtende Erklärung für dieses Wunder, einen unwiderlegbaren Vernunftschluss: Es ist das Meer, das die Flüsse hervorbringt. Ihre Quellen liegen in ihm! Und das Feuer des Erdinnern entzieht dem Meerwasser das Salz durch Destillation. Auf diese Weise erhält das Meer nur das zurück, was es hergegeben hat.

Wir wissen heute, dass diese schöne Geschichte – leider! – falsch ist. Aber der Gedanke eines Kreislaufs des Wassers war geboren. Die Wissenschaft anderer Völker konnte darauf aufbauen.

Die Griechen hatten es sich zu einfach gemacht. Sie glaubten, das Wasser sei nur eine Sache des Wassers, dabei mischen sich auch noch andere Persönlichkeiten ein: der Himmel, die Sonne und die Pflanzen.

*

Pierre Perrault hatte einen Bruder mit Vornamen Charles, der Lügenmärchen erzählte: König Blaubart, der kleine Däumling, der gestiefelte Kater ...

Pierre war sehr viel ernsthafter, er interessierte sich nur für den Regen. Unermüdlich maß er den Niederschlag, der im Hochtal der Seine fiel. Dann maß er die Wassermenge, die aus diesem Becken abfloss. In einer höchst gelehrten Abhandlung, *De l'origine des fontaines* (1674), veröffentlichte er das wichtigste Ergebnis seiner Beobachtungen: Wasser war verschwunden. Die Menge, die aus den Wolken fällt, ist viel größer als die Menge, die sich durch die verschiedenen Rinnsale, Bäche und Flüsse ergießt. Wo war das fehlende Wasser geblieben? Das war die entscheidende Frage.

Fassen wir zusammen. Von der Sonne erwärmt, verdunstet das Wasser (vor allem das der Ozeane), und die Pflanzen transpirieren. Der Himmel nimmt diese Ausdünstungen auf und erstattet sie von Zeit zu Zeit zurück: Es regnet.

Rinnsale verschiedener Art entstehen, die die Gewässer anschwellen lassen. Diese verdunsten zum Teil, und zum Teil versorgen sie die Pflanzen mit Wasser, die erneut transpirieren ...

Und alles beginnt wieder von vorne.

Auf diese Weise erneuern sich das Wasser der Flüsse und der Dunst in der Luft (in ungefähr zehn Tagen), das Wasser der Meere (in dreitausend Jahren) und das Süßwasser, vor allem das in den Regionen der Pole (in 12 000 Jahren), unaufhörlich. Woraus man einmal mehr ersieht, dass die Natur unzählige Uhren in sich verbirgt.

Seit sie existiert, das heißt seit Hunderten von Millionen Jahren, ist dieser Wasserkreislauf, dem wir das Leben verdanken, immer derselbe geblieben.[1]

Die wahre Natur des Wassers V: Seine Freigebigkeit

Tückisch, gewalttätig, unbeständig ...

Aus den bisher erwähnten Eigenschaften könnten Sie schließen, ich hasste das Wasser. Nichts liegt mir ferner! Fasziniert von dieser Persönlichkeit, habe ich mich bemüht, mir meinen Scharfblick zu bewahren. So, wie man sich bei einer zu schönen Frau auf gewisse Fehler konzentriert, wohl wissend, dass man ihr erliegen wird.

Denn nun sind wir im Herzen der Natur des Wassers angelangt: seiner Fähigkeit zu geben.

Wir verdanken ihm nicht nur den Großteil des Stoffs, aus dem wir gemacht sind, es erlaubt diesem Stoff auch, sich zu beleben. Ohne das Wasser wäre die Mechanik, die man Leben nennt, niemals in Gang gekommen, und sie hätte niemals funktioniert.

Lassen wir unseren Hochmut fallen! Groß oder klein, potthässlich oder Doppelgänger von Brad Pitt und Naomi Watts, zu muskulös oder völlig schlaff, platt wie eine Flunder oder drall wie die Bellucci, wir alle bestehen vor allem aus Wasser.

Neugeborene Kinder sind in erster Linie flüssige Wesen: Dreiviertel ihres Körpers besteht aus Wasser. Mit zunehmendem Alter werden wir fester. Ohne jedoch unseren Wasseranteil zu verlieren: Der erwachsene Mann besteht zu 55 Prozent aus Wasser, die Frau nur zu 50 Prozent. Ist dieser Unterschied vielleicht der Grund für die höhere Lebensdauer unserer Lebensgefährtinnen? Das Wasser in unserem Körper ist ungleich verteilt. Manche Organe sind, entgegen allem Anschein, ausschließlich oder fast ausschließlich aus Wasser: die Nieren (81 Prozent), das Herz (79 Prozent), das Gehirn (76 Prozent). Andere sind (ein wenig) trockener, etwa die Haut (70 Prozent). Nur die Knochen widerstehen, mehr oder weniger gut, jener alles beherrschenden Feuchtigkeit. Nicht zu vergessen das Elfenbein der Zähne (1 Prozent).

In unserem Körper ist das Wasser überall. Es findet sich an erster Stelle im Innern der Zellen, wo es eine entscheidende Rolle spielt. Das Wasser hält alle Elemente der komplizierten chemischen Fabrik, die eine Zelle darstellt, zusammen. Es erlaubt deren reibungslosen Gang, es ermöglicht die Reaktionen, den Austausch, die Synthese: Es ist das Medium, das Forum, der Träger der gesamten Kommunikation.

Das Wasser ist auch außerhalb der Zellen gegenwärtig. Sie baden in einer Flüssigkeit, die interstitiell genannt wird. Diese Flüssigkeit kommt aus den winzigen Blutgefäßen, die zwischen den Zellen pulsieren. Die interstitielle Flüssigkeit dringt zunächst in die Zellen ein, um sie zu ernähren, und verlässt sie später mit den Abfallstoffen. Diese kehren teilweise in die Mikroblutkanäle zurück, der Rest wird über ein anderes Netz abtransportiert, das der Lymphe. Interstitielle Flüssigkeit, Blut und Lymphe bestehen fast ausschließlich aus Wasser. Das Wasser kommt und geht durch die Zellmembran. Diesen Vorgang nennt man Osmose. Die Osmose ist die größte Schleuse, die man sich denken kann, und das Wasser ist ihr Akteur.

Schließlich gibt es verschiedene andere Flüssigkeiten, die für uns ebenso unentbehrlich sind: der Urin, die Gehirn-Rückenmarksflüssigkeit, die Gelenkflüssigkeiten, das Augenkammerwasser. Nicht zu vergessen die Tränen. Und nicht zu vergessen die dicken Leitungen voller Blut, die zum Herzen führen und von dort ausgehen … Alle diese Flüssigkeiten bestehen hauptsächlich aus Wasser.

Der Körper speichert kein Wasser. Einmal gebraucht, beseitigt er es.

Dank der Nieren, die das Blut filtern und die Abfallstoffe ausspülen (das ist der Urin).

Dank gewisser Drüsen in der Haut, der sogenannten Schweißdrüsen. Sie entziehen den Blutgefäßen einen Teil des Wassers und scheiden es durch die Poren aus (das ist der Schweiß). Dieser Schweiß erzeugt beim Verdunsten Kühle. Eine wohltuende Regulierung der Körpertemperatur in der warmen Jahreszeit!

Und Dank der Lungen: Beim Ausatmen hauchen wir Luft aus, die Wasserdampf enthält.

Was ist Durst?

Eines der nützlichsten Gefühle.

Der Hypothalamus ist eine zentrale Region des Gehirns, genau zwischen den beiden Gehirnhälften. Er spielt eine entscheidende Rolle für das große Gleichgewicht des Lebens. Dazu verfügt er über Sensoren. Angenommen, sie schlagen Alarm: Die Konzentration des Bluts hat soeben zugenommen. Die Botschaft wird an die Hypophyse (eine Drüse oben im Nacken) weitergegeben. Die Hypophyse reagiert mit der Ausschüttung eines Hormons. Dieses löst das Durstgefühl aus, das einen veranlasst zu trinken. Und das Hormon führt noch zu einer weiteren Reaktion: Es befiehlt den Nieren, weniger Urin auszuscheiden.

Und so, auf doppelte Weise wieder mit Wasser versorgt, erreicht das Blut wieder seine optimale Konzentration.

★

Die Freigebigkeit des Wassers erstreckt sich auch auf die Vegetation.

Pflanzen bestehen wie wir im Wesentlichen aus Wasser; ein Salatkopf zu 97 Prozent, eine Tomate zu 93 Prozent.

Und auch in den Pflanzen zirkuliert das Wasser. Aber sie haben kein Herz (keine Pumpe). Durch die Transpiration der von der Sonne erwärmten Blätter steigt der Saft (Wasser + Nährstoffe) aus den Wurzeln auf. Wie bei den Menschen kühlt die Transpiration die Pflanze ab.

Diese Verdunstungstranspiration ist der Grund für den großen Wasserbedarf der Pflanzen: Der Kreislauf muss ständig neu versorgt werden.

Das Wasser, das in der Pflanze bleibt, ist an der Photosynthese beteiligt. Mit Hilfe der Energiezufuhr der Sonne und des CO_2, das sie aus der Atmosphäre aufnimmt, erzeugt die Pflanze Sauerstoff und stellt die Substanzen her, die sie braucht.

So sorgen die Pflanzen also für Luftfeuchtigkeit: Sie sind ständige Quellen von Wasserdampf. Daher vermindert jede Verkleinerung der Pflanzendecke die Niederschlagsmenge. Die Pflanzen brauchen Wasser. Aber ihr Wasserbedarf ist für uns Menschen eher eine klimatische Partnerschaft als eine Konkurrenz.

Die wahre Natur des Wassers VI: Seine Verbindungen mit der Macht

Ein wahres administratives Blätterteiggebäck, das ganz unten, vor Ort, mit der Landwirtschaftsschule beginnt und ganz oben mit dem Staatsoberhaupt endet, dazwischen die Regionen (42), aufgeteilt unter zwei Wesiren (der eine zuständig für den Norden, der andere für den Süden) …

Der Zentralismus und die Bürokratie des alten Ägypten stehen den modernen Staaten in nichts nach.

Außer dass diese akribische und leidenschaftliche Organisation damals für das jährliche Eintreffen des *Hapi* im Monat Juli nötig war.

Hapi bedeutet in der althergebrachten Sprache «derjenige, der läuft und sich ausbreitet». Mit anderen Worten, das jährliche Nilhochwasser, die einzige Quelle des ganzen Reichtums in der Wüste, die Ägypten ist und der es praktisch an allem mangelt. Pharao ist ein Abkömmling von Re, dem Sonnengott «der ersten Stunde», und ein Sohn von Osiris, also ein Bote der Götter auf der Erde der Menschen, *der* Priester, der einzige Vermittler der *Ma'at* (der Ordnung der Welt). Er regiert über das riesige Doppelland und verkörpert die Einheit von Ober- und Unterägypten. Tatsächlich gehört ihm alles Land. Da er der einzige Erbe des göttlichen Schöpferprinzips ist, liegt seine Hauptverantwortung darin, dieses Land am Leben zu erhalten. *Hapi* gut zu empfangen, ist seine erste Pflicht. Nichts von dieser Gabe des Himmels zu verlieren. Das heißt, das Wasser zu beherrschen.

Diese Herrschaft bedeutet eine unerbittliche Kontrolle des Bodens (Landvermessung und Kataster) und immer neue Einfälle für die Bewässerung (zum Beispiel wird das Gießen mit Tonkrügen rasch ersetzt durch eine Schöpfmaschine, den *Shadouf*). In Nubien oder noch weiter südlich, in Richtung Assuan, beobachten Priester und Beamte die Farbe und die Geschwindigkeit des Flusses. Sie benutzen alle Arten von Instrumenten, unter anderem Messlatten, die Nilometer. Sie leiten daraus das

Datum der Ankunft und den voraussichtlichen Höchststand des Hochwassers ab.

Sobald diese Informationen gesammelt sind, werden sie an die Büros der Wesire weitergeleitet, die sie an alle davon betroffenen Staatsorgane weitergeben: an die Ingenieure der Deiche, die Maurer, die Maschinenreparateure, die für die Aussaat Verantwortlichen ... an ein ganzes Volk, das darauf wartet. Die Militärschiffe, die Überbringer der Neuigkeiten, verlieren keine Zeit. Getrieben von der heftigen Strömung, aber auch von ihren großen Segeln und beschleunigt durch die Notwendigkeit sowie durch kräftige Ruderer, können sie an einem einzigen Tag annähernd 200 Kilometer zurücklegen. Das Sonnenjahr ist zugleich ein Wasserjahr, denn es beginnt um den 18. oder 19. Juli. Zu diesem Zeitpunkt sollen, wenn alles gut geht, zwei Ereignisse zusammenfallen: am Himmel die Ankunft des Sterns Sothis (Sirius) im Sternbild des Großen Hundes; und auf der Erde die Ankunft des Hochwassers.

Dann macht sich der Bauer an die Arbeit, nach einem Gesetz, das sich fünftausend Jahre lang nicht ändert.

Jean-Claude Goyon erzählt von diesen Werken und diesen Tagen:

«Dann kommt die Flut, und es beginnt die erste Jahreszeit des Wassers (*Akhet*); die unbesäten Ländereien trinken und ernähren sich; das ist die Zeit der Zucht, der Jagd und der Fischerei, überall, wo das Wasser das ungezähmte Leben zur Vermehrung treibt; es ist auch der Augenblick für die großen Arbeiten des Staats. Wenn sich das Wasser zurückzieht (zwischen dem 15. und dem 30. Oktober), kommt die Periode der Aussaat des Getreides (*Peret*), wo alle Kulturen, die bewässert werden, zu sprießen beginnen. Zwischen März und Mitte Juli schließlich ist die Erntezeit (*Shemou*) und die gefährlichste Zeit des Jahres, in der alle Übel möglich sind, während man auf den neuen *Hapi* wartet, den der Stern des Südens ankündigen wird.»[2]

Hapi starb 1965, als der Staudamm von Assuan fertiggestellt war, der ihm für immer den Weg versperrte.

Andere Rhythmen begannen. Die Landwirtschaft musste sich beeilen, wenn sie versuchen wollte, das Bevölkerungswachstum einzuholen.

Die wahre Natur des Wassers VII: Es hat einen breiten Rücken

Das Wasser begnügt sich nicht damit zu tränken – es trägt. Es befreit uns von der Schwerkraft. Ein großer Schleppkahn vermag so viel Waren zu transportieren wie 220 Lastwagen oder 120 Eisenbahnwaggons.

*

Ich habe mich lange gefragt, warum meine Mutter so gerne schwamm. Im Alter von etwa fünfzig befiel sie eine neurologische Krankheit, das Guillain-Barré-Syndrom. Sie behielt davon partielle Lähmungen zurück, die sie im höheren Alter zunehmend behinderten. Eines Tages hat sie mir die Antwort gegeben. Ihre blauen Augen betrachteten mich spöttisch, wie immer, wenn sie fand, ich sei dumm (was häufig geschah).

«Hast du es nicht erraten? Im Wasser spüre ich meine Handikaps nicht mehr …»

*

«Wo finden Sie alle diese Dinge?»

Das ist die Frage, die ein Schriftsteller am häufigsten gestellt bekommt. Georges Simenon hätte antworten können:

«Beim Entlangschlendern an den Kanälen.»

1928. Er ist erst 25 Jahre alt, aber sein Leben ist schon angefüllt mit Büchern, die er sehr schnell geschrieben hat, und mit ebenso unterschiedlichen wie leidenschaftlichen Lieben, darunter die zu Josephine Baker. Eines schönen Tages beschließt er, diesem Wirbel zu entkommen. Er kauft die *Ginette*, ein Boot von vier Metern Länge, angetrieben von einem Motor mit drei Pferdestärken. Und er bricht auf. Seine offizielle Frau, Tigy, begleitet ihn. Im Hotel zu übernachten kam nicht in

Frage, sie schliefen auf dem winzigen Boot. Nicht zu vergessen zwei weitere Passagiere, die am Flussufer kampierten: Boule, die dienstbare Mätresse (blond, dicklich und einfach), und Olaf, eine deutsche Dogge. Die *Ginette* wird, um etwas größerer Bequemlichkeit willen, bald durch die *Ostrogoth* ersetzt, einen Kutter von zehn Metern Länge. Drei Jahre lang wird das Quartett kreuz und quer durch Europa segeln. Simenon schreibt täglich dutzende von Seiten, mehr recht als schlecht am Quai vertäut.

Auf diesen langsam fließenden und trüben Gewässern begegnet er einem ganzen Volk unwahrscheinlicher, stiller oder umtriebiger Gestalten. Und am Lauf dieser Kanäle, dieser Flüsse, erfindet er einen Beamten, dessen Aufgabe es ist, gewisse mysteriöse Fälle aufzuklären und die Motive für die Gewalt im Leben aufzuspüren, einen griesgrämigen, skeptischen, menschlichen Polizisten: Maigret.

Über den Anfang

Die Ansicht der Religionen

«Am Anfang schuf Gott Himmel und Erde. Und die Erde war wüst und leer, und es war finster auf der Tiefe; und der Geist Gottes schwebte auf dem Wasser.»[3]

★

«Und Gott ist es, der die beiden großen Wasser hat zusammenfließen lassen: das eine, das süß ist und frisch schmeckt, und das andere, das salzig ist und brennt (...) und der zwischen beiden eine Schranke (...) gesetzt hat (...) Und er ist es, der aus Wasser einen Menschen geschaffen und ihn (weiter) zu (einer Gemeinschaft von) Bluts- und angeheirateten Verwandten hat werden lassen (...).»[4]

★

Für die Ägypter beginnt alles mit *Nun*, dem Urmeer.

Aus dem zurückgehenden Wasser taucht eine Insel auf, halb aus Sand, halb aus Schlamm.

Ein Lebenskeim erscheint. Nach einigen Quellen ist es ein Lotus, nach anderen ein Ei.

Doch eines steht fest, aus diesem Lotus oder diesem Ei geht die erste Gottheit hervor.

★

Die Veden sind die ersten großen religiösen Textsammlungen Indiens. Im Lauf der Jahrhunderte folgten ihnen zahllose Kommentare, die *Brahmanas*, die *Sutras*, die *Upanishaden* …

«Am Anfang gab es in Wahrheit nur das Wasser. Und die Wasser hegten einen Wunsch: ‹Wie könnten wir in Wahrheit fruchtbar werden?› Sie strengten sich an, sie vermehrten ihre innere Glut, und während sie diese Glut vermehrten, bildete sich in ihnen ein goldenes Ei (…) Daraus wurde ein Wesen geboren. Dieses Wesen war Prajapati, der Herr der Geschöpfe. Deshalb tragen die Frau, die Kuh und die Stute ihre Jungen ein Jahr lang aus. Denn so lange brauchte Prajapati, bis er geboren wurde. Er sprengte das goldene Ei. Es gab damals keinen festen Halt. Daher schwamm das Ei, das ihn trug, bis das Jahr abgelaufen war, im Wasser herum.»[5]

★

«Am Anfang waren die Seelen alle in einem großen wässrigen Samensee versammelt, in dem sie in vollkommener Glückseligkeit badeten. Dann kam die Zeit, wo der Demiurg diese Seelen dazu verdammte, Fleisch und Blut zu werden, indem er einen Tropfen des Samens entnahm, um ihn dem Bauch einer Frau anzuvertrauen. Die Seelen hatten große Furcht davor, als ahnten sie schon das Unglück der Inkarnation. Um sie zu beruhigen und vor allem um jede Erinnerung an den paradiesischen Zustand aus ihrem Gedächtnis zu löschen, gab Gott den Engeln den Auftrag, die Seelen in ihr neues Schicksal zu begleiten und in dem Augenblick, wenn das Kind das Licht der Welt erblicken würde, über ihm zu wachen, um jede Erinnerung an seinen vorherigen Weg in ihm auszulöschen und ihm auf diese Weise zu ermöglichen, fast blind die Prüfungen seiner Erdenreise zu bestehen.»[6]

Im ausgehenden Mittelalter versuchten die Brüder des freien Geistes, diesen Urzustand, die glückliche Unschuld des Paradieses, wiederzufinden.

Männer und Frauen badeten nackt in reinem Wasser, vereinigten ihre Körper, verbanden sich miteinander und mit der Natur und wiederholten dabei unablässig den Schöpfungsakt.

★

Die Meinung der Wissenschaft

Es war einmal, vor 13 Milliarden Jahren, eine Gaswolke …

Um diese wahre Geschichte zu erfahren, brauchte ich nicht weit zu reisen. Das Palais des Institut befindet sich am Quai de Conti Nr. 23 in Paris, gegenüber dem Musée du Louvre. Dort ist der Sitz der fünf Akademien, darunter die Akademie der Wissenschaften.

Der Astronom Pierre Léna beobachtet aus Leidenschaft und aus Berufsgründen den Himmel, insbesondere die jungen Sterne, die noch in ihrem Staubkokon stecken. Parallel dazu ist er ungeduldig bestrebt, sein Wissen weiterzugeben. Hinten rechts im dritten Hof empfing er mich in einem kleinen Raum, der für den wissenschaftlichen Unterricht bestimmt ist und neben dem berühmten Bureau des longitudes liegt.

Es war einmal, vor 13 Milliarden Jahren, ein Universum, unseres, das nur aus Gas bestand. Von den Epochen, den Stoffen und den Kräften, die es vor dieser Zeit gab, haben wir bisher nur eine sehr begrenzte Kenntnis. Jenes universelle Gas kühlte immer mehr ab. Als seine Temperatur 3000 Grad erreicht hatte (die Hälfte der Temperatur auf der Sonnenoberfläche von heute), verbanden sich plötzlich die Protonen und die Elektronen, aus denen es bestand, und bildeten das erste Atom, das einfachste Atom, das sich denken lässt: das Wasserstoffatom (ein Proton und ein Elektron). Der Wasserstoff ist das erste Element der großen atomaren Kombinatorik, aus der alle Materie hervorgegangen ist. Nach und nach, das heißt im Verlauf von Milliarden von Jahren, verdünnte sich die riesige Wolke, während der Raum sich ausdehnte. Unter dem Einfluss der universellen Gravitation bildeten sich Klumpen, Anhäufungen von Materie und Energie … Diese Klumpen sind die Sterne. Und die Sterne sind die Kessel, in denen die Gerichte der Materie zubereitet und Schritt für Schritt gegart wurden. Der Wasserstoff hat in diesem nuklearen Kessel das Helium hervorgebracht. Die

Heliumatome haben ihrerseits, indem sie sich miteinander verbanden, den Kohlenstoff erzeugt, den Vorfahren allen Lebens. Der Sauerstoff ließ nicht lange auf sich warten: Der Kohlenstoff brauchte nur eine Verbindung mit den Heliumatomen einzugehen.

So sind alle chemischen Elemente, die Grundbausteine der Materie, entstanden.

Von Zeit zu Zeit ballen sich die thermonuklearen Reaktionen. Der Stern explodiert und schleudert die Elemente, die er erzeugt hat, in den Raum. Da sich das Universum weiter ausgedehnt hat, nimmt seine mittlere Temperatur weiter ab. Die Bewegung der Atome beruhigt sich, und wenn sie sich begegnen, nehmen sie sich Zeit, sich zu vereinen. Und so entsteht das Wasserstoffmolekül, die Frucht der Verbindung zweier Atome.

Ebenso wird das Wassermolekül aus der Begegnung des Wasserstoffs mit dem Sauerstoff geboren.

Als ich Pierre Léna verlassen hatte, ging ich lange an der Seine entlang. Ich versuchte, die Geschichte fortzusetzen.

Es war einmal unser ganz junger Planet …

Es war einmal Wasser, überall, und es kam vor allem vom Himmel: Die Kometen hörten nicht auf, die Erde zu bombardieren, und die Kerne der Kometen bestanden hauptsächlich aus Eis und Wasser …

Es war einmal eine riesige Suppe, in der dauernd zahllose chemische Reaktionen stattfanden …

Es waren einmal blaue Algen, es waren einmal menschliche Wesen, es war einmal eine Evolution von mehreren Milliarden Jahren …

So verdanken wir dem Wasser gleichzeitig *das* Leben (alles Leben auf der Erde) und *unser* Leben. Aus dieser doppelten Schuld kommt jene Erinnerung, die tief in unserem Gedächtnis vergraben ist, jenes Gefühl, dem Wasser anzugehören. Ein unbestimmtes, verschwommenes, aber unauslöschliches Gefühl, das der ungarische Psychoanalytiker Fedor Ferenczi das «ozeanische Gefühl» nennt. Der menschliche Embryo schwimmt neun Monate in einer Flüssigkeit, die dem Meer gleicht (96 Prozent Wasser).

Ich wusste nun etwas mehr über das Wasser. Diese Person war bei weitem weniger einfach, als ich gedacht hatte. Die Stunde für den Aufbruch zu ihr war gekommen. Als erste Etappe wählte ich Australien, einen Inselkontinent, auf dem ausgerechnet das Wasser Mangelware ist.

II. Trockenheit
(Australien)

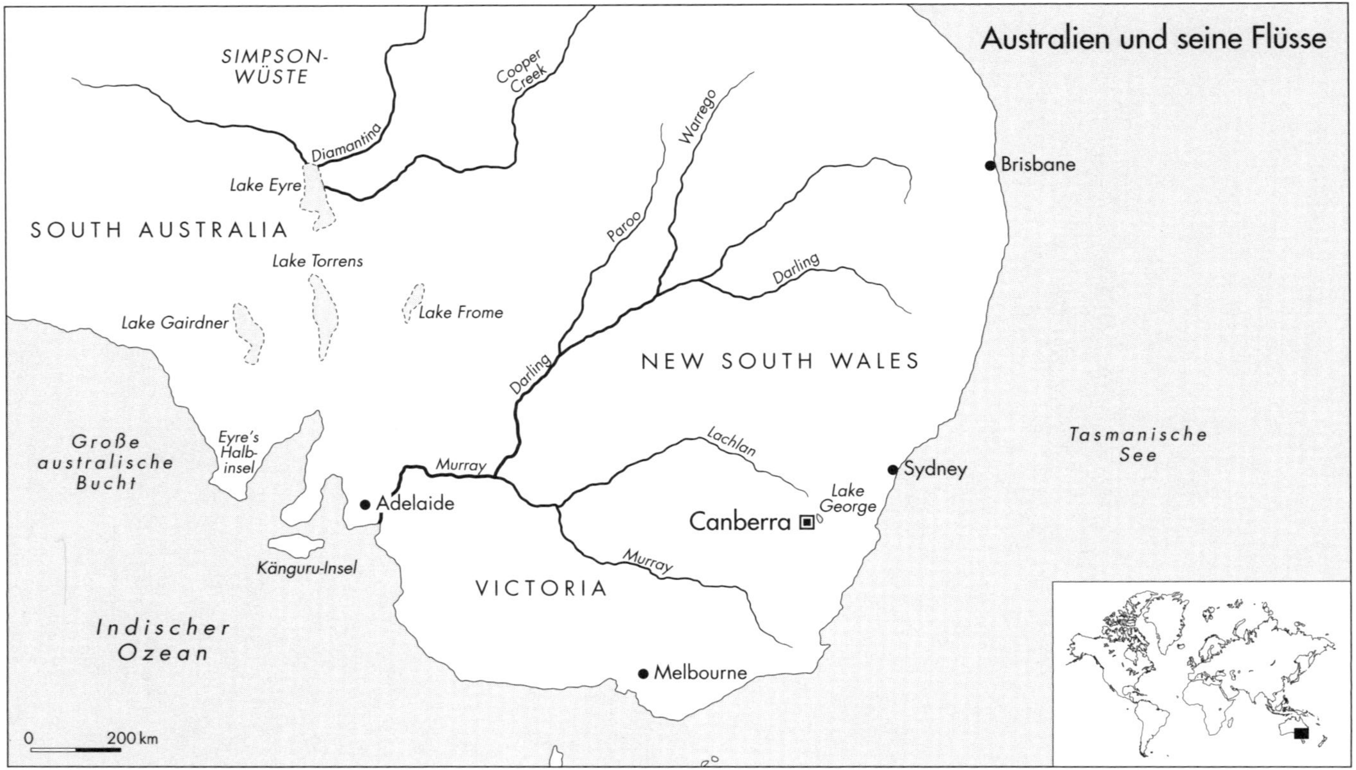
Australien und seine Flüsse
SIMPSON-
WÜSTE
Cooper
Creek
Diamantina
Warrego
Paroo
Lake Eyre
Brisbane
SOUTH AUSTRALIA
Lake Torrens
Darling
Lake Frome
Lake Gairdner
Darling
NEW SOUTH WALES
Lachlan
Große
australische
Bucht
Eyre's
Halb-
insel
Tasmanische
See
Murray
Sydney
Lake
George
Adelaide
Canberra
Murray
Känguru-Insel
VICTORIA
Indischer
Ozean
Melbourne
0
200 km

Ich hatte den halben Planeten überquert, um die schlimmste aller Trockenheiten zu erleben, und nun regnete es. Es regnete ununterbrochen, seit einem Monat. Warum hatte man mich nicht benachrichtigt? Wie stand ich nun da? «Gute Nachrichten!», verkündete das Fernsehen, morgen wird es wieder regnen! «Wir sind gerettet», wiederholten die Farmer von New South Wales. In Sydney warfen sich die durchnässten Passanten ein Siegerlächeln zu. Ein Glück, dass man meine üble Laune der Müdigkeit zuschrieb, die von der enormen Zeitverschiebung herrührte. Ein Glück (noch einmal), dass mir noch am selben Abend ein Meteorologe versicherte: Diese Gussregen hätten zwar die Landschaft wieder grün werden lassen, aber sie würden nichts am Grundproblem ändern. Der Inselkontinent erlebe eine tiefe und anhaltende Wasserkrise, die sich, aller Wahrscheinlichkeit nach, gefördert durch die Klimaerwärmung, noch verschlimmern werde.

Ich schlief beruhigt ein.

Es gibt keinen schlimmeren Egoisten als einen Autor.

Loblied auf das Känguru

Unter allen peinlichen Dummheiten, die ich mir zu vermeiden vorgenommen hatte, stand an erster Stelle das Känguru. So, wie ein Franzose es hasst, wenn Ausländer glauben, er könne nur Parfüm oder Luxushandtaschen herstellen – er zieht es vor, dass man den TGV erwähnt –, fand ich es taktlos, den Inselkontinent als Heimat eines Beuteltiers, eines Boxers und Springers, zu begrüßen.

Aber gleich am nächsten Morgen nach meiner Ankunft, beim ersten

Frühstück, kam mein Gegenüber, ein etwa fünfzigjähriger, gemütlicher und vergnügter Gast, von sich aus darauf zu sprechen. Unser Gastgeber hatte ihm mein Interesse für das Wasser entdeckt.

«Dann müssen Sie das Känguru studieren!», rief mein reizender Tischnachbar.

Ich hörte ihm umso eifriger zu, als man ihn mir mit großer Hochachtung vorgestellt hatte: Er hieß Tim Flannery und hatte gerade den Titel «Australier des Jahres 2007» für seine Arbeiten über die Umwelt verliehen bekommen.

Ihm verdanke ich meine ganzen Kenntnisse über dieses wunderbare Beuteltier:

1. Das Känguruweibchen besitzt die intelligente Fähigkeit, schon wieder schwanger zu werden, während es noch sein Neugeborenes säugt. Das Säugen und das Austragen führen, wie jedermann weiß, zu einer erhöhten Körpertemperatur. Derjenige, der – oder diejenige, die – diese beiden Aufgaben gleichzeitig erfüllen kann, spart Energie.

2. Dasselbe intelligente Känguruweibchen kann die Dauer seiner Trächtigkeit nach der zur Verfügung stehenden Nahrung einrichten. Wie sollte man dieses Meisterwerk der Anpassung an die Umwelt nicht begrüßen?

3. Alle Kängurus, Männchen und Weibchen, springen, das ist allgemein bekannt. Dummköpfe und Spötter, darunter die Gesamtheit der Franzosen, finden diese Art der Fortbewegung komisch. Tim ist sich ganz sicher: Der Sprung, das beweisen alle ernsthaften Studien, ist, was den Energieverbrauch betrifft, dem Gang und dem Lauf weit überlegen, wenn man von einem Ort zum anderen gelangen möchte. Versuchen Sie es, Sie werden es sehen.

Tim und ich tauschten unsere Adressen aus. Meine Untersuchung über die Flechten in der Antarktis interessierte ihn. Immerhin hatten Australien und die Antarktis einige Zehnmillionen Jahre lang einen gemeinsamen Kontinent gebildet. Wir trennten uns fast als Freunde. Wie würde dieses sehr alte Land mit seiner sehr jungen und sehr amerikanisierten Bevölkerung mit der Trockenheit zurechtkommen? Dank Tim setzte ich meine Reise mit einem neuen Blick fort, den einem der innere Abstand der Paläontologie schenkt.

Die allgemeine Mobilmachung: Porträt zweier Kämpferinnen

«Die Tyrannei der Entfernung».[7] Wie könnte man die Geschichte Australiens besser zusammenfassen? Tyrannei oder Segen? Eine riesige, aber vergessene Insel. Die großen Ströme der Entwicklung gingen an ihr vorbei, ohne sie zu berühren. Ja, ohne sie zu sehen.

Der Nachteil der Forschungsreisenden ist, dass sie entdecken. Und, indem sie dies tun, die Isolation durchbrechen.

Als Cook, der geniale Seefahrer, am 5. Mai 1770 dort den Anker auswirft, bindet er Australien an den Rest des Planeten. Die Kaufleute werden ihn ablösen: Sie festigen die Bande, das ist ihr Beruf.

Und die Klimaentwicklung hat das Werk der Annäherung, das Cook eingeleitet hat, vollendet: Australien nimmt am Schicksal aller teil. Die Erwärmung trifft das Land, und vielleicht sogar härter als andere Gegenden.

Die Beunruhigung wuchs. Niemals, seit es Klimastatistiken gibt, hatte Australien eine ähnliche Trockenheit gekannt: sechs Millimeter Regen im August, und nicht mehr als vierzig in jedem der Wintermonate. Das größte Wasserreservoir, das Sydney versorgt, war unter vierzig Prozent seiner Kapazität gesunken ... Die Bevölkerung, die zu den größten Wasserverbrauchern des Planeten zählt, sieht endlich ein, dass die traditionelle Unbekümmertheit und die allgemeine Verschwendung der Tat Platz machen müssen.

★

Ich habe entschieden Pech mit den Damen Wong. Die chinesische Madame Wong, die Weltkönigin der Socke, hatte sich geweigert, mich in ihrer Fabrik in Datang zu empfangen. Sie hasste es, wenn Ausländer ihre langen Nasen in ihre Baumwollangelegenheiten steckten.[8]

Mit ihrer australischen Namensschwester, Mrs Penny Wong, die aus Malaysia stammt, einer ehemaligen Rechtsanwältin und Notarin, heute

Ministerin für Klimawandel und Wasser, hatte ich ebenfalls kein Glück. Aber wie hätte ich es ihr verdenken sollen, dass sie unabkömmlich war! Die gesamte Regierung hatte den Zeitpunkt meines Aufenthalts gewählt, um dem Volk der Aborigines ihr offizielles Bedauern darüber auszudrücken, es so schlecht behandelt zu haben. Auf der ersten Seite aller Zeitungen veröffentlichte Australien seine Entschuldigung:

«Our National Apology

Today we honour the indigenous peoples of this land, the oldest continuing cultures in human history. We reflect on their past mistreatment (...)
We apologise for the laws and policies (...)
We apologise for the removal of children from their families (...)
For the indignity and degradation thus inflicted on a proud people, we say sorry (...)»

Die feierliche Verlesung dieses Textes vor dem Parlament durch Premierminister Kevin Rudd eröffnete eine Reihe von Veranstaltungen, an denen teilzunehmen Mrs Wong sich natürlich schuldig war. Der Dame sei versichert, ich trage es ihr nicht nach.

Umso weniger, als mich zwei andere einflussreiche Frauen informieren sollten. Die erste war groß, blond, herzlich und bestimmt. Sie hieß Wendy Craik und leitete die Behörde, die für das Becken der beiden Hauptflüsse des Landes zuständig ist: des Darling (2740 Kilometer Länge), der sich in den Murray ergießt (2530 Kilometer). Die Fläche dieses Beckens ist doppelt so groß wie Frankreich (mehr als eine Million Quadratkilometer). Es ist von allergrößter Bedeutung: Dort liegt das Herz der australischen Landwirtschaft.

Mrs Craik zeigt mir Fotos von ihren beiden verehrten Flüssen. Es ist offensichtlich, dass sie sie liebt. Und als handelte es sich um ihre Kinder, geraten wir einen Augenblick lang ins Schwärmen über ihre Schönheit, ihre Eleganz, die Länge ihres Laufs. Das Lob fällt mir nicht schwer: Australien ist ein Naturparadies. Aber Mrs Craik ist nicht der Typ, der lange gerührt ist. Ihre Flusskinder haben – leider! – einen großen, einen sehr großen Fehler: Sie sind launisch, das heißt, ihre Wasserführung ist von einer krankhaften Unregelmäßigkeit. Um ihre traurige Behauptung zu untermauern, reicht sie mir ein Blatt. Es bleibt mir nichts anderes übrig, als den Ernst der australischen Regellosigkeit festzustellen.

Jahr für Jahr ist die Wassermenge, die der Amazonas führt, mehr oder weniger dieselbe; der Rhein oder der Yangtse können ihre Menge verdoppeln; die des Darling kann von 1 bis 4700 variieren!

Bestürzt, empfinde ich Mitleid. Doch mit einem Klaps auf den Unterarm ermutigt mich Mrs Craik wieder.

«Was soll's! Australien ist, wie es ist. Es liegt an uns, Lösungen zu finden. Umso mehr, als die Klimaerwärmung diese Launen nicht beruhigen wird, ganz im Gegenteil. Welche Bevölkerung kann in einer solchen Ungewissheit überleben? Wir haben daher das Wasser gesammelt, als es im Überfluss vorhanden war. Wir haben Stauseen gebaut. Was ist ein Stausee? Ein Wasserspeicher, oder nicht? Werfen Sie einen Blick auf unsere Vorräte, sie verdienen es: das Staubecken Dartsmouth (fast 5 Milliarden Liter) oder der See Eucumbene (fast 6 Milliarden).»

Mrs Craik zeigt mir andere Fotos. Ich sehe ein gelbes, mit blauen Flecken übersätes Land.

«Auch unsere Bauern graben sich Wasserspeicher. Ich verstehe sie. Wenn sich die Gelegenheit bietet, legen sie Vorräte an. Aber das Wasser, das sie abfangen, ist Wasser, das meine Flüsse nicht empfangen werden. In diesem Tempo kann man nicht lange weitermachen.»

Mrs Craik schiebt mir eine neue Karte hin. Die blauen Punkte zeigen die bäuerlichen Speicher im Jahr 1994: schon damals eine schöne Wolke. Die roten Punkte sind die neuen Speicher, die in den letzten zehn Jahren gegraben wurden. Zwischen den blauen und den roten ist kein Platz mehr. Arme Niederschläge! Kaum am Boden, werden sie abgefangen. Keine Chance, den Fluss zu erreichen.

Da wir schon bei den schlechten Nachrichten sind, fährt Mrs Craik damit fort. Schamhaft erwähnt sie die anderen Fehler der Kinder, für die sie verantwortlich ist, die Fehler ihrer beiden geliebten Flüsse:

«Das sind Kämpfe, die einer nach dem anderen ausgefochten werden müssen, selbst wenn das System global ist.»

Mrs Craik zählt die Probleme mit Hilfe ihrer Finger auf. Wird sie genug Finger haben? Anstieg des Salzgehalts der Gewässer: Dem Murray werden jährlich 500 000 Tonnen Salz entzogen. Störung der Ökosysteme und Abnahme der Artenvielfalt: Einige Fischarten, die sich leichter anpassen, entwickeln sich in großer Geschwindigkeit auf Kosten der anderen. Als Folge der Trockenheit, Zunahme der Waldbrände: Was tun mit der Asche und wie die Schädigung und die Erosion des Bodens bekämpfen? Als Folge des Temperaturanstiegs, zunehmende Verdunstungstranspiration der Wälder: Die Wurzeln der Bäume entziehen dem Boden die Feuchtigkeit noch gieriger (zumindest die, die übrig bleibt) …

Um ihren kämpferischen Bericht zu beschließen, zeigte mir Mrs Craik ein anderes Gesicht des Murray: ein blauer Strich (der Fluss), der große rote Kreise (Wasserreservoirs) durchschneidet, durch merkwürdige Zickzacklinien mit grünen Flecken (Sümpfen) verbunden ist, von dunklen Dreiecken (Dämmen und Deichen, gut dreißig an der Zahl) zerhackt wird, fast in seiner ganzen Länge von grauen Strichen (Kanälen) eingerahmt und von andern Strichen, diesmal gelben (Leitungen), durchkreuzt wird, die in einer Art von Kämmen enden (Sammlern der Niederschläge über den Wäldern); der übersät ist mit kleinen roten Quadraten (Fischtreppen), bordeauxfarbenen Schmetterlingen (Pumpen) und unverständlichen Piktogrammen (Entsalzungsanlagen und Messstellen für Bor) …

Armer Fluss Murray! Man könnte meinen, das Röntgenbild eines Schwerverletzten vor sich zu haben mit Schienen, langen Schrauben in den Knochen und Eisenplatten, allen jenen so kunstvollen Basteleien, die die Beine oder das Leben retten.

Mrs Craik nickt mit dem Kopf: Mein Vergleich erscheint ihr zutreffend. «Yes, a highly regulated river system.» Man fragt sich, wie und wo Fotografen überhaupt noch Bilder von einer ungezähmten Natur machen können. Aber um jede Gefühlsduselei zu vermeiden und ja nicht den Eindruck zu erwecken, in ihrem Kampf nachzulassen, nennt sie eine Zahl:

«2 Milliarden Dollar.»

«Die Gesamtkosten der Infrastruktur?»

«Für den Moment.»

«Wird das reichen?»

«Mit der Klimaerwärmung? Ganz bestimmt nicht. Australien ist ein reiches Land. Es wird bezahlen. Es hat keine andere Wahl.»

★

Die andere Kämpferin führt die Schlacht an einer anderen Front. Mrs Kerry Schott ist deutlich kleiner als ihre Kollegin und etwas breiter, aber ebenso liebenswürdig, genau und bestimmt. Vor dem Treffen hatte ich ihren Lebenslauf studiert. Ziemlich beeindruckend: nacheinander geschäftsführende Gesellschafterin einer Investmentbank, Leiterin der Umweltbehörde von New South Wales, Präsidentin einer Produktionsfirma (Film, Fernsehen), Generaldirektorin einer Fluggesellschaft ... Im Augenblick leitet sie eine staatliche Behörde, die sich ganz einfach Sydney Water nennt. Das heißt, dass sie ihre (offensichtlich unerschöpfliche) Energie für die Lösung eines unlösbaren Problems einsetzt. Wie kann man bei einem Klima von zunehmender Trockenheit jeden Tag 4,5 Millionen australische Stadtbewohner, die in 42 Stadtgemeinden über 12 000 Quadratkilometer verstreut leben und keinerlei Verständnis für ihre Verantwortung haben, mit Wasser von guter Qualität versorgen? Jeder dieser 4,5 Millionen Australier verbraucht täglich 260 Liter Wasser, in dieser schlechten Angewohnheit nur übertroffen von den Kanadiern (330) und den Bewohnern der Vereinigten Staaten (300). Zum Vergleich: Der Italiener verbraucht 200 Liter, der Franzose 160 und der Belgier 120.

Wie ich vermutet habe, zählt Mrs Schott die klassischen Lösungen auf: Entsalzung von Meerwasser, Kläranlagen, Wiederaufbereitung ...

«Übrigens hätten Sie mit einer Gruppe Israelis diskutieren können. Sie hat mich gerade verlassen. Das sind Experten, wissen Sie. Die Wiederaufbereitungsanlagen in Israel liefern jährlich fast 300 Millionen Kubikmeter. Ein nachahmenswertes Beispiel!»

Mrs Schott fährt fort. Sie erzählt mir von ihren täglichen Kämpfen. Kampf gegen die undichten Stellen im Netz:

«Mit unseren neun Prozent sind wir zwar besser als London, wo es über zwölf Prozent sind. Aber wir sind noch weit entfernt vom Vorbild Singapur mit seinen fünf Prozent.»

Kampf für die Wiederaufbereitung:

«Im Moment kaum zwölf Prozent. Und wir sind immer noch nicht in der Lage, das Regenwasser richtig zu nutzen! Wissen Sie, dass es hier doppelt so viel regnet wie in London? Wenn ich an diese ganzen Flüsse denke, die wir auf diese Weise verlieren, platze ich vor Wut!»

Meine Gesprächspartnerin seufzt.

Der Abend senkte sich über die Stadt. Fand die Müdigkeit von Mrs Schott – nach einem langen, harten Arbeitstag mehr als verständlich – einen Widerhall in meinem Jetlag? Jedenfalls haben wir in ihrem großen Büro zu philosophieren begonnen. Genauer gesagt, ich mobilisierte den Rest von Aufmerksamkeit, der mir noch blieb, um ihr zuzuhören, wie sie mir den Pioniergeist erklärte. Der Pionier glaubt, dass der ihm zur Verfügung stehende Raum keine Grenzen hat, wenn die Aborigines erst einmal untergebracht sind. Man muss nur noch arbeiten, um aus ihm Gewinn zu schlagen. Eine ausgezeichnete mentale Voraussetzung für wirtschaftliches Wachstum. Aber mit der katastrophalen Tendenz zu vergessen, dass einige als unerschöpflich geltende Güter, wie das Wasser, in Wirklichkeit knapp sind. Und in den kommenden Jahren noch knapper werden.

Als sie mich hinausbegleitete, fügte sie auf der Türschwelle mit einem breiten, enttäuschten Lächeln hinzu:

«Ich vergaß: Sydney nimmt jedes Jahr um 55 000 Bewohner zu, nicht einen weniger, alle ganz bestimmt verschwenderische Wasserverbraucher. Lustig, oder? Ich frage mich, ob ich nicht Bankerin hätte bleiben sollen ... Einen schönen Aufenthalt in diesem Land der Verrückten!»

Ich musste meine ganze gute Erziehung aufbieten und meinen ausgeprägten Sinn für Etikette mobilisieren, um Kerry Schott nicht zu küssen. Wenn diese wunderbare Dame wüsste, dass sie dem Überschwang meiner Bewunderung nur um Haaresbreite entkommen ist!

Australische Bergwerke

560 Kilometer nördlich von Adelaide, gut eingebettet in die heiße Erde der Grenzgebiete der großen Wüste, befindet sich ein Schatz: das größte Uranvorkommen der Welt, das viertgrößte Kupfervorkommen, das fünftgrößte Goldvorkommen ... Dieser Schatz ist das Eigentum der größten Abbaugesellschaft der Welt: BHP Billiton. 39 000 Angestellte; 100 Standorte; 25 Länder; Umsatz im Jahr 2007: 27 Milliarden Dollar; Gewinn: 13,7 Milliarden ... Da das Wirtschaftswachstum immer mehr Rohstoffe erfordert, schnellen die Preise in die Höhe. Die Zukunft von Billiton sieht noch glänzender aus.

Dieses Bergwerk mit Namen *Olympic Dam* verbraucht jetzt schon 35 Millionen Liter Wasser am Tag. Ein Bergwerk benötigt immer viel Wasser. Aber nun hat man mit gigantischen Arbeiten begonnen, um die Produktion der Anlage zu steigern. Man braucht neue Energiequellen, braucht Züge, braucht Wohnungen. Und man braucht Wasser. Die einzig mögliche Antwort: das Meer. Dass es 320 Kilometer entfernt ist, hat niemandem Sorgen bereitet. Man muss nur eine Pipeline bis zur Entsalzungsanlage legen, die sich bereits in Bau befindet.

Ein anderes Bergwerk, andere Bedürfnisse.

Der Abbau der Goldmine *New Moon,* 150 Kilometer nördlich von Melbourne, verschmutzt die Umwelt stark. Nicht weiter überraschend: Wenige menschliche Aktivitäten sind so schädlich für die Natur wie die industrielle Goldsuche. Da die Zeit der Gleichgültigkeit gegenüber der Umwelt vorbei ist, muss die Eigentümerin dieses anderen Schatzes (die Bergwerksgesellschaft Bendigo) die Entsorgung beträchtlicher – und gefährlicher – Abfallprodukte organisieren und finanzieren: Arsen, Schwermetalle, Salz, Mangan ... Nicht zu vergessen die Luftverschmutzung. Ohne geeignete Maßnahmen würde die so schöne australische Landschaft in diesem Gebiet als einzigen Duft jenen unangenehmen Geruch ausatmen, den Kinder, die unter Otitis leiden und die deswegen zu Thermalkuren verdammt sind, gut kennen: den Geruch fauler Eier.

Um den *New Moon* zu reinigen, braucht man Wasser, viel Wasser: 7 Millionen Liter am Tag. Darum kümmert sich die französische Gesellschaft Veolia.

Die Produkte der Bergwerke sind mit mehr als 10 Prozent an der Inlandsproduktion Australiens beteiligt, und vor allem, dank des gegenwärtigen Anstiegs der Weltmarktpreise, mit 55 Prozent an seinem Export. Man kann darauf wetten, dass der Wasserbedarf dieses Sektors vorrangig bleiben wird.

Ingrids Schicksal

Um das Paradies zu erreichen, musste ich lange und langsam hinter einer fast ununterbrochenen Schlange dieser kleinen, in *mobil homes* verwandelten Kastenwagen herfahren. Man muss sich damit abfinden: Überall in Australien sind *grey nomads* unterwegs, Reisende mit grauen Haaren, mit anderen Worten: Rentner. Neben der Erwärmung der Atmosphäre ist die Alterung der reichen Bevölkerung der andere große Trend unserer Epoche.

Der Reiz der sanft gewellten und üppig mit Mimosen und riesigen Eukalyptusbäumen bewaldeten Landschaft konnte meine Ungeduld nicht dämpfen: Ingrid wartete auf mich. Zum Glück gaben die Namen der durchquerten Ortschaften Anlass zu mancherlei Vermutungen. Hinter diesen ruhigen Fassaden, in diesen beschaulichen Häusern fanden vielleicht wilde, von riesigen Trommeln rhythmisch begleitete Feste statt. Warum sonst hätte man diese Dörfer Bong-Bong, Mittagong, Wollongong genannt …?

Eine andere Frage: Warum gab es überall so viele Schilder mit der Aufschrift «Zu verkaufen»? Warum wollten sich so viele Leute von ihren reizenden Häusern trennen?

Endlich kam ich an meinem Bestimmungsort an, Pines Pastoral.

Das Anwesen? Eine der möglichen Versionen des irdischen Paradieses. Zwei Täler laufen hier zusammen. Ihre Abhänge vereinen sich. Sie sind so sanft, diese Abhänge, dass die Landschaft aussieht, als wäre sie dazu geschaffen worden, den Blick zu beruhigen. Um ihn auch zu unterhalten, bewegen sich kleine, dunkle Flecken von Herden langsam über das blasse Grün der Wiesen zwischen dem graueren Grün unzähliger Eukalyptussträucher.

«Wenn Sie zwei Monate früher gekommen wären», sagt Ingrid nach kurzen Begrüßungsworten, «wäre die einzige Farbe Gelb gewesen. Da ist mir das Schwarz der Erde, das die Waldbrände hinterlassen, noch lieber. Ein Brand hört wieder auf; das Gelb der Trockenheit kann Monate dauern, Jahre. Verstehen Sie?»

Ich nicke mit dem Kopf. Aber weder sie noch ich geben uns einer Täuschung hin. Niemand, der nicht Bauer oder Viehzüchter ist, kann verstehen, was diese endlose Brandwunde bedeutet.

★

Julia Kristeva, Psychoanalytikerin, Romanschriftstellerin, angesehene Professorin, ist eine bemerkenswerte Persönlichkeit der französischen Intellektuellenszene. Sie hat Bulgarien in den schlimmsten Zeiten des Kalten Krieges verlassen und kennt die Wechselfälle des Schicksals.

Aber konnte sie ahnen, was aus dieser Ingrid Orfali, einer schwedisch-französischen Studentin, deren Doktorarbeit sie betreute, einmal werden würde? Der verlockende Titel deutete nicht darauf hin. *Die fantasmatischen Bilder in der erotischen Literatur Frankreichs (am Beispiel Pierre Klossowskis).* Sowie sie ihren Doktor in der Tasche hat, gibt die junge Dame die Semiologie zugunsten der Fotografie auf. Es folgt ein rascher und internationaler Erfolg. Anlässlich einer Ausstellung in Sydney begegnet sie Robin Dove-Grundy. Diese junge Frau teilt ihre Zeit zwischen der Bildhauerei und der Bewirtschaftung einer Farm, die auf dem Weg nach Canberra liegt. Ihre Familie betreibt dort seit fünf Generationen Viehzucht. Robin nimmt Ingrid mit zu sich nach Hause, und diese bleibt.

Ingrid redet schnell. Sie redet, wie man nach einem langen Marsch trinken würde: ohne Luft zu holen. Und ich kann längst nicht alles verstehen. Plättchen, Embryonen, Tiefkühlung, «günstige Besamungszeit» ... und doch ist es meine Sprache. Aber meine Kenntnisse in angewandter Genetik sind mager. Was ich aus diesem ersten Wortschwall schließe, lässt sich in wenigen Worten zusammenfassen: Die Globalisierung erfasst auch die Wiederkäuer. Ein Ochse oder eine moderne Kuh ist ein Identitäten-Lego, eine Zusammensetzung aus vielversprechenden Stammbäumen, die aus allen Ecken und Enden der Welt kommen (aus den Vereinigten Staaten, Kanada, Neuseeland ...). Und die Bestimmung des Tiers hängt vom Markt ab. Wer wird am meisten für das Kilo durchwachsenes Fleisch bezahlen? Im großen Wettstreit des Markts gewinnt häufig Japan. Ingrid verkauft den größten Teil ihrer Rinder ins Land der aufgehenden Sonne. Zur letzten Mast werden sie mit dem Flugzeug dorthin gebracht. Aber welches sind die sieben Merkmale des Angusrinds, für die es seine Schutzmarke erhält? Was ist der Unterschied zwischen einem *angus stud bull*, einem *heifer bull* und einem *marbling bull*? Alles Fragen, die für mich unbeantwortet bleiben werden.

Sie haben es erraten, Ingrid und Robin sind Viehzüchter.

Es beginnt zu regnen. Ein paar schwere Tropfen fallen mit einem klatschenden Geräusch auf den erdigen Weg. Laue Schwaden – Heu und Kuhmist – steigen vom Boden auf. Ingrids Gesicht verschließt sich.

«Dieser Guss hat nichts zu bedeuten!»

In Ingrid brodelt es. Ich ahne, dass sie nahe daran ist, ihr geliebtes Australien zu beschimpfen. Heuchlerisches Australien! Trocken, tödlich trocken, monatelang, und dann kommt ein kleiner Franzose, der die Trockenheit studieren will, und schon spielt es das normale Land, das ebenso regenreich ist wie ihr geliebtes und gehasstes England.

«Kommen Sie!»

Ingrid zieht mich mit sich. Sie geht mit langen, wütenden Schritten. Ich habe Mühe zu folgen.

«Die Farbe der Trockenheit ist einzig und allein das Gelb. Mein Tal war zwei Jahre lang gelb, sagt Ihnen das etwas? Ganz und gar, völlig gelb. Mit Ausnahme der Eukalyptusblätter! Und was sollen Ihrer Meinung nach die Tiere in einem gelben Tal machen? Sie sterben, eines nach dem anderen. Wenn ich nicht diese Teiche gegraben hätte, wären sie alle verdurstet …»

Wir gehen nun zu den Teichen hinunter. Ich werde Gelegenheit zu einer eingehenden Besichtigung erhalten, Teich für Teich. Es sind hübsche Teiche, richtig rund, und am Ufer richtig abgetreten. In ihrer Mitte schwimmt eine Boje. Ich hätte es vorgezogen, mich etwas länger bei den Kühen aufzuhalten. Die Angusrinder schauen uns bei unserem Treiben zu. Verdutzt? Gleichgültig? Ich werde es nicht erfahren. Wir gehen zu einem anderen Teich.

«Sie glauben bestimmt, diese Teiche füllen sich ganz von alleine, nicht wahr?»

Ich sage natürlich nichts. Aber Ingrid ist in Rage. Meine Fantasie beginnt wieder zu erwachen. Von Ingrids Erregung angesteckt, sind meine Augen farbenblind geworden: Wenn man sie fragte, würden sie felsenfest behaupten, um uns herum sei alles strohgelb.

Wir nähern uns einer großen Hütte. Ingrids Gesicht unter dem Lederhut mit dem glitzernden Rand (ein Anti-Mücken-Gel) heitert sich auf. Da ich ihre von (methodistischer) Religion getränkte Kindheit kenne, glaube ich zu ahnen, dass es sich um eine Kapelle handelt. Irrtum. Es ist der Standort der Pumpen. Ingrid zeigt sie mir, eine nach der anderen, mit Achtung und Sachkenntnis. Eine von ihnen setzt sich in Bewegung. Ein Schnurren, das bei Ingrid Entzücken auslöst. Ihr Lächeln gewinnt noch an Intensität.

«Haben Sie die Schwimmer auf den Teichen bemerkt? Sie messen die Tiefe. Sobald ein Tier trinkt, das Wasser also sinkt, wird es der Pumpe gemeldet, und sie springt an. Dieses Geräusch bedeutet, dass eine Kuh getrunken hat. Kommen Sie mit, die Reservoire besichtigen …»

Mit ebenso raschen Schritten und ebenso ehrfürchtig haben wir die beiden großen Reservoire (5 beziehungsweise 10 Millionen Liter) begrüßt. Sie sind die letzten Waffen gegen die Trockenheit. Wenn Woche für Woche kein Regen fällt; wenn die Landschaft zu einer Fläche aus Stroh wird, das so hart und spitz ist wie eine umgedrehte Egge; wenn die Tiere, mit großer Mühe getränkt, nichts mehr zum Wiederkäuen finden; wenn der Moment herannaht, wo man sie entweder zu früh verkaufen oder zur Schlachtbank führen müsste; wenn die Farm, wie viele andere, die alle ihre Mittel und die Geduld der Banken erschöpft haben, den Konkurs anmelden müsste – ist die letzte Möglichkeit, zu bewässern.

Man wartet, bis die Sonne untergeht. Und man gießt. 45 Nächte lang, bis kein einziger Tropfen mehr in den Reservoiren ist.

Ingrid und Robin hatten vor zwei Jahren, als die Trockenheit zuschlug, zu große Angst, alles zu verlieren. Da haben sie ihre ganzen Ersparnisse zusammengelegt, um dieses Verteidigungssystem zu finanzieren: Teiche, Reservoire, sieben Kilometer Leitungen, Pumpen, Besprengungsanlagen. Kosten: fast eine Million Euro. Ein Ruin für eine Nutzfläche von geringer Größe (300 Hektar, 200 Tiere). Umso mehr, als sie von den Nachbarn die einzigen verfügbaren *ebenen* Felder kaufen mussten, die einzigen, die zu bewässern es sich lohnt, denn dort bleibt das Wasser und läuft nicht davon.

Wir sind nun auf dem höchsten Punkt von Pines Pastoral, einer natürlichen Plattform, auf der bald das Haus von Ingrid und Robin stehen wird. Die Arbeiten haben noch kaum begonnen. Aber Ingrid zeigt mir: Hier wird einmal die Küche sein, die in einen Salon übergehen soll, hier unser Schlafzimmer. Erneut bin ich entzückt von der Landschaft, von dem ruhigen Dialog der beiden Täler. Man könnte sie für zwei große erstarrte Wellen halten. Sie warten, ehe sie sich ineinander ergießen. Heute sind sie grün.

«Von Ihrem Bett aus werden Sie Ihren ganzen Besitz überwachen können!»

«Genau.»

«Aber Ihr Feind kommt nicht über Land …»

«Man müsste Glasdächer haben, um die Ankunft der Wolken beobachten zu können. Wir haben daran gedacht. Aber das wäre zu deprimierend, nicht wahr?»

Auf dem Rückweg kommen wir an einer Reihe großer, mit einer graubläulichen Plastikhülle bedeckter Zylinder vorbei. Ingrid erklärt mir, dass es sich um ihren Futtervorrat handelt. Unter der Plastikabdeckung gärt er, und sein Zuckergehalt nimmt zu. Sehr nahrhaft!

«Man könnte sie für Soldaten halten …»

«Es sind meine Soldaten.»

Ich muss mich entschließen aufzubrechen.

«Werden Sie mich anrufen? Wenn ich hier schon einmal jemanden treffe, der Pierre Klossowski und Julia Kristeva gekannt hat!»

Im Rückspiegel sehe ich Ingrid, die Semiologin, ihren großen Hut mit dem glitzernden Rand schwenken.

«Kommen Sie bald wieder. Ich werde Sie mit Robin bekannt machen. Sie wird so glücklich sein ...»

*

Am Abend, im Motel von Wollongong, rufe ich mir meinen vorherigen Besuch bei der Niederlassung von Pernod Ricard, Australien, am Stadtrand von Sydney in Erinnerung und die sich anschließende wundervolle Verkostung, organisiert von einem Weingutbesitzer, den zu besuchen ich Ihnen empfehle: Philip Laffer.

Schwindel der Globalisierung, gezinkte Karten, verkehrte Welt, heute nicht mehr zulässige Verschleierung der Tatsachen ... Der Hauptexporteur australischer Weine, also einer der gefährlichsten Konkurrenten der französischen Weinbauern, ist diese ... französische Gesellschaft!

Sie exportiert jedes Jahr mehr als 65 Millionen Liter, davon gehen siebzig Prozent nach Europa. Das Hauptgebiet ihrer Produktion befindet sich im Barossa-Tal, unweit von Victoria. Ihre bekanntesten Weine heißen *Jacob's Creek*, nach dem Ort, an dem 1847 der erste Wein angebaut wurde.

Wenn die Trockenheit und die Erwärmung andauern – was fast sicher ist –, wenn sie zunehmen – was wahrscheinlich ist –, dann stellt sich die Frage: Wird die Gesellschaft Pernod Ricard weiter so viel produzieren können? Oder wird sie vielleicht gezwungen sein, ihre Weinberge in kühlere Gegenden zu verlegen? Wird sie die Qualität steigern, sich auf bessere, also teurere Weine konzentrieren müssen? Schon nimmt die geerntete Traubenmenge ab (um mindestens fünfzehn Prozent). Schon ersetzen viele Weinbauern den Pinot noir durch die Rebsorte Chardonnay, die weniger empfindlich auf Hitze reagiert.

Im Weinbau, wie in allen anderen Bereichen der Landwirtschaft, werden die Knappheit des Wassers und seine sich daraus ergebende Verteuerung Neuorientierungen mit bisweilen dramatischen Folgen nach sich ziehen.

Im August 1986 ist auf Initiative Australiens die Cairns-Gruppe gegründet worden. Sie besteht aus neunzehn Exportländern landwirtschaftlicher Produkte (Australien, Kanada, Südafrika, Brasilien, Argentinien, Malaysia, Neuseeland …), und sie kämpft in den internationalen Wirtschaftsbeziehungen gegen die Wettbewerbsbehinderungen, die die Vereinigten Staaten und die Europäische Union erfunden haben, um ihre eigene Landwirtschaft zu schützen (Zollschranken, Hygienevorschriften, diverse Subventionen …). In dieser Gruppe spielte Australien dank seiner Wirtschaftskraft eine herausragende Rolle. Diese Rolle schwindet in dem Maße, in dem seine Produktion aufgrund von Wassermangel abnimmt. Welches Gewicht wird der landwirtschaftliche Export Australiens in zehn, in zwanzig Jahren auf den Weltmärkten haben?

Ehe ich das Licht in meinem Motel lösche, werfe ich einen letzten Blick auf die kleine Karte, die Ingrid mir mitgegeben hat:

The Pines Pastoral
MOSS VALE
A farm is a dream!
Buy the right bull!
Call Robin 0418 200 138

Lake George

Kurz ehe man von Sydney kommend Canberra erreicht, führt die Autobahn an einer Legende entlang. Einem See. Unendlich groß. Dem Lake George. Nichts fehlt dort, weder die Ufermauern noch die Bänke, um die Landschaft zu bewundern, noch die Linie kleiner Berggipfel, die die Silhouette begrenzen, noch der so friedliche Flug der Graureiher. Man wartet lediglich auf die Hauptperson, die zögert, Einzug zu halten: das Wasser. Weil der Platz leer ist, tummeln sich Merinoschafe in aller Ruhe in dem abwesenden See und weiden das Gras ab, das dort gewachsen ist, wo einmal der Grund des Sees war.

Dieser See, sagt man im Land voller Stolz, stammt aus grauer Vorzeit. An seinen Ufern hat man Besiedlungsspuren gefunden, die 100 000 Jahre zurückreichen! Wenn ihn die Aborigines Weereewaa («Schlechtes Wasser») nennen, dann deshalb, weil er trotz einiger anerkannter Heilkräfte alles in allem keinen guten Ruf genießt. Jähe und schreckliche Stürme steigen aus ihm auf. Vor allem jedoch soll er dazu neigen, diejenigen zu verschlingen, die das Pech haben, in ihn zu fallen, oder die gar den Leichtsinn besitzen, in ihm zu baden. Man zählt die Leichen nicht mehr – darunter sogar ein Flugzeug –, die er nie mehr herausgegeben hat.

Der Lake George hat einen starken Charakter. Nach Belieben verschwindet er, vielleicht wenn ihm die Entwicklung der Welt missfällt oder, mit größerer Sicherheit, wenn man ihm nicht den nötigen Respekt zollt. Sobald er sich beruhigt hat, erscheint er wieder.

Niemand hier würde auf die Idee kommen, zur Erklärung dieser plötzlichen Stimmungswechsel die Menge des Niederschlags oder die Trockenheit heranzuziehen.

Man zieht es vor zu fürchten, der älteste See der Welt könne sich eines schönen Tages, aufgebracht durch was und wen auch immer, selbst verschlingen und Australien für immer verlassen.

Über den Liberalismus, den Zentralismus und den Außenhandel

Canberra.

Wie ein Land verwalten, das die Größe eines Kontinents hat? Es ist offensichtlich, dass sich die guten, alten, zentralistischen Methoden, die Paris lieb und wert sind, nicht für ein riesiges Gebiet eignen, das fünfzehnmal so groß ist wie Frankreich. Für diejenigen, die die Größenverhältnisse nicht im Kopf haben, sei daran erinnert, dass Perth (im Westen) von Sydney (im Osten) weiter entfernt ist als Brest von Istanbul und dass es von Darwin (im Norden) nach Melbourne (im Süden) ebenso weit ist wie von Oslo nach Sizilien ...

Dazu kommt die lange Dauer der Reisen nach London, der Hauptstadt des Ex-Empires am anderen Ende der Welt.

Das bedeutet, dass das Gefühl und die Gewohnheit der Unabhängigkeit ein wesentlicher Bestandteil der australischen Seele sind. Es bedeutet weiter, dass, als die Stunde der Unabhängigkeit gekommen war, ein kluges inneres Gleichgewicht gefunden werden musste, das den Regionen (die hier Staaten heißen) eine weitreichende Eigenverantwortung beließ.

Zu diesen bis heute unantastbaren Rechten zählte die Verwaltung des Wassers. Für Queensland oder Victoria kam es gar nicht in Frage, sich wegen der so heiklen Aufteilung der Kubikmeter an Canberra zu wenden. Ohne Wasser keine Landwirtschaft. Und was ist Australien ohne Getreide, ohne Mais, ohne Weinberge, ohne Viehzucht? Hier hat die Trockenheit für neue Regeln gesorgt. Ein W*ater Act* nimmt den Regionalbehörden von nun an ihre berühmte Hoheit über das Wasser und überträgt sie einer einzigen föderalen Körperschaft.

Der wachsende Bedarf der großen Städte des Südostens (Sydney, Melbourne...) verlangt, dass man den absoluten Vorrang überdenkt, den man der Landwirtschaft bisher eingeräumt hat. Aber der Kampf wird hart werden. Man muss im Auge behalten, dass dieser Sektor noch heute mehr als drei bis vier Prozent des Bruttoinlandsprodukts und mehr als fünfzehn Prozent des Exports ausmacht.

Das neue System ist einfach: Jeder Landwirt bekommt eine Wassermenge zugewiesen, die seiner Anbaufläche entspricht. Wenn seine Bedürfnisse die bewilligte Menge überschreiten, kann er sich auf einem Wassermarkt versorgen, dessen Preis sich, wie üblich, nach Angebot und Nachfrage richten wird. Im entgegengesetzten Fall wird der Farmer das Wasser, das er nicht braucht, auf besagtem Markt verkaufen können.

Dieses System wird zwei Konsequenzen haben, die niemand bedauern wird:

– Die Landwirte müssen endlich wirtschaftlich mit dem Wasser umgehen, das sie bisher leichtfertig verbraucht haben. Der Prozentsatz des Wassers, das verdunstet, ist in Australien enorm. Tatsächlich sieht man nicht selten, wie endlose Anlagen den Mais bei prallem Sonnenschein sprengen ... Der Inselkontinent wird sich an die Tropfenbewässerung gewöhnen müssen. Wie alle anderen.

– Ein anderer Fortschritt: das Ende der schreiendsten Absurditäten. Ist es die Aufgabe Australiens, Reis zu produzieren, um ihn nach Japan zu verkaufen? Der Liberalismus sagt, alles hängt von den jeweiligen Produktionskosten ab. Aber mit welchem Preis schlägt das Wasser zu Buche? Wenn das Wasser in den Gegenden um Wentworth, Mildura und Swan Hill (im Becken der beiden Flüsse Murray und Darling) wie gegenwärtig annähernd kostenlos ist, lohnt sich der Reisanbau. Aber wenn das Wasser zugeteilt wird, machen Thailand und Malaysia, die auf natürlichem Wege besser bewässert werden, das Rennen. Kein Land verurteilt die Subventionen Europas für seine Landwirtschaft so ostentativ wie Australien, indem es für den freien Wettbewerb eintritt. Dabei vergisst es das Wichtigste: Sage mir, wie viel du für dein Wasser bezahlst, und ich werde dir sagen, welche heimlichen Subventionen du erhältst ...

Kann Australien die Speerspitze der Cairns-Gruppe bleiben, wenn seine Produktion durch Wassermangel gebremst wird? Kanada, Argentinien und Brasilien, die ihrerseits nicht unter Trockenheit leiden, könnten bald einen wichtigen Verbündeten (und Konkurrenten) verlieren.

Schon jetzt haben die Agrarexporte Australiens stark abgenommen (um durchschnittlich zwanzig Prozent). Nur der allgemeine Anstieg der Weltmarktpreise hat es ermöglicht, diesen Niedergang zu kompensieren und die Einnahmen in etwa zu halten.

Omnibusse fahren über Land

Das flache Land Australiens hat kein Monopol auf Selbstmord. Auch in Indien haben Tausende von Bauern in letzter Zeit ihrem Leben ein Ende gesetzt. Von Schulden erdrückt, gezwungen, immer kleinere Parzellen eines immer weniger fruchtbaren Bodens zu bearbeiten, sahen sie keine Möglichkeit mehr, ihre Familien zu ernähren.

Die Situation auf dem Inselkontinent ist eine andere. Der Reichtum – oder zumindest der Wohlstand – ist durch Arbeit entstanden. Und die Trockenheit zerstört nun alles. Man kann sich die Verzweiflung der Farmer vorstellen.

Zur Angst vor der Zukunft kommt die Schande hinzu. «Drei oder vier Generationen meiner Vorfahren haben diese Erde, unser Eigentum, urbar gemacht, bewirtschaftet, aufgewertet. Und ich werde diese Kette unterbrechen, ich werde das Erbe verraten.» Man kann sich die Attacken der Schuldgefühle unter dem hoffnungslos blauen Himmel vorstellen. Die Zahlen sind erschreckend: Alle vier Tage begeht ein Farmer Selbstmord.

Jetzt mieten die Behörden Omnibusse. Die Insassen: Landwirtschaftsexperten, aber auch Sozialarbeiter und Psychologen, alles Angestellte von Centrelink, der staatlichen Sozialversicherung. Das erste Ziel dieses Teams ist, etwas gegen die Vereinsamung zu unternehmen. Je weiter die Farmen auseinanderliegen – und Gott weiß, dass Australien die natürliche Gabe der Entfernungen besitzt –, desto größer ist das Selbstmordrisiko.

Ich stelle mir vor, wie der Bus am Ende der Wüste vor einem Tor hält. Ein Psychologe steigt aus, geht auf den Hof zu und klopft an eine Tür. Wie soll man einem Farmer begreiflich machen, dass der ganze Planet unter der Erwärmung leidet, dass nicht er, nicht er allein, verantwortlich ist für den Regenmangel? Wie soll man ihm die Bescheidenheit geben, zurückgeben, die ihn retten könnte?

Australien, Schluss

In Gedanken mit meinem neuen Freund Tim Flannery und seinen Lieblingstieren beschäftigt, flog ich nach Singapur. Unter allen Kängurus ist die Art der Euros zweifellos am bemerkenswertesten. Sie überlebt alle Trockenzeiten, selbst wenn der Großteil der anderen Tiere verschwunden ist. Ihr Geheimnis: Das Euro nutzt noch das kleinste Wasserpartikelchen, das ihm zur Verfügung steht, auf optimale Weise. Seine Höhlen sind so trocken, dass man darin mühelos Feuer entzünden kann. Und seine innere Maschinerie erlaubt ihm, seinen Urin in Speichel zu verwandeln. Mit anderen Worten, das Känguru Euro ist das Modell des Stadtstaats.[9]

III. Auf seine eigenen Kräfte bauen (Singapur)

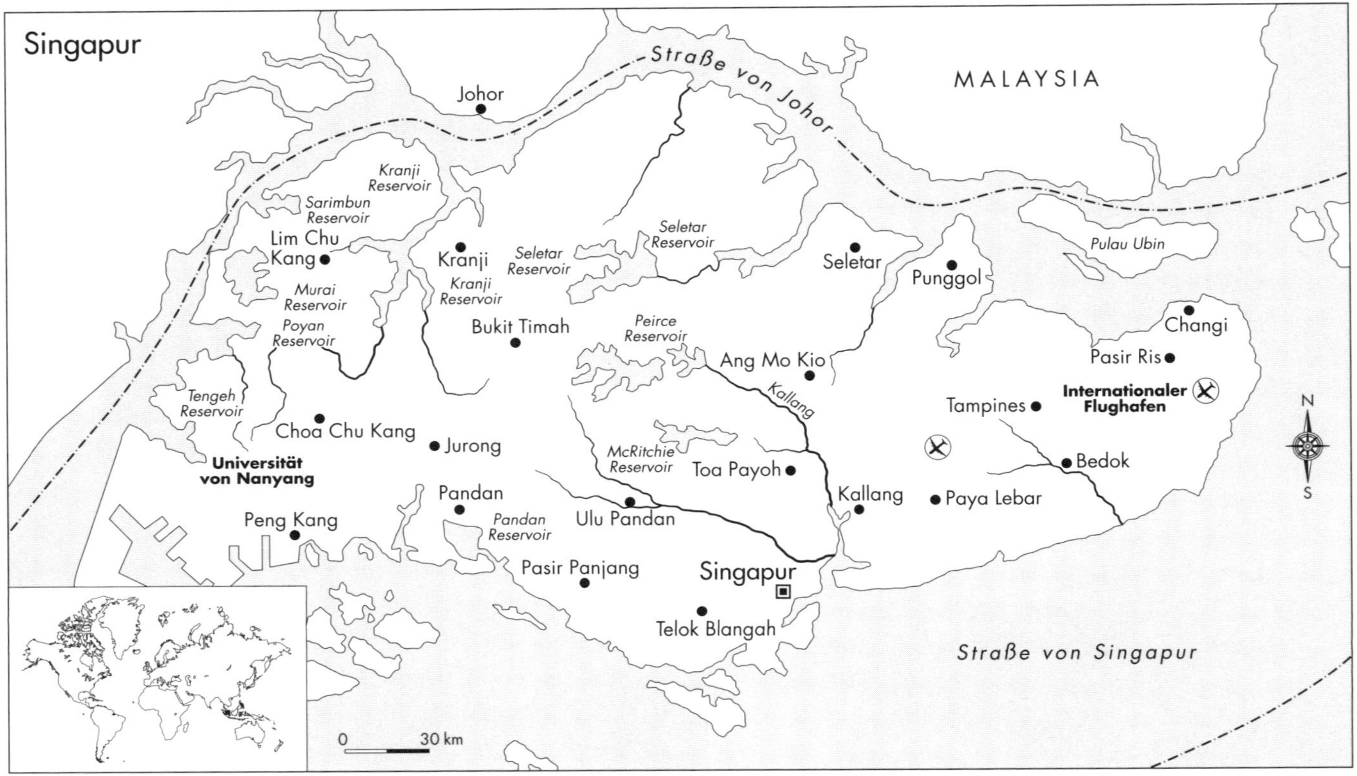
Singapur
MALAYSIA
Straße von Johor
Johor
Kranji Reservoir
Sarimbun Reservoir
Lim Chu Kang
Kranji
Seletar Reservoir
Kranji Reservoir
Seletar Reservoir
Seletar
Punggol
Pulau Ubin
Murai Reservoir
Poyan Reservoir
Bukit Timah
Peirce Reservoir
Ang Mo Kio
Kallang
Changi
Pasir Ris
Internationaler Flughafen
Tengeh Reservoir
Choa Chu Kang
Jurong
Tampines
Universität von Nanyang
McRitchie Reservoir
Toa Payoh
Bedok
Pandan
Kallang
Paya Lebar
Peng Kang
Pandan Reservoir
Ulu Pandan
Pasir Panjang
Singapur
Telok Blangah
Straße von Singapur
N
S
0
30 km

Über den Charme

Was ist Charme?

Unmöglich, ihn zu definieren. Allenfalls vielleicht über sein Gegenteil.

Was ist die Abwesenheit von Charme?

Antwort: das Grand Copthorne Waterfront Hotel in Singapur.

Sein Frühstück ausgenommen (pantagruelisch und multikulturell; von Porridge bis Serrano-Schinken über klebrigen Reis und Kokoskuchen kann man alle Rezepte finden, die Menschen erfunden haben, um sich Mut zu machen, einem neuen Tag die Stirn zu bieten), rivalisiert das Grand Copthorne Waterfront Hotel mit den besten Häusern in einem Wettstreit, der jedoch furchterregend ist: um den Weltmeistertitel der Schlaffabrik mit dem geringsten Charme. Ich rate dem Gast, sobald er genug gegessen hat, möglichst schnell wieder zu gehen. In jeder Stadt, selbst in der unpersönlichsten, findet man am Ende abseits des großen Trubels einen kleinen Winkel, der uns das Gefühl zu leben wiedergibt. Nicht ohne Mühe entdeckte ich an jenem Morgen einen winzigen Tempel, eher eine Nische in einer Mauer. Eine elektrische rote Kerze grüßte einen abgebröckelten Buddha. Eine Frau sitzt auf einer Bank. Sie klemmt sich einen, wie es scheint, mit Zwiebeln gefüllten Plastiksack zwischen die Beine und holt eine Zigarette heraus. Sie schaut den Buddha an. Wird sie ihn um Feuer bitten? Sie zieht es vor, ein joggendes Paar anzusprechen. Ohne Erfolg.

Weiter unten, auf einem sehr bescheidenen Kanal, der, wie ich später erfahre, Singapur-Fluss heißt, fährt ein blauer Kahn mit zwei Tamilen hin und her. Sie tragen orangefarbene fluoreszierende Westen. Der eine von ihnen lenkt, die behandschuhte Hand auf dem Außenbordmotor; der andere sammelt mit einem großen Netz die herumschwimmenden Abfälle ein. Man hat mich gewarnt: Die Sauberkeit ist eine der Obsessionen der Insel. Jede Handlung, die Schmutz verursacht, wird mit einer Geldstrafe geahndet. Wenn ich mich zum Beispiel verleiten ließe, auf den Boden zu spucken, würde mich das 300 Dollar kosten. Auf der anderen Seite des Wassers ertönt eine Sirene. Es muss sieben Uhr sein. Meine Uhr zeigt noch die Zeit von Australien an. Es wird schon sehr feucht. Ich erinnere mich an Abidjan (Elfenbeinküste). Wer wird eine weitere Weltmeisterschaft, die der Feuchtigkeit, organisieren? Ich wünschte, dass eine Institution wie die UNO Weltmeisterschaften dieser Art vermehrte: Das würde die Köpfe beschäftigen. Kolonnen von Arbeitern steigen in einem Gebäude hoch, das sich im Bau befindet. Die Wände werden später kommen, man sieht nur Etagen: Die Decke des einen Stockwerks ist der Boden des nächsten.

Was ist passiert? Nichts. Und doch habe ich ein Zeichen erhalten. Als hätte sich eine Tür geöffnet. Als hätte mir jemand (wer?) eben die Genehmigung erteilt, Singapur zu betreten.

Und während ich das Grand Copthorne vergesse, breche ich voller Mut zu meinem ersten Rendezvous auf.

Herr Tan Gee Paw

Die Fee Geografie konnte Singapur kein schöneres Geschenk machen. Die Insel nimmt eine Schlüsselposition ein: direkt im Süden von Malaysia, am Eingang der Straße von Malakka, die den Osten und den Westen Asiens, die Welt Chinas und die Welt Indiens miteinander verbindet. Singapur hat etwas von Gibraltar, nur dass England sich hier nicht halten konnte.

Neidisch auf dieses Geschenk, hat die Zauberin Geschichte die Insel nicht geschont: Die ganze Welt hat sich um sie gestritten, erst die einheimischen Prinzen und Sultane, dann die Portugiesen, dann die Holländer. Bis sie ein gewisser Stanford Raffles, ein Kolonialbeamter der Ostindischen Kompanie, 1819 für England in Besitz nahm. Es folgten 143 Jahre relativen Friedens und ausgedehnten Handels, die am 15. Februar 1942 mit dem Einfall Japans plötzlich endeten. Besetzung, Befreiung, Unabhängigkeit (1959), Bildung einer Föderation mit Malaysia

(1963). Die Partnerschaft hält nicht – zu viele Unterschiede. Am 9. August 1965: Trennung.

Die kleine Insel ist wieder alleine. Was tun?, fragt sich Premierminister Lee Kuan Yew. Was soll ich tun mit meinem winzigen Land von 580 Quadratkilometern und 1,5 Millionen Einwohnern, von denen zwanzig Prozent arbeitslos sind?

Weniger als vierzig Jahre später hat Singapur seine Bevölkerung verdreifacht, dem Meer 120 Quadratkilometer abgerungen und in Gewaltmärschen (durchschnittlich acht Prozent jährliches Wachstum; Arbeitslosigkeit unter drei Prozent) eine globale Wirtschafts- und Handelsmacht errichtet. Der Wohlstand ist beachtlich: 36 000 Dollar Jahreseinkommen pro Person, dasselbe Niveau wie in Frankreich.

Vergessen wir – für einen Moment – die fast eine Million schlecht bezahlter und schutzloser ausländischer Arbeiter. Das Hauptrezept des ungeheuren Erfolgs von Singapur sollte Europa zu denken geben: die Allianz eines starken, strategisch denkenden und transparenten Staats (zumindest dem Anschein nach; Korruption wird hart bestraft) und einer dynamischen Privatwirtschaft, die zu einem guten Teil in ausländischen Händen ist.

Die Wasserpolitik ist die perfekte Illustration dieser Allianz.

*

Herr Tan Gee Paw ist eine Macht. Da sich auf dieser kleinen Insel alles schnell herumspricht, wird man mir bis zum letzten Tag meines Aufenthalts keine Ruhe lassen und mich mit Neid und Furcht nach dieser Person fragen.

«Wie lange hat er Sie empfangen?»

«Undurchschaubar und eiskalt, nicht wahr?»

«Hat er wirklich internationalen Ehrgeiz?»

Ich habe von Herrn Tan Gee Paw die Erinnerung an einen eleganten, freundlichen, bestimmten und ruhigen Chinesen in den Fünfzigern behalten. Keinerlei Akten auf seinem riesigen Teakholz-Schreibtisch. Keinerlei Ungeduld während unserer Unterhaltung.

«Sie interessieren sich für das Wasser? Wir auch …»

Ein kleines Lächeln als Einleitung zu seinem kurzen Bericht über die Situation der Insel. Ein Paradox:

«Wir haben viel Regen (2,5 Meter pro Jahr), durch unsere Lage über dem Äquator. Und trotzdem haben wir nicht genug Wasser. Wir hängen also von unserem malaysischen Nachbarn ab. Wir tauschen gerne, aber wir sind nicht gerne abhängig. Ich bin sicher, Frankreich ist ebenfalls nicht gerne abhängig ... Und wenn man nicht abhängig sein will, muss man arbeiten. Wir in Singapur arbeiten gerne. Diejenigen, die nicht gerne arbeiten, sind in Singapur fehl am Platz. Wir haben vier Wasserhähne: das Regenwasser, das wiederaufbereitete Abwasser, das entsalzte Wasser aus dem Meer und das in Malaysia gekaufte Wasser. Ich kümmere mich um diese vier Hähne. Das also ist mein Beruf.»

In Wirklichkeit steht Herr Tan Gee Paw einem staatlichen Betrieb mit Namen PUB (Public Utilities Board) vor, der das ausschließliche Monopol für alles Wasser von Singapur besitzt. So etwa, als würde er in Frankreich gleichzeitig die sechs staatlichen Wasserregulierungsbehörden (Verwaltung der Ressourcen) leiten, die privaten Gesellschaften für die Trinkwasseraufbereitung und -verteilung (Suez, Veolia, Saur ...), die Departementsreferate für Umwelt und für Abwasserentsorgung, aber auch für die Sensibilisierung der Kinder und Schüler, den Verbund der Departements für die Kanalisation und die Kläranlagen, die École national des Ponts et Chaussées ...

Herr Tan Gee Paw zitiert die Devise der PUB: *Water for all: conserve, value, enjoy.*

«Eine schöne Devise, nicht wahr? Das ist unsere Verpflichtung.»

Er lächelt mich gütig, fast zärtlich an:

«Ihr Land ist reich und alt, Monsieur Orsenna. Es kann sich bei seinen Entscheidungen zahlreicher Quellen bedienen. Aber unser Land kann sich diesen Luxus nicht erlauben! Und da wir keine Vergangenheit haben und uns keine Gewohnheit hemmt, können wir rascher handeln, nur die Effizienz zählt. Im Übrigen gibt es nichts Besseres als die Notwendigkeit, effizient zu sein. Stellen Sie sich vor, Malaysia stellte seine Lieferungen ein ...»

«Aber Sie haben, glaube ich, eine Vereinbarung, die bis 2061 gelten soll?»

«Wir ziehen es vor, dem Vertrauen niemals zu viel Platz einzuräumen, Monsieur Orsenna; Vertrauen ist gefährlich, besonders wenn es zu Bequemlichkeit führt.»

Einen Augenblick lang reden wir über Entsalzung. Der Vorzug, eine kleine Insel zu bewohnen, besteht darin, immer das Meer nutzen zu können ... Aber die benötigte Energie ist jetzt schon teuer, und wie soll man sich bei all den Bedrohungen, dem Terrorismus, der Spekulation, auf den Energiepreis verlassen ...

«Mit meinen vier Hähnen gehe ich um wie ein Vater, Monsieur Orsenna. Ein Vater hat nicht das Recht, ein Kind mehr zu lieben als die anderen. Aber Vorlieben sind menschlich. Ich bevorzuge den Regen. Wenn ich daran denke, welches Himmelsgeschenk der Regen ist und wie verschwenderisch die Leute damit umgehen ... Haben Sie unsere Reservoire gesehen?»

Er nennt Namen, zählt mit Hilfe der Finger. Man könnte wirklich meinen, er mache eine Bestandsaufnahme seiner Familie:

«Poyan Reservoir, Sarimbun Reservoir, Kranji Reservoir, Upper und Lower Peirce Reservoir, McRitchie Reservoir ... Ich vergesse immer eines. Wir haben vierzehn. Bald werden wir siebzehn haben.»

Die Reservoire, von den Briten geerbt und seitdem ständig vergrößert, vermehrt, umgebaut, immer mit Blumen geschmückt, herausgeputzt und sauber bis zur Pingeligkeit, sind mit Recht der Stolz der Nation: wundervolle Gärten und gleichzeitig eine Huldigung an die ehemaligen Dschungel; Orte für Familienspaziergänge, unvergleichlich schönes Jogging, Wasservergnügungen; und beruhigende Symbole der Meisterschaft: Singapur bestätigt hier immer wieder friedlich seine Fähigkeit, sowohl die Natur wie die Zukunft zu meistern. Die Reservoire sind das *Fort Knox* von Singapur: Dieses Wasserlager ist so viel wert wie ein Goldvorrat.

Meine Begeisterung für die Reservoire bestärkt Herrn Paw in der guten Meinung, die er von mir hat. Während er mich zurückbegleitet, gibt er seine Anweisungen: Monsieur Orsenna soll von Singapur zur Ersten Internationalen Woche des Wassers eingeladen werden. Ich sage, ich sei stolz, und da ich seit meiner Kindheit gerne schmeichle, wünsche ich diesem zukünftigen «Davos des Wassers» guten Wind.

Ich bin über das Ziel hinausgeschossen. Herr Paw wirft mir einen letzten, eher kühlen Blick zu. Wie kann man auch nur eine Sekunde daran zweifeln? Von kommendem Juni an wird die *Water Week* das globale Treffen zum Wasser sein.

Mein leichter Ausrutscher macht aber nichts. Man hätte meinen können, die ganze Stadt habe in dem Augenblick auf die Uhr geschaut, als ich das Büro verließ. Von nun an bin ich von Respekt umgeben: Ich bin der Franzose, dem Herr Paw fast eine Stunde (51 Minuten) seiner so kostbaren Zeit gewidmet hat.

Wiederverwerten

Monaco, Hongkong, Andorra, Saint-Marin ... Alle Stadtstaaten des Planeten führen einen erbitterten Krieg gegen den gleichen Feind: die Beschränkung. Ob auf dem Land gespart oder im Meer gewonnen, ist jeder zusätzliche Quadratkilometer ein von den Zeitungen besungener Sieg und ein teuer erkaufter Gewinn. In Singapur nehmen die sechs Wasseraufbereitungsanlagen zu viele davon in Anspruch. Ihre Filter und Klärbecken breiten sich auf Dutzenden von Hektaren aus. Die Schlammbrühe verdient gewiss Respekt, aber das ist kein Grund, sie den Raum verschlingen zu lassen. In ihrer überaktiven Weisheit beschloss die Regierung, dieser Verschwendung ein Ende zu setzen.

Im Südosten der Insel, in der Nähe des Internationalen Flughafens wird eine einzige, riesige, aber kompakte Anlage die sechs anderen ersetzen. Sie wird täglich 2,5 Millionen Kubikmeter aufbereiten.

Um die Fabrik zu errichten, haben sechstausend Fremdarbeiter zwei Jahre lang gearbeitet. Sie schliefen in Baracken auf der Baustelle. Sie durften die Anlage nicht verlassen.

Die Abwässer werden durch einen unterirdischen Kanal kommen. Er ist schon gegraben. In fünfzig Meter Tiefe schlängelt er sich unter der Insel entlang. Ich bin hinabgestiegen, um dort herumzugehen. Man könnte dort fast eine Metro fahren lassen: Er ist über fünfzig Kilometer lang und hat einen Durchmesser von sechs Metern.

Die Rückstände werden weit draußen im Meer entsorgt, während das gereinigte und aufbereitete Wasser an die Verbraucher verkauft wird. Unter dem Namen *New Water*.

Dort unten, in dem großen, mit hohen Kosten betonierten Loch, meinen Schutzhelm auf dem Kopf festgeschnallt, begriff ich die beiden Motoren von Singapur, diese beiden großen widersprüchlichen Träume: sich selbst zu genügen und gleichzeitig der *Mittelpunkt* der Welt zu werden.

Ursprünglich bedeutet das englische Wort «hub» «Nabe», das Teil, um das sich das Rad dreht. Die Bedeutung dieses Wortes hat sich erweitert. Heute bezeichnet es jeden Punkt, an dem Strahlen zusammenlaufen, jeden Mittelpunkt eines Netzes.

Dank seiner geografischen Lage als *hub* geboren, beließ es Singapur nicht dabei und beschränkte sich nicht auf seine Seeaktivitäten. Sein Hafen ist natürlich einer der wichtigsten der Welt, und jeden Tag legen dort mehr als neunhundert Schiffe von mehr als hundert Metern Länge an und ab. Aber sein Flughafen steht ihm fast in nichts nach: 79 Fluggesellschaften aus 177 Städten landen dort, ein Verkehr, der dem von Roissy Charles-de-Gaulle vergleichbar ist.

Verführt durch diese Infrastruktur haben sich viertausend internationale Unternehmen dort niedergelassen, häufig, um von dieser Basis aus Einfluss auf ganz Asien zu gewinnen. Auf diese Weise, indem der erste *hub* andere *hubs* nach sich zog, ist Singapur zu einer der ersten Plattformen des globalen Kapitalismus geworden.

Die Strategie ist simpel: Man wählt irgendeinen Zukunftssektor wie die Wasserindustrie. Man lockt die Hauptakteure an, ganz einfach durch Verträge, aber auch durch alle Arten von Entgegenkommen (Erleichterungen der Niederlassung, Partnerschaften mit der Universität ...). Und auf diese Weise schafft man ein Zentrum von Weltruf.

Singapur, Ultra-Reinheit

Fabriken folgen auf Fabriken. Schornsteine, Gasometer, Kühltürme. Singapur ist nicht nur die Heimat der Dienstleistungen. Auf dem Land, das dem Meer entrissen wurde, haben sich Schlüsselindustrien angesiedelt. Eine neue Lektion für diejenigen, die glauben, dass die Industrie ebenso überholt wie schmutzig sei; dass es infolgedessen besser wäre, sie anderen zu überlassen ... Wir nähern uns offenbar immer sensibleren Zonen, denn die Zäune oder die Mauern werden immer höher, und nun halten sogar Soldaten auf Türmen Wache.

Es ist eine große, sehr große, graue Kiste. Die Gesellschaft Showa Denko heißt Sie willkommen. Ohne übertriebene Herzlichkeit. Überall Kameras. Eingehende Kontrollen. Die Stimme meines Begleiters zittert vor Respekt.

«Diese Einheit stellt zehn Prozent aller Festplatten der Welt her ...»

Ich stelle mir die Gigas von Gigas vor, diese aufgehäuften Gedächtnisse, ein Zehntel aller Erinnerungen aller Bewohner des Planeten ... Ich betrachte die sehr große graue Gesellschaft mit anderen Augen, mit einer neuen Ehrfurcht. Leider werde ich die Gedächtnisfabrik nicht betreten. Ich werde mich mit dem Nebengebäude begnügen müssen. Nachdem ich diverse Prozeduren über mich habe ergehen lassen. Darunter die mit den Schuhen, die ich mehrere Male ausziehen und wieder anziehen muss, ehe ich sie gegen andere austausche. Man erklärt mir freundlich, dass nicht meine Füße, sondern der Staub der Grund dafür sind. Der Staub ist der persönliche Feind von Showa Denko. Und wir sind allein deshalb hier, weil Showa Denko auf die Fähigkeiten von Veolia vertraut, Sauberkeit zu schaffen. Wir, Sie und ich, werden bestimmt nie etwas von der Herstellung einer Festplatte verstehen. Behalten Sie einfach in Erinnerung, dass keine andere Montage so viel Sauberkeit verlangt. In jedem Stadium müssen die kleinsten Späne und Splitter beseitigt werden. Muss gereinigt werden. Mit viel Wasser. Außerdem muss das Reinigungswasser sauber, extrem sauber sein, frei von allen Partikeln, die es natürlicherweise enthält, angefangen bei den mineralischen Salzen. Was würde es nützen, bestimmte Schmutzteilchen von der Festplatte zu entfernen, wenn man diese dabei nur mit anderen beschmutzte?

Dieses Zauberwasser wird in einer Ecke des großen grauen Würfels produziert. Glauben Sie ja nicht, es sei leicht, *Ultra-Reinheit* zu produzieren. Das gewöhnliche Wasser muss einen langen und verschlungenen Weg zurücklegen, eine Reihe von geheimnisvollen, mehr oder weniger schmerzlichen Prüfungen, alle möglichen Prozeduren über sich ergehen lassen, chemische Behandlungen, den Beschuss mit UV-Strahlen, einen Druckanstieg, das gewaltsame Passieren einer Mauer von Membranen ... Verlassen Sie sich auf die Geschäftsführer von *Showa Denko*. Wenn die *Ultra-Reinheit* so leicht herzustellen wäre, würden sie ihrem Lieferanten niemals 7 Millionen Euro im Jahr dafür bezahlen.

Ich verließ die Industrieanlagen mit einer Frage und einem Wunsch. Beginnen wir mit der Frage: Welche Funktionsmängel lassen sich auf einer Festplatte feststellen, die ohne Sauberkeit produziert wird? Unter welchen Gedächtnisproblemen wird sie leiden?

Der plötzliche und unabweisbare Wunsch war, mich *auszuklinken*. Mobiltelefon, BlackBerry, iPhone, der moderne Mensch ist immer vernetzt, immer online. Das heißt, immer mit einer jener Festplatten, die Showa Denko oder eine ihrer Mitschwestern fabrizieren, verbunden. Das heißt, immer mit der *Ultra-Reinheit* verbunden. Ich gestehe, dass mir am Abend in meinem Zimmer des Grand Copthorne Waterfront Hotels sehr, sehr schmutzige Gedanken gekommen sind. Aber ich sagte mir, dass die jungen polyglotten Frauen, deren Dienste man mir freundlicherweise anbot, natürlich auch ultrarein waren. Da zog ich es vor, zu schlafen. Träume sind nicht immer sauber.

Propaganda für Singapur

Systematische Besichtigung des Informationszentrums für Wasserversorgung durch die Schulen; Allgegenwart des Maskottchens der PUB in der Stadt: ein Tropfen Wasser, einmal klein, in Plüschklamotten, einmal in menschlicher Größe, durch die Straßen ziehend; Verteilung reizender kleiner bunter Flaschen bei jeder Gelegenheit, *New Water* ist es sich schuldig; jede Menge Fernsehsendungen, sportliche, soziale und kulturelle Veranstaltungen … Ich dachte zunächst, dieses psychologische Vorgehen auf breiter Front habe das einzige Ziel, die Bevölkerung dazu zu bringen, dass sie die wenig appetitliche Idee akzeptiert, ihre eigenen Abfälle zu trinken. Da diese Idee nicht selbstverständlich ist, ist es umso wichtiger, sich von Kindheit an daran zu gewöhnen. Und ich wunderte mich einmal mehr über diesen Zusammenhalt in Singapur und über diese Fähigkeit, jedes Vorhaben zu verwirklichen. Wenn in dem Inselstaat einmal ein Plan gefasst ist, dann wird er Phase um Phase mit seinen kleinsten Details und Implikationen durchgeführt, ohne Überstürzung, aber auch ohne Verzögerung und ohne weitere Fragen zu stellen.

Und dann hat sich ein Verdacht eingestellt. Der Wasserrefrain kehrte zu häufig und mit zu großer Begeisterung wieder, als dass er ganz ehrlich sein konnte.

Ohne auch nur einen Augenblick sein ebenso freundliches wie schwärmerisches Lächeln abzulegen, kommentierte Herr Peng Kah Poh, der Kommunikationsdirektor von PUB, ganz und gar vergnügliche Fotos vom Fischerstechen, vom Fischen nach Abfällen, von Familienspaziergängen an schön gestalteten Uferböschungen, von in fast natürliche Seen verwandelten Reservoiren, von rührenden Zeremonien, bei denen eine Gruppe feierlich ein Stück des Flusses Kallang adoptierte …

Ohne mir Zwang anzutun, äußerte ich meine Bewunderung angesichts der vollbrachten Arbeit. Und auch, dass viele Gemeinden Europas hier lernen könnten, was durch Sparsamkeit und Wiederaufbereitung erreicht werden kann. 1994 verbrauchte jeder Mensch in Singapur täglich 176 Liter; die Zahl ist auf 155 gesunken.

Aber die Worte des Lieds vom Wasser hallten in meinem Ohr merkwürdig wider. Man urteile selbst: «Lasst uns das Vertrauen in unser Wasser und unseren Sinn für Verantwortung pflegen», «Schließt euch der Water Watch Society (der Gesellschaft derer, die über das Wasser wachen) an», «Lasst uns in der Liebe und im Respekt für das Wasser zusammenstehen», «Lasst uns unsere Bande mit dem Wasser der Gemeinde enger knüpfen» ...

Wenn man pausenlos hört, wie das Wasser nach der dröhnenden Art gewisser religiöser Rituale, zum Beispiel der Wiederholung der Mantras, beschworen wird, sagt man sich zwangsläufig, dass sich hinter diesem Diskurs ein anderer verbirgt. Auch wenn Singapur wie die meisten Großstädte der Welt befürchten muss, eines Tages unter Wassermangel zu leiden, schießt diese allgemeine und ständige Mobilisierung etwas über ihr Ziel hinaus.

Plötzlich gehen einem die Augen auf, während gleichzeitig der Respekt vor der Klugheit der örtlichen Behörden um einige Grade zunimmt. Das Wasser ist die perfekte Metapher des Zusammenhalts. Das Wasser feiern heißt, die Gesellschaft verherrlichen. Sich dafür einsetzen heißt, seinen Bürgersinn beweisen. Wer das Wasser liebt, liebt Singapur und infolgedessen seine Regierung. Die Liebe zum Wasser ist eine Zugehörigkeitserklärung, ein tägliches Votum. Niemand, der mit gesundem Menschenverstand begabt ist, wird sich dem verantwortlichen Umgang mit dem Wasser widersetzen – und ebenso wenig den Institutionen, die seit so vielen Jahren für den Wohlstand der Stadt sorgen.

Ein anderer Vorteil: Unter dem Vorwand des Wassers kann man über Geld, den wahren König Singapurs, reden. Die Worte, die für das eine passen, passen auch für das andere. Das Geld ist, wie das Wasser, das Leben. Das Wirtschaftswachstum muss, wie das Wasser, «nachhaltig» sein ...

Das Wasser hat einen breiten Rücken, wir haben es schon gehört.

Unterhaltung mit dem Vertreter von Veolia im Raffles-Hotel

Ich entschuldige mich bei ihm. Von seiner Sekretärin habe ich erfahren, dass ich ihn um seine tägliche Runde Schwimmen bringe. Er lächelt.

«In Singapur braucht man eine gute körperliche Kondition …»

«Um das Klima auszuhalten?»

«Das Klima der Geschäfte. Die Konkurrenz ist gnadenlos. Dass die Privatunternehmen versuchen, einem das Kreuz zu brechen, ist normal. Aber die Behörden …»

Er berichtet mir von einem neuen Vertrag, den SGI, die internationale Tochtergesellschaft von PUB, in China geschlossen hat.

«Ich bin sicher, dass Herr Paw, Ihr neuer Freund, nichts erwähnt hat!»

Ich bestätige es.

«Hier erwähnt niemand etwas. Es genügt, dass es so ist. Eines Morgens wachen Sie auf, und Sie sind tot.»

Marina Barrage

Der letzte Morgen. Ich hatte vor, ein wenig herumzubummeln, das heißt, zum botanischen Garten zurückzukehren, vor allem die Orchideensammlung noch einmal zu besichtigen und einige Angaben zu überprüfen. Hatte ich die Schildchen richtig gelesen? Gehörte die Banane tatsächlich zur Familie des Ingwers?

Leider erwartete mich eine Nachricht: Der Direktor der Marina Barrage hielt sich bereit, um mir das Werk zu zeigen: «Das wird unser achtzehntes Reservoir sein, in aller Bescheidenheit, das Schönste.»

Eine solche Einladung war unmissverständlich ein Befehl. Vielleicht nahmen die Singapurer Behörden allen, die die Reservoire missachteten, den Pass ab?

Anstatt der Botanik erneut Planierraupen.

Das Unternehmen ist pharaonisch. Die Regierung hat ganz einfach beschlossen, genau an der Mündung des größten Flusses, des Kallang, ein «reagierendes» Staubecken zu errichten. Wegen der Verbindung zum Meer wird der riesige Wasservorrat zunächst salzig sein. Aber der Salzgehalt wird rasch abnehmen. Die Experten rechnen damit, dass das Flusswasser in zwei Jahren die letzten Salzspuren vertrieben haben wird.

Die Maschinerie des Stauwehrs ist so gigantisch, wie das Prinzip einfach ist. Wenn der Vorrat, zu gut versorgt vom Fluss, sein mittleres Niveau überschreitet, reagiert das intelligente Wehr. Bei Ebbe begnügt es sich damit, die Schleusentore zu öffnen, und das überschüssige Wasser fließt ab. Bei Flut setzen sich sieben Pumpen in Bewegung, die 280 Kubikmeter Wasser pro Sekunde ins Meer hinauswerfen können.

Diese Anlage wird einmal 2 Milliarden Dollar gekostet haben. Aber was bedeutet das schon, ihr dreifacher Nutzen ist nicht mit Gold aufzuwiegen. Erstens werden die entsetzlichen Überschwemmungen ein Ende haben, die bei jedem Monsun die Armenviertel immer wieder unter Wasser setzten. Zweitens wird ein achtzehntes Reservoir den schon vorhandenen strategisch wichtigen Vorrat um einige Millionen Kubikmeter Wasser vermehren. Es wird aus eigener Kraft mehr als zehn Prozent des nationalen Bedarfs decken können. Schließlich hat diese unvergleichliche Wasserfläche, die für alle Arten von Wasservergnügungen geeignet ist, den Reiz – und den Wert – der Ufergrundstücke erheblich gesteigert. Man kommt aus ganz Asien und reißt sich anhand von Plänen um die Appartements. Umso mehr, als Singapur beschlossen hat, mit einem seiner letzten Überbleibsel des Puritanismus Schluss zu machen. Warum die Geldspiele verbieten? Warum sich zusätzliche Einnahmen entgehen lassen? Warum sich versagen, Hongkong und Macao Konkurrenz zu machen? An dieser Stelle, im Herzen von Marina Barrage, wird sich künftig eines der größten Casinos der Welt erheben.

Ich wollte Botanik. Ich bekomme sie. Hübsch aufgereiht, die Wurzeln in bisweilen riesige Erdklumpen eingepackt, warten Millionen von Bäumen und Sträuchern darauf, eingepflanzt zu werden. Gemeinsam mit den Gebäuden wird ein Garten aus dem Boden sprießen.

«Man muss der Kundschaft entgegenkommen», seufzt der Baustellenleiter. «Unser Volk liebt die Natur ...»

Eine komische Natur, ähnlich jenen Inseln in Palmenform, die der Persische Golf erfindet und die die gleichen Schattenarbeiter aus Pakistan, Indien oder Bangladesch erbauen.

Welcher Welt bereitet der Nahe und der Ferne Osten den Weg? Woher schöpfen sie jene unerschöpflichen Energien und jene Verachtung für das Alte?

Angesichts dieser ganzen Stadtteile, die wie durch Zauberei aus dem Boden schießen (der meist dem Meer abgewonnen wird), kann sich der europäische Reisende nur fragen, ob dieser Planet noch der seine ist. Bestimmt hat ihn ein Raumschiff, seinen Schlaf ausnutzend, in eine andere Galaxie getragen, die Galaxie, in der die elektronischen Räume wirklich werden, in denen seine Kinder spielen. Wenn es nicht so ist, wenn kein Raumschiff gekommen ist, wenn dieser Planet tatsächlich der seine ist, dann empfindet der europäische Reisende, obwohl er bisher versessen auf das Leben war, so etwas wie Erleichterung, ein gewisses (fortgeschrittenes) Alter erreicht zu haben: Von der allgemeinen Ausbreitung dieser Marinas wird er nur die Vorhut gesehen haben. Ihm bleiben immer noch die bretonischen Strände und die antarktischen Blattalgen.

Lastwagen folgt auf Lastwagen. Eine ununterbrochene Kette. Alle sind blau. Alle heißen *Concrete Island*.

Auch wenn, ich weiß es wohl, *concrete* auf englisch «Beton» bedeutet, überkommen mich plötzlich zärtliche Gefühle für den Eigentümer des Transportunternehmens. Er teilt offenbar meine Zweifel an der Realität von Singapur. Er will sich Mut einflößen, er möchte konkrete Lastwagen für eine konkrete Insel.

IV. Das Wasser ist auch der Tod
(Kalkutta)

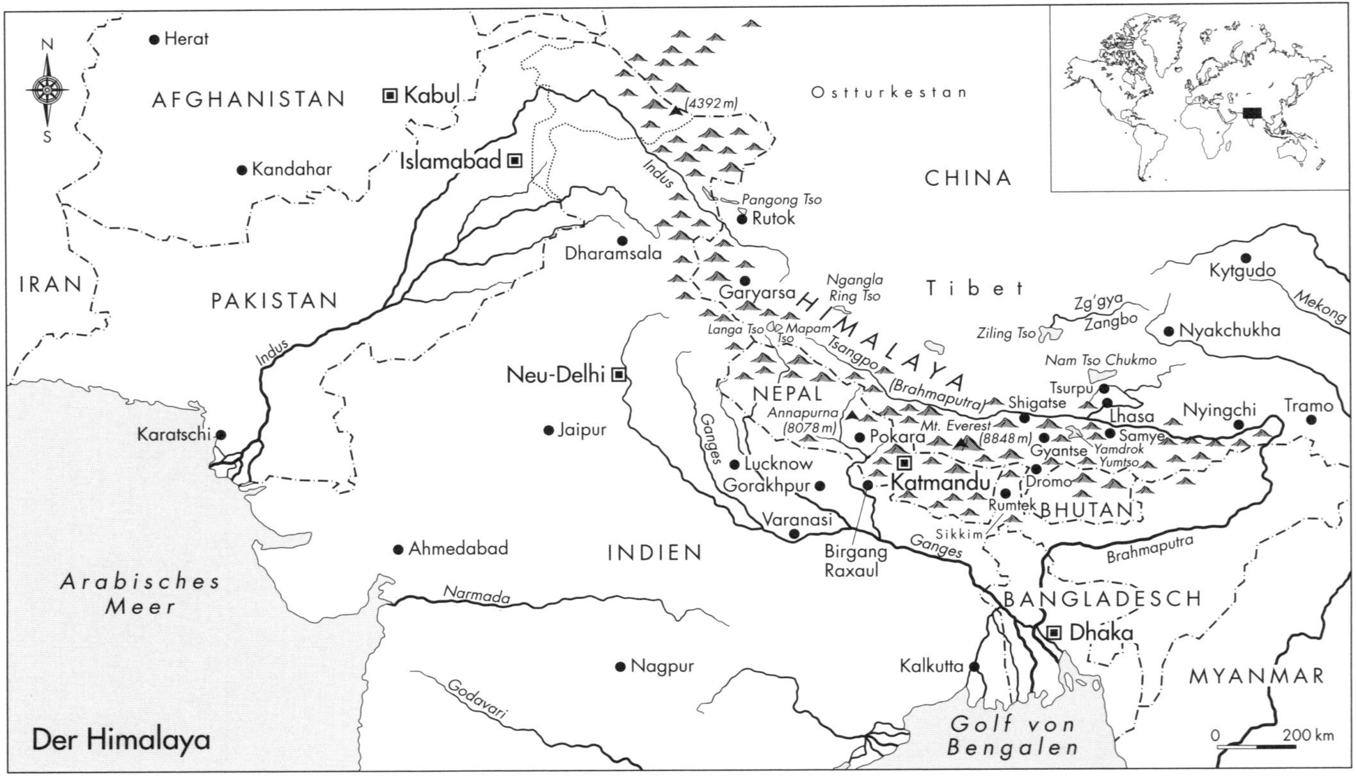

Der Himalaya

Lektion über den Monsun

Was den Flughafen von Bangkok betrifft, erlaube ich mir, die Reisenden, die ihren Anschlussflug nicht verpassen wollen, darauf hinzuweisen, dass es erstens, hier mehr noch als anderswo, besser ist, mit leichtem Gepäck zu reisen: Jeder aufgegebene Koffer hat, zweifellos erfasst vom sexuellen Taumel Thailands, große Chancen, verloren zu gehen und niemals wieder aufzutauchen. Dass es zweitens das Gate 1A tatsächlich gibt, trotz seiner Nichtexistenz auf sämtlichen Bildschirmen. Um dorthin zu gelangen (im Dauerlauf), braucht man nur in die zweite Etage hinaufzusteigen, wieder ins Erdgeschoss hinabzusteigen und die richtige Warteschlange zu erwischen. Dass drittens die Anschläge, die die Zielorte der Flüge angeben, den Boden bedecken. Ich gebe niemandem die Schuld, es liegt gewiss am feuchten Klima. Wahrscheinlich hält der Papierkleister schlecht auf den Anschlagtafeln aus Plastik. Ich hatte die Wahl zwischen Kuala Lumpur, Ho-Chi-Minh-Stadt und, glücklicherweise, Kalkutta, dem Ort, an dem mich die Cholera erwartete. Endlich in der uralten Boeing 727 sitzend, bereitete ich mich darauf vor, den Golf von Bengalen zu überfliegen. Es war der geeignete Moment, die Lektionen des Meteorologen Jean Labrousse noch einmal durchzugehen.

Der Monsun gleicht entfernt den Seewinden unserer Sommer.

Erinnern wir uns. Die Sonne erwärmt die Erde. Die Luft über ihr wird leichter: Der atmosphärische Druck nimmt ab. Dieselbe Sonne streichelt das Meer, das offenbar Schamgefühle entwickelt: Es erwärmt sich weniger schnell. Die Luft über dem Wasser bleibt kühler, das heißt dichter. Da der Wind immer vom Tiefdruck- zum Hochdruckgebiet weht, kommt er vom Meer. In der Nacht wechselt die Richtung. Die Erde, die unbeständige, kühlt rascher ab. Die Luft über ihr wird dichter, während die Luft über dem Wasser die Wärme hält, also relativ leicht bleibt. Die

Brise kommt vom Land. Die Strandpächter und die Segler an unseren Küsten kennen diese lokalen Kreisläufe genau.

Der Monsun ist nichts weiter als die planetarische Erweiterung dieses Mechanismus. Und die Rolle von Tag und Nacht als treibenden Kräften wird hier ersetzt durch den Wechsel der Jahreszeiten. Ob unsere Erde sich in 24 Stunden um sich selbst dreht oder ob sie ihren Weg um die Sonne in einem Jahr zurücklegt, immer ist sie es, die den Rhythmus bestimmt. Im Sommer steht die Sonne im Zenit und bringt die tropischen Kontinente zum Glühen. Deren intensive Wärme zieht den Wind an, sie atmet ihn ein. Riesige Ströme feuchter Luft kommen vom Meer. Die Aufwinde reißen sie mit sich. Kondensation. Sintflut.

Im Winter die umgekehrte Bewegung: Die Kontinente, die kühler sind, entsenden jetzt die Winde übers Meer.

Der Blumenmarkt von Mullik Ghat

Die Menschenmengen von Kalkutta strömen in beiden Richtungen über die Howrah-Brücke: Die einen gehen zum Bahnhof, die anderen kommen von dort. Was dazu führt, dass aller Wahrscheinlichkeit nach auf keiner Brücke der Welt so viele Menschen gehen.

Unter der Howrah-Brücke fließt der Fluss Hooghly. Im Hooghly spielen Männer und Kinder, sie waschen sich, und sie pinkeln. Zwischen den beiden Ufern verkehren Fährboote. Wenige Dinge sind mir so hoffnungslos vorgekommen wie der Konkurrenzkampf zwischen den winzigen Booten und der Maßlosigkeit der Brücke. Die Frauen waschen Wäsche, und die Hunde schauen zu. Krähen und andere Kinder stöbern in den Abfällen. In der Luft liegt Kotgeruch und, stoßweise herüberwehend, ein schüchterner, süßlicher Duft von großer Zartheit. Er kommt vom Blumenmarkt, der sich, dem Fluss in Richtung Stadt folgend, zwischen den alten Badeanstalten und der Eisenbahnlinie verbirgt.

Der Boden ist hier ebenso schmutzig wie überall, glänzend, schmierig, schwarz, klebrig, dreckig von einem Dreck, der alles andere als Erde ist.

Nur dass ihn hier die Blumen und das Blattwerk fast völlig bedecken. Es gibt rote, weiße, gelbe Kreise. Es gibt orangefarbene und blaue Haufen. Die an Bronchitis leiden, haben es schwer, neben die Farben zu speien. Aber es gelingt ihnen. Wenn es zu heiß wird, holt man Wasser aus dem Fluss, um die Blumen zu erfrischen. Dies ist der einzige Markt, auf dem es ebenso viele weibliche wie männliche Händler gibt. Männer und Frauen flechten unaufhörlich Halsketten. Oder verfertigen zarte oder flammende Kunstwerke, zweifellos für Hochzeiten oder Beerdigungen, wofür genau, kann man nicht wissen, weil alle gleich heiter aussehen. Diejenigen, die keine anerkannten schöpferischen Fähigkeiten besitzen, verkaufen die Blumen nach Gewicht. Sie halten ihre Waage zwischen Daumen und Zeigefinger. In der einen Schale das Gewicht; in der anderen der kleine bunte duftende Berg.

Man muss kurz vor Sonnenuntergang hingehen. Die professionellen Käufer kommen dann nicht mehr. Man kann einen Farbhaufen oder eine Halskette fast umsonst bekommen. Vielleicht ganz umsonst. Auf der kleinen Brücke, die über die Bahngleise zum Blumenmarkt führt, bin ich einem sehr schönen, in seiner abgetragenen beigen Jacke sehr sauberen alten Mann mit korrekt gescheitelten weißen Haaren begegnet. Seine auffällig sorgfältige Aufmachung brachte mich auf den Gedanken, er sei vielleicht erst seit kurzem alleine und unendlich traurig.

Ich gebe zu: Die Blumen stehen nicht im Mittelpunkt meines Interesses. Aber der Schock der Begegnung mit Kalkutta ist so heftig, die Informationen, die das Auge jede Sekunde aufnimmt, sind so zahlreich und so widersprüchlich, dass man einen Augenblick lang Atem holen muss, um nicht völlig die Kontrolle und den Verstand zu verlieren. Ich klammerte mich an diesen Blumenmarkt wie an eine Boje, die man zufällig mitten in einem stürmischen Ozean entdeckt. Angebote aller Art, historische, sexuelle, medizinische, kulturelle und politische, schlug ich aus, um immer und immer wieder zu meinem geliebten Markt zurückzukehren.

Und nun kann ich es stolz verkünden: Gewiss, ich verstehe nichts von Kalkutta, ich kenne es auch nicht, nicht einmal das Victoria Memorial, aber von dem Treiben auf seinem Blumenmarkt ist mir nichts mehr verborgen.

Ram Chandra Goenka
Zenana Bathing Gat

Der alte Palast der ehemaligen Bäder wacht über das kleine Volk der Blumenhändler. In seinem heruntergekommenen Inneren hält er Schatten, Kühle und lange Steintische für sie bereit. Während der Belle Epoque haben sich an diesem Ort wohl bedeutende Personen versammelt. Heute bereitet man hier die Blumen vor, man schneidet die Stiele und die Blätter ab. Indien mag offenbar keine Stängel und kein Grün.

Und wenn die Arbeit beendet ist, strecken sich die Menschen auf dem Stein aus.

Dann wird der Palast zum Leichenhaus, so ruhig liegen die Körper da, die endlich zur Ruhe gekommen sind.

Früh am Morgen, zur selben Zeit, zu der per Lastwagen ganze Gärten ankommen, beginnen die Ringer hier mit ihrem Training.

Warum wählen sie diese zweifelhafte Nachbarschaft? Die einfachen und logischen Geister, will sagen, die Orientalen, werden antworten: des Geruchs wegen. In der Hoffnung, der Blumenduft möge die Ausdünstungen der schwitzenden Athleten übertönen. Ich ziehe es vor, einer anderen Spur zu folgen, die das dargebotene Schauspiel nahelegt.

Die Körper zweier Ringer lieben sich. Wenn man das nicht erkennt, hat man nie gesehen, wie sie sich anpacken, sich kneten, sich herumwälzen, sich zermalmen. Ihre Kraft ist zärtlich, sie drängen zur Vereinigung, sie verharren, reglos aneinandergedrückt, lange Momente. Jeder Griff ist ein Liebeswort. Ebenso wie jede Blume.

Gleich und gleich gesellt sich gern.

Mutter Teresa besaß kein Monopol auf Liebe in Kalkutta.

Auf dem Weg zum Forschungszentrum

«Was ist denn heute los?», fragte ich alle fünf Minuten.

Der Chauffeur schüttelte den Kopf. Ich hatte ihn aus einem gleichsam botanischen Grund gewählt: der unwahrscheinlichen Behaarung seiner Ohren wegen. Vergessene Wattestäbchen mussten dort infolge der Feuchtigkeit des Klimas ausgetrieben haben. Das Phänomen ist offenbar nicht selten in Kalkutta: Aus den Fenstern alter, verlassener Häuser wachsen ganze Bäume. Er gehörte zu der Art moralisierender Taxifahrer, die ihren Beruf lieben: Die Lächerlichkeit seiner Fahrgäste wird ihn immer entzücken. Im zersprungenen Rückspiegel sah ich seinen spöttischen Blick.

«Kalkutta ist Kalkutta. Heute ist es Kalkutta. Morgen ist es Kalkutta. Der Tag ist nicht wichtig, das ist Kalkutta ...»

Ich hatte mich an seine wirre und leicht sentenzenhafte Art zu reden gewöhnt. Seine Antwort bedeutete einfach, dass Verkehrsstaus in Kalkutta das Übliche sind.

Mein Freund, der haarstrotzende Chauffeur, hatte mich gewarnt: Er werde nicht bis zum Forschungszentrum fahren. Er fürchtete die Krankheit zu sehr und hatte keinerlei Vertrauen zum Personal der Labors. Aus sicherer Quelle wusste er, dass diese Leute dort ihre Reagenzgläser schlecht verschließen.

«Und dann?»

«Dann entwischen die Mikroben. Gemachte Mikroben, viel schlimmer als natürliche Mikroben ... »

Von Zeit zu Zeit bewegte sich die Ansammlung bunter Wagen, zu der unser alter Ford gehörte, ruckweise vorwärts. Ich schöpfte wieder Hoffnung, eine Hoffnung, die nicht von Dauer war. Die Kolonne stand wieder still. Erneut mussten wir die Abgase des Bierwagens, der vor uns fuhr, über uns ergehen lassen. Eine Stunde verging. Ich verhandelte. Ich sagte, wie wichtig das Treffen für mich sei, ich redete von Höflichkeit, von der geringsten Form der Höflichkeit, wenigstens Bescheid zu geben, wenn man sich verspäte. Der Chauffeur seufzte und zog schließlich eine Antiquität aus seiner Tasche, ein Mobiltelefon von der Größe eines Baustellen-Walkie-Talkies! Und jedesmal versicherte uns dieselbe knisternde Stimme, Professor Balakrish Nair verlasse sein Büro nie vor Einbruch der Nacht.

«Sehen Sie!», sagte Amitav, indem er auflegte.

Eine halbe Stunde später riefen wir auf mein Drängen hin noch einmal an, um eine weitere Verspätung anzukündigen.

Wir kamen trotzdem voran, in einer undefinierbaren Gegend. Einer Mischung aus Stadt und Land: Teiche, Felder, Brachland, verfallene Siedlungen und, unvermittelt, zwei oder drei nagelneue Gebäude. Ganze Schulen zogen an uns vorbei, kleine Jungen und kleine Mädchen in Uniformen: Wussten sie überhaupt, dass England existiert? Unterricht schien die örtliche Obsession zu sein. Dutzende von Läden schlugen Kurse über alle möglichen Gegenstände vor. Ein allerdings bescheidener Laden, zwei Räume aus Bruchstein unter einem Blechdach, hatte mehr Ehrgeiz. Schon sein Name zeigte, dass er auf alle Bedürfnisse antwortete:

EE
Everything Educational

Nur die Nachbarinschrift verriet die Herausforderung: «Test the ultimate herbal experience.»

Der Chauffeur kommentierte:

«Was soll das alles? Indien zögert. Wir wissen nicht mehr, was wir wollen …»

«Haben Sie es denn jemals gewusst?»

«Ich bin Kommunist.»

Ich hatte vergessen, dass Kalkutta seit langem eine rote Stadt war. Amitav beruhigte sich nicht. Der Bürgermeister hatte soeben eine Revolution beschlossen. Von nun an sollte das Wasser etwas kosten. Nur die Bewohner der Elendsquartiere sollten davon ausgenommen sein.

«Das Wasser ist das Leben. Wie kann man für das Leben Geld kassieren?»

Ich war völlig gerührt. Einen wirklichen Kollektivisten anzutreffen, ist eine Seltenheit in unseren Tagen.

«Können Sie sich das vorstellen? Ein Angestellter wollte die Menge, verstehen Sie, die Wassermenge messen, die jeder Einzelne verbraucht. Als ob man die Luftmenge messen wollte, die wir atmen!»

«Was ist beschlossen worden?»

«Eine allgemeine Steuer. Ich weiß genau: Irgendwann werden die Wasserzähler kommen. Das ist der Trend. Zum Glück bin ich alt. Ich werde sie vielleicht nicht mehr sehen. Wie kann die Brüderlichkeit unter den Menschen überleben, wenn der Wasserverbrauch gemessen wird?»

Seit einiger Zeit, seit wir das Beliaghata-Viertel erreicht hatten, sah ich, wie Amitavs Finger auf das Lenkrad trommelten. Seine Augen im Rückspiegel lachten nicht mehr. Ein trockener Husten schüttelte ihn. Ich habe seinen Qualen ein Ende bereitet. Ich kenne die Hypochondrie. Er hielt an. Nach einem ganz hübschen Marsch und mit den unterschiedlichsten Gefühlen (aufsteigender Angst: nichts ist ansteckender als die Angst eines Taxifahrers; Dankbarkeit gegenüber meiner Frau: dank ihres geduldigen Unterrichts betrat ich kein unbekanntes Gelände; Zärtlichkeit angesichts zweier fast nackter kleiner Kinder, die mit einem Hund in einer Pfütze spielten) schritt ich durch das Tor des Klinikums, in dem sich das National Institute of Cholera and Enteric Diseases befindet, das Mekka der globalen Forschung und das Hauptquartier von Indiens Krieg gegen das *Vibrio cholerae*.

Doktor Balakrish Nair, der Direktor des Instituts, erging sich in Entschuldigungen: Er musste eine Delegation japanischer Ärzte und Sponsoren empfangen. Ein unerklärliches Entgegenkommen der Götter des Verkehrs hatte es ermöglicht, dass sie genau zur vorgesehenen Stunde eintrafen, der Stunde, die gerade geschlagen hatte.

«Die Zeit ist ein schlimmerer Feind als die Cholera, nicht wahr? Ich vertraue Sie deshalb meiner Assistentin an, der Direktorin für Epidemien, Doktor Dipika Sur.»

Und ich sah den exakten Zwilling von Doktor Balakrish Nair hereinkommen. Das gleiche runde Gesicht auf einem runden Körper. Die gleichen leuchtenden Augen: Intelligenz, Autorität. Der gleiche Eindruck einer unerschöpflichen Energie. Sie führte mich in ihr Büro. Im selben Moment tauchte ein Dutzend fröhlicher, junger Menschen auf, alle Ärzte, kaum in den Dreißigern – ihr Kommando.

Cholera

Das Hauptquartier der Cholera betritt man nicht ohne Zittern.

Ehe ich aufgebrochen war, hatte ich, wie immer, meine Hausaufgaben gemacht. Einer der Vorteile, eine Medizinerin geheiratet zu haben, ist, dass sie dich über deine Ängste aufklärt. Der Nachteil ist, dass sie im selben Atemzug sowohl dein Wissen wie deine Furcht vermehrt: Kaum hast du die Mechanik einer Krankheit verstanden, kaum hat sich durch dieses Verständnis eine gewisse mentale Beruhigung eingestellt, da weckt die vortreffliche, aber allzu gewissenhafte Gattin von neuem deine an sich schon morbide Einbildungskraft, indem sie das «zu häufig vernachlässigte» Kapitel der Komplikationen aufschlägt.

Sie hatte mir zuerst vorgeworfen, dass ich nicht von den anderen Krankheiten redete, die ihren Ursprung im Wasser haben, insbesondere von der Malaria.

«Die Malaria kommt von Mücken, die aus dem Wasser kommen. Die Malaria tötet mehr Menschen als die Cholera. Warum suchst du dir die Cholera aus: Weil das exotischer ist?»

Mit der ganzen ehelichen Diplomatie, derer ich manchmal fähig bin, erklärte ich ihr, dass ich mich nicht mit allen Fragen beschäftigen könne, die das Wasser betreffen, dass ich auswählen müsse, dass es vor allem *mein* Buch sei und dass, wenn sie selbst schreiben wolle, hier in der zweiten Schublade des Buffets ein Stapel mit Blättern liege, die nur auf ihre Prosa warteten.

Prompt, Krach. Meine Weiterbildung wird erst zwei Tage später fortgesetzt, als meine Frau und ich uns wieder versöhnt haben.

Für die Cholera ist ein Bakterium verantwortlich, das in etwa die Form einer Samenzelle hat und aus einem Kern mit einem langen, sehr beweglichen Schwanz, einer Geißel, besteht. Diese Form hat ihm seinen Namen verschafft, *Vibrio cholerae*. Die im Wasser oder in den Nahrungsmitteln vorhandenen Vibrionen werden verschluckt. Wenn sie zahlreich genug sind, gelingt es ihnen, den Magen zu passieren und den Attacken der Magensäfte zu trotzen. Dann gelangen sie in den Teil des Darms, den man das Duodenum nennt. Sie setzen sich an seiner Wand fest, fühlen sich dort wohl und vermehren sich.

Diese Wand ist in Wirklichkeit eine höchst komplizierte Fabrik, die den Austausch von Wasser und verschiedenen anderen Elementen zwischen dem Darmkanal und dem restlichen Körper reguliert. Durch diese Wand-Fabrik erhalten wir die lebensnotwendigen Dinge: Nährstoffe und Wasser.

Und diese Wand-Fabrik greifen die Vibrionen an. Sie setzen ein Gift frei, das ihr Funktionieren durcheinanderbringt. In wenigen Stunden bricht der feingeregelte Mechanismus der Filter und Schleusen zusammen. Alle Schleusentore öffnen sich. Die Zellen verlieren ihr Wasser, das den Darm überflutet. Daher die reiswasserähnlichen und fürchterlichen Durchfälle (manchmal mehr als ein Liter pro Stunde).

Dieses Wasser läuft nicht alleine davon. Beim Abfließen nimmt es vor allem das für das Funktionieren des Herzmuskels wichtige Kalium mit.

Die Hauptmotoren stehen still, die Nieren arbeiten nicht mehr, weil sie nicht mehr genug Wasser bekommen. Man fällt in Ohnmacht. Und dann stirbt man ganz schnell: Das Herz, das eine Pumpe ist, leert sich. Es steht still. Diese Krankheit ist ebenso schrecklich, wie ihre Behandlung einfach ist. Im ersten Stadium genügt es, dem Patienten Flüssigkeit zuzuführen, das heißt, das Wasser, das er verliert, zu ersetzen. Im zweiten Stadium wird man ihm Antibiotika geben, die die Vibrionen töten. Die Heilung ist eindrucksvoll. Zumal die Vibrionen nicht ins Innere des Körpers eingedrungen sind. Sie sind auf der Oberfläche der Wand-Fabrik geblieben und haben sich damit vergnügt, diese durcheinanderzubringen. Gerade noch lag der Kranke im Sterben. Doch plötzlich, sobald seine inneren Kreisläufe wieder mit Nahrung versorgt sind, steht er auf und geht und fragt sich, welcher Fluch auf ihm gelegen hat.

Wohlgemerkt, mit etwas Geduld (und Flüssigkeitszufuhr) wären diese boshaften Vibrionen von selbst wieder gegangen. Nach sechs oder sieben

Tagen sind sie es leid. Ihr Spiel, Unruhe in der Wand-Fabrik zu stiften, interessiert sie nicht mehr. Sie verschwinden.

Die Cholera ist eine Krankheit des Wassers. *Die* Krankheit des Wassers. Aber das einzige wirkliche Heilmittel gegen diese Krankheit ist das Wasser.

Auch die Bakterien haben sich globalisiert. Bis zum Anfang des 19. Jahrhunderts blieb die Cholera eine Spezialität des indischen Subkontinents, mit dem Gangesdelta als Brutstätte. Im Gefolge des sich entwickelnden Schiffsverkehrs erreichte die Seuche andere Regionen der Erde. 1817 bricht eine erste Pandemie aus. Sechs andere folgen in unregelmäßigen Abständen. Die siebte Pandemie, die noch heute wütet, hat 1961 begonnen. Ihr Verlauf ist exemplarisch: Beginn auf den Celebes-Inseln (Indonesischer Archipel); Ausbreitung über ganz Südostasien, zwei oder drei Jahre später; die UdSSR wird befallen, dann Afghanistan, der Irak, Iran, der ganze Mittlere Osten. 1970 wird Afrika erreicht. In der Region der Großen Seen tritt die Cholera endemisch auf, mit kritischen Schüben. 25 000 Tote während des Sommers 1994. 1991 wird Lateinamerika via Peru befallen. In den drei folgenden Jahren zählte man eine Million Fälle.[10]

Seit 1992 entwickelt sich eine weitere Epidemie. Diesmal im Süden Indiens entstanden, hat sie sich nach und nach bis Bangladesch hochgearbeitet.

Kurz, die Cholera kehrt mit aller Macht wieder. Im Jahr 2006 wurden 236 896 Fälle gemeldet und 6311 Todesfälle, die meisten in Afrika.

Und diese Zahlen sind nur die offiziell veröffentlichten. Keine Scham kommt jener gleich, die Behörden an den Tag legen, sobald es um Cholera geht. Sie leugnen, sie verheimlichen, sie spielen herunter. Die WHO hat Schwierigkeiten, Genaueres zu erfahren. Wie sieht die Realität aus? Schlimmer, ohne jeden Zweifel. Der Nährboden für die Cholera ist die anarchische Entwicklung der Städte, ohne Zugang zu Trinkwasserversorgung, ohne Abwasserbeseitigung. Da keinerlei Chance besteht, dass sich diese Bedingungen zum Besseren ändern, kann man annehmen, dass die Cholera zur Zukunft unseres Planeten gehören wird.

Elendsquartiere

Jede Behausung, im Allgemeinen zwei Zimmer, misst zwischen zwölf und fünfzehn Quadratmetern. In jeder lebt eine Familie mit acht oder neun Personen. Diese Behausungen liegen um eine Art Hof herum.

Auf diesem winzigen Raum leben sechzig bis siebzig Personen. Sie teilen sich eine städtische Wasserstelle, manchmal einen Brunnen und ein hochgelegenes Plumpsklosett.

Der Brunnen wird vom Grundwasser oder von einem Flussarm (beide hochgradig verschmutzt) gespeist. Das städtische Wasser ist noch ungesünder, weil es nur in unregelmäßigen Abständen kommt. Während es nicht fließt, haben die Krankheitserreger alle Zeit der Welt, sich darin einzurichten und zu vermehren. Ein weiterer Nachteil, der mit der immer wieder unterbrochenen Wasserversorgung zusammenhängt: Das Wasser wird in allen möglichen offenen Gefäßen aufbewahrt, in die die Kinder, aber nicht nur sie, ihre schmutzigen Hände tauchen … Was die Toiletten betrifft, liegen sie gefährlich nahe bei den Wasserstellen.

Die Ärzte, die mich begleiten, schütteln den Kopf. Es sind die jungen Assistenten von Doktor Sur.

«Die Diarrhö ist ein braves Mädchen!»

Ich verstehe nicht.

«Eigentlich müssten viel häufiger Epidemien ausbrechen. Alles begünstigt die Infektion …»

Zum tausendsten Mal erklären die Ärzte, dass man sich die Hände waschen muss. Zum tausendsten Mal zeichnen sie ein Glasgefäß mit einem langen Hals: «So können Sie Ihre Finger nicht hineintauchen.» Man stimmt zu. Man verspricht es. Die Ärzte lächeln. Wir gehen in einen anderen Hof. Und alles beginnt von Neuem.

Ganz offensichtlich folgt die Hygiene eigenen Gesetzen. Diese Ärmsten unter den Armen sind von einer peinlichen persönlichen Sauberkeit. Vor allem die Frauen, lächelnd, kokett. Ihre Saris leuchten. Aber das Wasser in den Eimern, das sie gleich in der Küche benutzen werden, würde jede europäische Kaulquappe anwidern!

Werkstätten wechseln mit den Wohnungen ab. Sie folgen aufeinander, sie gleichen einander, man arbeitet, wie man schläft: zusammengepfercht. In Räumen von fünfzehn Quadratmetern versammelt man sich zu acht oder neunt, um Nägel oder Töpfe (Krach), Sandalen oder Schuhschachteln (Klebstoffgestank) herzustellen. Zum Glück arbeitet man hockend, die Decke (unter zwei Metern Höhe) würde sonst die Köpfe zerquetschen. Die einzige Öffnung ist die Tür. Wie hoch wird die Temperatur der wenigen Luft im Sommer sein?

Aber ich bekomme noch Schlimmeres zu sehen. Ein Holzschuppen, dessen Boden überflutet ist. Zerborstene Leitungen. Pfützen und grünlicher Schlamm. Den oberen Stock erreicht man über eine Leiter. Eine Art Dachboden, mit Tüchern unterteilt. Keine Fenster. Löcher im Dach. Was passiert, wenn der Monsunregen niederprasselt? Zwischen den Tüchern jeweils eine Familie. Von der üblichen Größe: acht oder neun Personen. Sie drängen sich um den Kocher, auf dem der Reis gart. Der Chef des Viertels sagt drei Worte, ich ahne, dass er mich vorstellt. Kann man erwarten, dass sie verstehen, warum jemand aus Frankreich kommt und sich für das Wasser interessiert? Die meisten heben nicht einmal den Kopf. Die andern lächeln.

Ich frage, ob sie gerade aus irgendeinem entfernten Dorf angekommen sind, trostlos, wie sie hier leben. Ich klammere mich an diese Hoffnung.

Der Chef des Viertels versteht mich nicht.

«Wie kommen Sie darauf? Ich kenne sie seit mindestens zehn Jahren. Mit Ausnahme der Kinder, natürlich …»

«Wie viele Kinder?»

«Wir in Indien lieben Kinder.»

Dennoch, im Stadtzentrum habe ich auf Bussen Werbung gesehen, die Familien mit wenigen Kindern empfahl.

*

Schon eine Weile hatte ich den kleinen Mann mit seinem großen Heft bemerkt. Sein Verhalten verfehlte nicht, meine Neugier zu wecken. Er betrat jedes Haus, um es fünf bis zehn Minuten später wieder zu verlassen. Die Art, wie man ihn empfing, das freundliche Entgegenkommen der Bewohner, legte nahe, ihn nicht für einen Steuerinspektor (im Übrigen, wie sollte Kalkutta, eine kommunistische Stadtgemeinde, die Stirn haben, die Bewohner der Slums Steuern zahlen zu lassen?) oder für einen Ableser von Stromzählern (ich darf Sie daran erinnern, dass es dieses Gerät in Kalkutta noch nicht gibt) zu halten.

Die Ärzte, meine Führer, entschuldigten sich umständlich bei mir. Wie hatten sie nur diesen zentralen Punkt des Maßnahmenkatalogs vergessen können? Sie riefen den Mann heran, sie schlugen sein Heft auf. Jede Familie hatte ihre Zeile und jeder Monat seine Spalte. Mit Bleistift war eine Art V eingetragen, wenn alles in Ordnung war. Im gegenteiligen Fall waren kurze Bemerkungen über das Vorkommnis notiert. So konnte man Viertel für Viertel den Gesundheitszustand verfolgen und die Gegenden, die am häufigsten befallen wurden, feststellen. Wenn der Kontrolleur der Diarrhö seine Runde beendet hat – fast tausend Familien –, beginnt er von vorne.

★

«Da Sie alles über die Cholera erfahren wollen, lassen Sie uns einen Blick ins Krankenhaus werfen!»

Einer meiner jungen Mediziner-Freunde zieht mich mit sich. Sein Kollege amüsiert sich.

«Der Sahib wird doch nicht ohnmächtig werden?»

Ich bin sofort mittendrin: Die Laken sind aus grünem Kunststoff und haben in der Mitte ein hübsches rundes Loch, aus dem ein Schlauch aus demselben Material kommt, der in einem Eimer endet.

«Sie kommen in einem ruhigen Augenblick», erklärt mir eine sehr kleine Frau in Weiß, die Oberschwester. «Die Diarrhö hat zweimal Hochsaison: in den Monaten April und Mai, wenn die Hitze ansteigt; das Essen verdirbt dann schneller, die Krankheitserreger breiten sich aus. Und in der Zeit direkt nach dem Monsun, wenn die Überschwemmungen die Hälfte des Landes bedecken: Sie vermengen alles Wasser, das gute und das schlechte. Allein im August 2007 hat das Krankenhaus 21 500 Patienten behandelt. Wir waren gezwungen, Zelte aufzustellen. Sie reichten bis auf die Straße ...»

Mein Besuch geht weiter.

Der Kindersaal. Oder vielmehr der Saal der Mütter und Kinder. Denn nur ein einziges Kind ist alleine. Alle anderen sind in den Armen ihrer Mutter oder lehnen sich an sie und werden von ihr gestreichelt und gewiegt. Kleine Dinger, verloren in den bunten Saris. Kleine eingefallene Gesichter. Kleine Arme, manchmal auch kleine Schädel mit Infusionsschläuchen. Kleine verstörte Blicke, gleichgültig gegenüber dem Zeichentrickfilm, der auf den Bildschirmen erscheint. Heute sind es 24. Die Krankenschwester hatte recht: Nebensaison für die Diarrhö.

Ein anderer Saal: die schweren Fälle, häufig Nieren- oder Atemwegskomplikationen. Ein ganzer Stab, drei Ärzte und zwei Krankenschwestern, steht um ein winziges Wesen herum. Eine Sauerstoffmaske verdeckt die Hälfte seines Gesichts.

Die letzten Säle: Flüssigkeits- und Nahrungszufuhr. Die Kinder hier sind gerettet. Nun geht es vor allem darum, ihren Müttern beizubringen, im Rahmen ihrer Möglichkeiten, anders gesagt: ihrer Armut, ausgewogene Mahlzeiten zu bereiten. Man zeigt ihnen ein Mustertablett. Darauf eine Kartoffel, eine Zwiebel, Reis, ein Stück Fisch. Wie viele von ihnen werden all das alle Tage für jedes ihrer Kinder kaufen können?

Allgemeine Diagnose: Diarrhö. Ich werde nie erfahren, wo und welches die Cholerafälle sind. Bloß keine Panik aufkommen lassen.

Jagd auf den Serienkiller

Sobald ein Verdachtsfall vorliegt, wird zweifach Alarm geschlagen: Akute Notfallmaßnahmen für den Patienten. Und allgemeine Mobilmachung gegen die ausbrechende Epidemie. Denn die Cholera ist eine Krankheit, die rasch tötet. Und die Quelle des Übels wird ihr ansteckendes Werk fortsetzen, solange sie nicht behandelt wird.

Wir haben gesehen, die schlimmste der Krankheiten, die durch Wasser verursacht werden, tötet, indem sie Wasser entzieht. Auf oralem oder intravenösem Weg gibt man dem Organismus das Wasser zurück, das er verliert. Nichts ist leichter, als an der Cholera zu sterben, nichts ist einfacher, als sie zu heilen: mit Zucker, Salz und Wasser.

Unterdessen geht die Suche Tag und Nacht weiter. Man muss das *Vibrio* rasch zu fassen kriegen, vermeiden, dass es erneut zuschlägt, und es deshalb so schnell wie möglich lokalisieren. Jede Minute zählt, denn jede Verzögerung ist tödlich.

Die Augen der Doktoren Nair und Sur leuchten, als sie sich an die letzte Verfolgung des Serienkillers erinnern. Die immer engmaschigeren Befragungen, der Vergleich der Informationen, die auf dem Schreibtisch ausgebreitete Karte, die Hypothesen, eine nach der anderen verworfen, der immer kleiner werdende Kreis der Möglichkeiten, dann die Überzeugung, die Probe, die Angst, während das Labor arbeitet – sollte der Test negativ ausfallen, wo weitersuchen? –, endlich die Bestätigung, der Wettlauf, um das gefährliche Gebiet abzusperren, in der Hoffnung, dass sich in der Zwischenzeit keine anderen Herde entwickelt haben.

«Erinnerst du dich an den roten Tank vor fünf Jahren? Wir glaubten, er sei dicht, er verlor Tropfen um Tropfen ... Erinnerst du dich an jenen Pakistani, der krank in London Heathrow ankam? Was verkaufte er nochmal? Ach ja, perlmutterne Kämme und Bürsten ... Er hatte die Woche zuvor immerzu das Hotel gewechselt, ganz kleine Hotels, er erinnerte sich nicht mehr daran, welche es waren, er war zu schwach, in

Wirklichkeit zitterte er mehr aus Angst als wegen des Fiebers, er hatte Angst um seine Familie, Angst, sie zu verraten, Angst, selbst verraten zu werden …»

Jeder, der mit der Cholera befasst ist, besitzt zwangsläufig mehr oder weniger eine Polizistenseele. Und sein Ermittlungsbereich hat keine Grenzen. Denn die Bakterien sind, genauso wie die Händler, Akteure der Globalisierung.

Balakrish Nair hebt die Hände zum Himmel.

«Wir tun unser Bestes. Wir bemühen uns. Aber was können die Ärzte gegen ein abgenutztes oder ein nicht vorhandenes Abwassernetz ausrichten? Sagen Sie es, bitte, sagen Sie es in Ihrem Buch: Der Wassermangel tötet, gewiss. Aber mehr noch der Mangel an Anlagen zur Abwasseraufbereitung …»

Ich meine Joël Lagoutte zu hören. Dieser Mediziner, der für das Internationale Rote Kreuz arbeitet, kennt alle Dramen des Planeten: den Libanon, das Erdbeben in Pakistan, den Tsunami in Thailand … Er ist Bretone, also ein Schweiger. Den Bericht über seine Missionen muss man ihm Wort für Wort aus dem Mund ziehen. Ich möchte so gerne, dass er eines Tages zur Feder greift! Er würde unbekannte Wahrheiten aussprechen, Wahrheiten, die unbequem sind und deshalb nützlich. Eines Abends hat er mir in Paris in einem kleinen Restaurant in der Rue Rousselet[11] vom Südsudan und von der legendären Stadt Juba erzählt. Er arbeitete im verwüsteten Krankenhaus:

«Wir machten keine Pausen. Manchmal zwanzig Stunden hintereinander. Die Krankentransporte hörten nicht auf. Zum größten Teil extreme Fälle von Ruhr. Wie viele wir retteten? Vielleicht dreißig, vierzig pro Tag. In dieser Zeit war in zweihundert Metern Entfernung von uns eine Kläranlage zerstört worden. Und niemand kam, niemand konnte sie reparieren. Ergebnis: Hunderte und Aberhunderte von Infektionen. Die Medizin vermag nicht viel …»

Balakrish Nair begleitete mich bis zur Straße zurück. Er wollte vor allem, dass ich seine Botschaft nicht vergesse: die Abwasserentsorgung. Trinkwasser *und* Abwasserentsorgung – *listen to me* – sind ein Paar, ein Paar, das untrennbar mit guter Gesundheit verbunden ist. Während er sprach, lächelte er mich an. Er lächelte sanft. Es gibt ein Lächeln, in dessen Sanftheit so etwas wie eine Drohung liegt. Ich habe mein Versprechen gegeben. Ich habe es eingelöst.

Lange suchte ich nach meinem Chauffeur Amitav. Immerhin hatte ich mich mit ihm verabredet. Doch ich fand ihn nicht. Die Angst vor Ansteckung hatte wohl im letzten Moment über sein Pflichtgefühl gesiegt. Ich kehrte in einem anderen Ford zurück, genauso alt, auf einer Bank, die genauso durchgesessen war, mit Federn, die ebenso begierig waren, mich in den Hintern zu pieksen.

Andere Botschaften

A. K. Gosh (329, Jodhpur Park) ist ein alter Gelehrter mit einem spöttischen Löwenkopf. Er lehrt an der Universität von Kalkutta und leitet ein Forschungszentrum, das sich seit dreißig Jahren mit der Umwelt beschäftigt. Lange Zeit wurden seine Arbeiten von allen Seiten mit Geringschätzung behandelt: Nur das wirtschaftliche Wachstum zählte, was immer der Preis dafür sein mochte. Heute schenken die Behörden seinen Arbeiten, vor allem jenen über die Umweltverschmutzung und die Auslaugung der Böden (beides gleich dramatisch), wachsende Beachtung.

Auch er hatte eine Botschaft für mich:

«Sie kommen von Nair? Ausgezeichnet. Aber glauben Sie mir, die Hauptgefahr für Indien liegt nicht in den Krankheiten. Kommen Sie mit …»

Er zog mich nach draußen. Um ehrlich zu sein, auch weil er rauchen wollte. Er zeigte mit einem gelbverfärbten Finger in den Himmel.

«Sehen Sie?»

«Was denn?»

Ein drohender Himmel hing über den kleinen Gebäuden dieses friedlichen Viertels.

«Den Himalaya.»

«Ist er nicht etwas weit weg?»

«Vielleicht. Aber alles wird sich dort abspielen. Die Gletscher schmelzen. Und was wird von Indien bleiben ohne sie? Stellen Sie sich vor, der Ganges würde nicht mehr in Varanasi fließen. Denken Sie darüber nach!»

Ich befolgte seinen Rat und ging nachdenklich in mein Hotel zurück, als mir ein junger Mann einen Zettel hinstreckte:

> If you free from SEX PROBLEM
> Then no need to read this Handbill
>
> The most scientifically run herbal treatment center in your city offers sure remedies for any sexual problems like nocturnal emissions, low sperm count, sperm disorder, quickfalls, gonorrhoea, syphilis, physical weakness. However serious your condition, never lose hope. Come to us for side-effect-free herbal treatment.
>
> ANAND CLINIC
> (Multi speciality Ayurved & Unani Clinic)
> 2/H/8, Munshi Bazar Road, Beliaghata Barafkal, Kolkata – 700015
> Phone: 2251 1233, Mobile: 9883290337
> Everyday 9 a.m. to 9 p.m. (Sunday & other holidays also open)

Tatsächlich, Kalkutta hatte mir alles Mögliche zu sagen.

★

Natürlich hat mich Amitav zum Flugplatz zurückgefahren. Vereinbarter Termin: vier Uhr in der Frühe. Wir durchquerten Kalkutta in der Nacht und kamen an Hunderten und Aberhunderten von Körpern vorbei, die auf den Trottoirs schliefen. Oder unter einem Karren direkt auf der Straße. Oder auf einem Zeitungshaufen, so hoch wie der erste Stock eines Hauses. Oder auf leeren Mineralwasserflaschen. Oder auf Säcken, auf Brettern, auf Seilen, auf dem Verdeck eines Lastwagens, auf jeder erdenklichen Unterlage, egal wie weich, Hauptsache horizontal. Ich vernachlässige die Hunde, die ebenso zahlreich waren wie die Menschen und auf ähnlichen Lagerstätten schliefen. Vielleicht tauschten sie von Zeit zu Zeit ihre Rollen. Du spielst morgen Hund, und ich Mensch. Wer würde den Unterschied merken?

Hier und da schoss Wasser durch die großen Abwasserkanäle. Aber wer denkt daran aufzustehen, wenn es noch so dunkel ist?

Andere Körper jedoch waren schon auf den Beinen: Sie zogen oder schleppten wie Packesel Lasten, die zehnmal schwerer waren als sie selbst.

Der Flughafen von Kalkutta ist nur ein Schuppen. Das neue Geld von Indien ist anderswo. Nach Kalkutta kommen nur hilfswillige Menschenfreunde. Und die stören sich nicht an den Flughafen-Schuppen. Im Gegenteil, diese sind der Beweis dafür, dass ihre Hilfe willkommen ist.

Ich habe nie richtige Koffer bei mir. Amitav bot nicht einmal an, mir behilflich zu sein. Er wünschte mir einen guten Flug und ich ihm eine gute Fahrt. Wir wünschten uns gegenseitig eine gute Zeit, was bedeuten sollte – da wir beide gleich alt waren, in den Sechzigern – ein gutes Lebensende.

Er blieb stehen. Er wollte noch etwas sagen. Am Ende hat er mir eine Mission anvertraut. Die Mission, die Bangladescher zu warnen, wenn ich zu ihnen ging:

«Sie haben Kalkutta gesehen. Sagen Sie ihnen, sagen Sie es ihnen, dass sie nichts gewinnen, wenn sie hierher kommen. Sie sollen bloß zu Hause bleiben! Hier gibt es schon für uns nicht genug …»

Im Flieger nach Dhaka erzählt mir mein Nachbar, dass auch die Westgrenze von Bangladesch durchlässig ist. Ein wachsender Strom von Flüchtlingen kommt in die Provinz Assam im äußersten Nordosten Indiens. Um zu versuchen, ihn einzudämmen, hat die indische Regierung beschlossen, einen Gitterzaun von 3 Metern Höhe und 76 Kilometern Länge zu errichten.

Aber der nahegelegene Fluss Brahmaputra mag Teilungen nicht. Er macht sich einen Spaß daraus, den Boden, der das Machwerk tragen soll, zu bewegen. Der Bauunternehmer rauft sich die Haare: Wie soll er einen beweglichen Zaun bauen? Und die Verwaltung ist empört: In welcher Welt leben wir, wenn die Grenzen von selbst zu wandern beginnen? Die

Bewohner hatten in ihrem ganzen Leben noch kein motorisiertes Gerät gesehen. Die Kinder liefen zu den Bulldozern und fragten, wovon sich diese großen Tiere ernährten.

«Von Gras», antwortete der Baustellenleiter dämlich.

Die Kinder glaubten ihm aufs Wort, und in den folgenden Tagen stopften sie, ihrem guten Herzen gehorchend, die Kühler und die Tanks mit Gras voll.

V. Alle Übel der Welt (Bangladesch)

Das schwimmende Krankenhaus

Es war einmal, in der guten Stadt Dünkirchen, ein Frachtkahn undefinierbaren Alters, Modell Freycinet. Seine Tage waren gezählt. Da kam ein gewisser Yves Marre, Steward und Seemann, vorbei. Der Mann verliebt sich auf den ersten Blick in das Süßwasserschiff. Ein verrückter Plan nimmt Gestalt an. Per Lastwagen gelangt die Freycinet in die Provence, in den Étang de Berre. Sie wird zu Wasser gelassen. Die Behörden schreiten ein: Ausgeschlossen, dass dieses Wrack zur See fährt! Aber Yves hat Vermögen und Verbindungen, vor allem zum Sohn eines afrikanischen Staatschefs, desjenigen von São Tomé und Principe, im Golf von Guinea, dessen Land für seinen stark parfümierten Kakao bekannt ist. Dem Frachtkahn wird die Billigflagge bewilligt, und bald sticht er in See. Es ist schwer, die Mannschaft zusammenzubringen. Kein Seemann, der dieses Namens würdig ist, traut dem Schlingerboot, dessen Boden leck ist. Am Quai treibt sich jedoch ein offensichtlich arbeitsloser Typ herum. Er wird angeheuert. Da Yves früher bei der Luftfahrt gearbeitet hat, hat er Freunde beim Wetterdienst. Auf der ganzen Strecke wacht ein Wetterlotse über die Böen. Er führt die Freycinet durch ruhiges und fast ruhiges Wetter.

Als man sich Suez nähert, wächst das Vertrauen des Matrosen zu seinem Kapitän. Er wagt, sein Leben zu erzählen: Bis dahin war er noch nie zur See gefahren, nach fünfzehn Jahren Gefangenschaft war er gerade aus dem Zentralgefängnis entlassen worden. Der Kanal liegt nun hinter ihnen, sie durchqueren den Indischen Ozean und fahren den Subkontinent entlang. Bis zum Golf von Bengalen. Die Freycinet fährt den großen Fluss hinauf und legt in Dhaka an, Zeit für einige Reparaturen.

Seit sechs Jahren fährt der Frachtkahn nun als Krankenhaus (von der Nichtregierungsorganisation Friendship verwaltet) zwischen der großen Brücke von Bangabandhu und der Stadt Gaibanda den Brahmaputra hinauf und hinunter. Er bleibt immer mehrere Wochen an einem Ort, dann lichtet er die Anker, um anderswo Kranke zu behandeln, rund um die Uhr: inzwischen 290 000 Patienten. Die Seele des schwimmenden Krankenhauses ist Runa, die Frau von Yves Marre. Selten, ganz selten habe ich so viele gegensätzliche Qualitäten in einem einzigen Menschen vereint gefunden: Charme und Energie, leidenschaftliche Beobachtung jeder Kleinigkeit und den Blick fürs Ganze, Autorität und Zuhörenkönnen …

Zweimal im Monat wird per Anschlag angekündigt: «Starbehandlung». Als ich komme, ist gerade Kontrollvisite. Sechzig Männer und Frauen hocken in einer Reihe auf dem Sand. Sie haben in Zelten am Ufer geschlafen. Da nichts jemals perfekt ist, protestiert Bernard Matussière, der befreundete Fotograf, der mich begleitet:

«Sie haben mir die Kranken ins Gegenlicht gesetzt!»

Er findet die Wirkung der weißen Kompressen über den safrangelben, karminroten und himbeerfarbenen Saris der Frauen besonders hübsch … Und hätte gerne gutes Licht, um sie zur Geltung zu bringen. Es kostet mich alle Mühe der Welt, ihm zu erklären, dass diese völlig neuen Hornhäute geschützt werden müssen.

Der Arzt entfernt die Verbände einen nach dem anderen. Er untersucht das Auge und lässt drei Tropfen hineinfallen. Dann kommt die Aufklärung: Gestützt auf eine Zeichnung, verteilt eine Krankenschwester Hygieneratschläge und Pflegehinweise an die sechzig Patienten. Diese stehen auf und kehren mit kleinen schwankenden Schritten in ihre häufig weit entfernten Dörfer zurück. Die nächsten sechzig warten, auch sie in einer Reihe, aber vor dem Schiffssteg. Sie haben ein Heftpflaster auf der Stirn, die einen auf der rechten, die anderen auf der linken Seite. Eine zuverlässige Methode, die dem Ophthalmologen das Auge bezeichnet, das operiert werden muss.

Um den Wirkungskreis des Schleppkahns zu erweitern, hat Friendship hundert Satellitenkliniken gebaut. Kurzlebige Kliniken, weil sie auf Nomadeninseln installiert sind. Wenn die Überschwemmung kommt, wird die Klinik abgebrochen. Man wird sie an anderer Stelle wieder aufbauen, dort, wo die Erde geruht, für eine gewisse Zeit in ihrer Wanderung innezuhalten.

Nomadeninseln

«Überschwemmung» ist nicht das richtige Wort. «Überschwemmung» ist ein Ausdruck für gemäßigte Länder. Ich weiß wohl, dass einige unserer Überschwemmungen heftig sind. Vor allem, seitdem man alle unsere Böden makadamisiert und den darunterliegenden Schichten das Wasser entzogen hat. Aber unsere Flüsse begnügen sich meist damit, ihr Bett zu verlassen, unsere Keller zu überfluten und manchmal die Gefrierschränke zu beschädigen, deren Vorräte verderben.

Flut, dieses Wort hat die notwendige Kürze. Flut klingt wie ein Alarm. Flut ist einfach, Flut ist schwarz, wie Blut rot ist. Das Schwarz erobert zuerst den Himmel. Der Horizont zieht sich zu, eine Mauer rückt heran: Das ist die Welle Nr. 1. Dann fällt ein Vorhang herunter, kaum weniger schwarz, der Regen, die Welle Nr. 2, vertikal. Dann kommt die Welle Nr. 3, die Welle, die tötet: der wütende Fluss.

Danach bedeckt das Wasser alles, das Wasser triumphiert über die Schöpfung. Auf der Erde und von der Erde existieren nur noch die Wipfel der Bäume. Das Wasser und der Himmel sehen sich in die Augen, zufrieden mit ihrer Untat. Vielleicht haben sie dieselbe grau-blaue Farbe, weil sie sich zulächeln.

Danach zählen sich die Männer, die Frauen, und sie zählen ihre Kinder, dann die Tiere, die übrig geblieben sind. Dann fließt das Wasser ab. Wenn es überhaupt etwas empfindet, dann Bedauern. Vielleicht ist das Getöse, das ungeheure Geriesel des ablaufenden Wassers der Ausdruck seines Bedauerns. Die Verzweiflung der Menschen ist stumm.

Schließlich beginnt, wie jedesmal, der Wiederaufbau von Bangladesch. Der Wiederaufbau ist der einzige Lärm, den sich die Menschen erlauben. Man hört Äxte auf Holz, Hämmer auf Nägeln, Schaufeln und Hacken in dem aufgeweichten Boden.

Die *Chars* sind Inseln, aber instabile Inseln, Inseln, die nur aus Sand bestehen, Inseln, die der Monsun oder die Zyklone ertränken, die Fluss oder Meer wegtragen, Inseln, die verschwinden, Nomadeninseln, von denen die meisten nicht wieder auftauchen werden.

Es gibt Meer-*Chars* wie den *Char* Kukri-Mukri oder den *Char* Maryabali, in jenem Mangrovenarchipel, den man die Sundabarans nennt, im äußersten Süden des Landes. Und es gibt Fluss-*Chars*. Von diesen Nomadeninseln gibt es Hunderte, sechshundert, sagt man. Ihre bewegliche Heimat ist der Brahmaputra im äußersten Norden Bangladeschs. Warum nennt man sie Nomaden? Sie bleiben nicht auf der Stelle, die Strömung trägt sie fort, oder die Flut setzt sie unter Wasser.

Männer, Frauen und Kinder leben auf diesen Inseln. Wie groß mag die Zahl jener völlig Hilflosen sein, jener von allen, und vor allem von Dhaka, im Stich Gelassenen? Vielleicht 2 Millionen auf den Inseln selbst und 3 weitere an den Ufern, die alle ebenfalls ständig bedroht sind.

Runa hat mir den Kalender erklärt. Von Dezember bis März ruht sich der Brahmaputra aus. Er bummelt, er mäandert. Niemand würde seine vergangene Gewalttätigkeit für möglich halten. Die Flussanwohner nutzen die Zeit, um langsam wieder auf die Beine zu kommen.

Aber Anfang April erwacht er wieder: Die Schmelze der Himalayagletscher ruft ihn fröhlich ins Leben zurück. Anfang Juni kommt der Monsun. Die Sintflut, die alles bedeckt und fast alles wegträgt, beginnt.

Diesmal haben wir den schwimmenden Krankenwagen genommen, einen Katamaran, entworfen von dem großen Schiffsarchitekten Marc Van Petegen.

Nach drei Stunden Slalom zwischen den Sandbänken und einigen Huldigungen an die hier seltenen Vögel sind wir am Fuß eines kleinen, ganz kleinen Hügelchens gelandet.

«Willkommen auf der *Char* Khamar Jami!»

★

Der Boden ist eben. Die Welt ist flach. Der Himmel regiert uneingeschränkt, er hat den ganzen Raum erobert. Langsam bewegt sich das Auge über das blau-graue Wasser. Die Stunden vergehen. Das Auge, das sich angesichts dieses leeren Wassers langweilt, muss weiter in die Ferne blicken. Seine einzige Unterhaltung besteht darin, eine winzige, blassgelbe Stufe zu erklimmen. Das ist der Sand. Von Zeit zu Zeit unterbrochen von zartgrünen Flächen: Das ist der Reis.

In noch größerer Entfernung verlaufen zwei Linien von einem anderen Grün. Die eine ist mannshoch. Man erklärt mir: Das ist der Mais für das Vieh. Die andere Linie, die einzige Vertikale, ist die der Bäume. Der Bäume zum Bauen, der Bäume, die einen davor bewahren, verrückt zu werden, der Bäume, die dem Blick Erholung von der schwindelerregenden Horizontalen bieten. Darüber kratzen Schatten ein wenig am allmächtigen Himmel: die Berge Indiens. Man könnte meinen, sie verriegelten den Horizont. Indien spricht Bangladesch das Recht auf jegliche Erhebung ab.

Als der Fluss sich in Arme teilt, als sich das Fahrwasser verengt, müssen wir den schwimmenden Krankenwagen verlassen und auf eine Piroge umsteigen. Sie fährt häufig so nahe an den Uferböschungen entlang, dass sie sie fast berührt. Dann sieht man, wie der Boden der Nomadeninseln verwittert, wie er sich auflöst oder plötzlich in ganzen Tafeln mitsamt der Bepflanzung herunterfällt. Diese Abtragung des Bodens ist wie eine sanfte Sanduhr. Sie kündigt die kommenden Stürme an. Ich begreife, dass das Wasser die Zeit nicht nur misst. Es beschleunigt sie. Das Wasser hat Anfälle von Wut und Ungeduld, die die Zeit nicht hat. Das Wasser führt die Grausamkeit der Zeit mit sich.

Ein Geschwader Enten taucht auf; sie watscheln über den Sand. Ihre Farben gleichen nichts Bekanntem: gelbe Köpfe, schwarze Bänder um den Hals, Körper von einer schönen orangenen Farbe, weiß-grüne Flügel, schwarze Schwänze ... Dennoch erinnert mich die Gestalt der Vögel an etwas. An etwas Sanftes, Freundschaftliches, Vertrautes. Ich strenge mein Gedächtnis an. Das gesuchte Wort leistet Widerstand, es ziert sich eine Zeitlang, wie es Wörter häufig tun, wenn sie merken, dass man sie sucht. Endlich gibt das Wort nach, das zu der Gestalt gehört: Brandente.

Diese Vögel Bangladeschs gleichen wie Brüder oder Cousins den pummeligen Enten meiner Bretagne. Sie graben sich richtige Erdhöhlen nach Art ihrer Feinde, der Füchse.

Die Armut kennt keine Grenzen: Man findet immer einen, der noch ärmer ist als die Armen. Aber die Armut auf den *Chars* ist der Bodensatz, der Bodensatz des Bodensatzes der Armut. Brauchen Sie Beweise?

Hier ist einer: dem Pirogenschiffer nicht mehr den Fahrpreis von der Insel zum Ufer bezahlen zu können. Höhe: fünf bis zehn Tekas, fünf bis zehn Eurocent.

Hier ein anderer: alles zu verlieren, wenn die Überschwemmung kommt, das wenige, was man hat, seine Kuh zu verlieren, seine Ziegen zu verlieren, direkt vor der Ernte den Boden zu verlieren, den man bebaut hat, sein Haus zu verlieren, eine Mutter, ein Kind, zwei Kinder zu verlieren, die nicht schwimmen können, die nicht mehr die Zeit und die Kraft haben, sich an einem Baum festzuklammern, alles zu verlieren, kaum dass man es wiederaufgebaut hat.

Reicht Ihnen das noch nicht? Was sagen Sie zu der folgenden Situation: nicht zu wissen, wann, an welchem Tag im August oder September die Welle wiederkehren wird, die erneut alles mit sich nimmt.

Die Inseln in Bangladesch haben geringe, sehr geringe Lebenserwartungen. Zwischen zehn und fünfzehn Jahre im Süden und zwischen zwei und drei Jahre im Norden. Aber aufgrund der Erwärmung der Erde und der zunehmenden Klimastörungen werden sich diese Erwartungen immer weiter verringern.

‹Char›-Worte

«Ich weiß nicht, wie alt ich bin. Ich habe mit zehn Jahren geheiratet. Ich habe fünfzehn Mal das Haus gewechselt wegen der Überschwemmungen. 1988 mussten wir schwimmen, um unser Leben zu retten. Das Wasser hat alles fortgetragen. Ich habe sieben Kinder bekommen. Zwei sind gestorben.»

«Zwischen 1978 und 1988 hatte ich Glück: Mein Land wurde nicht überflutet. Seitdem verschwand es, erschien wieder, verschwand erneut. Heute ist noch ein Drittel davon übrig.»

«Ich kann weder lesen noch schreiben. Unser Haus ist zwanzig Mal weggeschwemmt worden. Mein Mann war nie ganz klar im Kopf. Er ist verschwunden.»

«Ich wollte nicht auf den Inseln wohnen, wegen der Erosion. Ich bin auf dem festen Land geblieben. Mein Land ist vor fünf Jahren trotzdem verschlungen worden.»[12]

Überall auf den *Chars* habe ich die gleichen Berichte gehört.

Ich habe auch dies hier gehört: Ein alter Mann stand bewegungslos am Rand einer Insel. Wir haben ihn gefragt, was er mache.

«Ich betrachte mein Land.»

«Aber da ist nur Wasser …»

«Vielleicht wird mein Land wieder auftauchen. Das Wasser hat es verschlungen, das Wasser kann es auch wieder zurückgeben. Beim Wasser weiß man nie …»

In der Zwischenzeit zahlt der Mann Steuern für sein Land …

«Wenn das Land wiedererscheint und ich die Steuern nicht bezahlt habe, dann wird die Regierung es einem anderen geben, und ich hätte es wirklich verloren.»

Auch wenn die Überschwemmungen alles wegtragen, so töten sie, im nicht unwichtigen Unterschied zu den Zyklonen (300 000 Tote im Jahr 1970, 130 000 im Jahr 1991), ziemlich selten. Boote kentern in der Strömung, und einige Menschen ertrinken. Die wirkliche Gefahr liegt jedoch anderswo. Sobald die Überschwemmungen kommen, fliehen die Schlangen ebenfalls vor der Flut. Wenn sie sich auf dieselben Dächer retten wie man selbst, ist es besser, man überlässt ihnen den Platz. Man lässt sich also ins Wasser gleiten. Wieder ist man der Gewalt der Strömung ausgesetzt. Man versucht sein Heil auf einem anderen Dach …

Über die Selbstzensur

In jedem Dorf, an dem wir anlegen, empfangen uns Dutzende von Kindern mit großem Hallo. Jedesmal lasse ich den Frauen die Frage stellen:

«Wieviele Kinder haben Sie?»

Diese Frauen sind eindrucksvoll: bunte Saris (von perfekter Sauberkeit, trotz des Staubs) und gute Laune (die unverwüstlich zu sein scheint). Alle heben zwei Finger und einen halben. Sie sagen:

«Zwei sieben!»

«Wie bitte?»

«2,7», präzisiert Runa.

2,7 ist die offizielle Zahl. Die Frauen haben Angst, dass ihnen die Hilfen der verschiedenen Nichtregierungsorganisationen gekürzt werden, wenn sie eine höhere Zahl angeben (also die Wahrheit sagen). Ich bin kein Demograf. Ich möchte den Spezialisten gerne glauben, wenn sie uns verkünden, dass es sich um einen «Übergang» handele und dass sich das Tempo der Geburtenfolge verlangsame ... Aber überall sehe ich dieselben sehr zahlreichen Familien. Bangladesch wird bald mehr als 180 Millionen Einwohner haben, und das auf einem Drittel der Fläche Frankreichs.

Mit geografischen Augen

Seit meiner Kindheit folge ich mit dem Finger dem Lauf der Flüsse auf den Landkarten. Bei diesen Spaziergängen auf dem Papier habe ich zahlreiche Modelle gewonnen, die sich für mein persönliches Leben als nützlich erwiesen haben. Jedesmal zum Beispiel, wenn es mir an Mut und Tollkühnheit fehlt, denke ich an den Niger. Anstatt in aller Ruhe zum Meer zu fließen, wie es alle normalen Flüsse der Welt tun, hat er beschlossen, es auf seinem Weg nach Süden mit der Sahara aufzunehmen. Warum soll man nicht versuchen, es ihm nachzumachen?

Der Vergleich der Schicksale des Ganges und des Brahmaputra hat ebenfalls seinen Reiz. Sie entspringen am selben Punkt der Welt, sozusagen im selben Gletscher, einige tausend Kilometer westlich von Lhasa. Aber während der Ganges direkt in die indische Ebene hinabfließt, wählt der Brahmaputra den Weg der Schüler. Er durchfließt ohne Hast die ganze tibetanische Hochebene, ehe er sich schließlich seinem Flussschicksal überlässt, das heißt, bergab fließt.

Nun befinde ich mich auf einem großen Holzschiff am Zusammenfluss der beiden. Wie jemand, der am Bahnhof Verwandte empfängt, die mit zwei verschiedenen Zügen angekommen sind. Beinahe hätte ich ihre Koffer getragen. Doch ich beschränke mich darauf, die Ohren zu spitzen. Ich erwarte, wie man sich denken kann, ihren Reisebericht. Aber nichts kommt. Vielleicht haben sie eine unterkühlte Beziehung aus dem Himalaya mitgebracht? Vielleicht reden sie, ohne dass ich es verstehe? Trotz meiner Anstrengungen kenne ich wahrscheinlich die Sprache der Flüsse noch nicht gut genug. Oder vielleicht unterhalten sie sich nur miteinander, wie zwei Brüder, die sich wiederfinden?

Die Fischer bewegen sich auf die langsame und abgemessene Weise von Leuten, die tausendmal gemachte Gesten wiederholen. Die blinden Delfine ziehen vorbei. Offenbar sind die Gewässer am Ort des Zusammenflusses fischreicher.

Der alte Mann sitzt hinten in seinem Boot, die Hand auf dem Steuer. Er bewegt sich nicht. Niemand rudert. Trotzdem fährt sein Boot gegen die kräftige Strömung.

Ein Kind geht zwanzig Schritte davor am Ufer entlang.

Niemand kann das sandfarbene Seil sehen.

Das Kind zieht den alten Mann und sein Boot.

Geopolitischer Unterricht

Alles wirkt so ruhig, so sanft auf dem Wasser. Unvorstellbar, dass schreckliche Konflikte zu befürchten sind, bei denen diese Flüsse auf dem Spiel stehen. Der Vorteil des Schifffahrens liegt in der Ruhe und im

Abstand. Den Aufregungen des sogenannten festen Landes enthoben, kann man nachdenken. Yves und Runa haben auf Deck große Karten der Gegend ausgebreitet.

«Schau. Hier, Richtung Osten, der Ganges; dort, im Nordwesten, der Brahmaputra.

Der Ganges und der Brahmaputra sind die einzigen großen Flüsse, die keine internationale Organisation verwaltet. Indien entscheidet. Indien verhält sich wie eine Kolonialmacht. Bald wird China ein Wort mitzureden haben. Dem kleinen Bangladesch bleibt nichts anderes übrig, als die Kubikmeter zu zählen, die man ihm lässt.

Genau vor der Grenze zu unserem Land hat Indien in den 1980er Jahren den Staudamm von Farakka gebaut. Das aufgefangene Wasser des Ganges hat den indischen Bauern geholfen. Wir freuen uns für sie. Und der Fluss Hoogli, der durch Kalkutta fließt, hat seinen Teil davon abbekommen. Er ist dadurch wieder richtig aufgelebt. Bravo! Aber der Ganges stromabwärts, das heißt, bei uns, fließt nicht mehr kräftig genug. Der Ganges in Bangladesch versandet.

Die Inder und die Chinesen haben weitere Staudammprojekte, diesmal für den Brahmaputra. Indien will Rajasthan bewässern. China braucht dringend Wasser. Wenn diese Dämme wirklich gebaut werden, wird der landwirtschaftlich nutzbare Teil Bangladeschs etwa auf die Hälfte zusammenschrumpfen. Denn das Süßwasser, das unsere beiden Flüsse dann herantragen, wird nicht mehr ausreichen, um das Eindringen des Salzwassers aus dem Golf von Bengalen zu verhindern. Auch wenn der Reis eine anpassungsfähige Pflanze ist, die viel Salz in ihrem Wasser verträgt, wird er diesmal nein sagen. Was soll man mit Land anfangen, das so vom Salz zerfressen ist, dass kein Reis mehr darauf wächst?»

Um alle diese Sorgen nicht noch zu vergrößern, habe ich die Warnung von Professor Gosh für mich behalten: das Abschmelzen der Himalayagletscher.

Das Land ohne Steine

Dank der roten Flecken habe ich begonnen, dieses Land zu verstehen. Das Wasserflugzeug der ärztlichen Mission überflog bei seinem Rückflug nach Dhaka rote Teiche und Reisfelder, die alle mit einem hohen Schornstein bepflanzt waren. Ich fragte Runa, was das sei.

«Unser Land hat keine Steine ...»

Die meisten Leute halten sich Fragen wie eine Mücke vom Leib, als fürchteten sie irgendeine Ansteckung. Runa ist nicht von der Art. Sie ist auch mit Worten freigebig. Jedesmal nimmt sie sich Zeit zurückzublicken, die Szenerie aufzubauen, die Atmosphäre und die Spieler zu beschreiben. Ich habe geduldig auf die Fortsetzung gewartet.

«Unser Land hat keine Steine. Daher müssen wir unseren Boden ernten.»

«Ernten?»

Die Erklärung kam erst später, vielleicht nach einer Viertelstunde. Die bengalische Poesie hat keine Eile.

«Da wir keine Steine haben, bleibt uns nichts anderes übrig, als welche aus unserer Erde herzustellen. Diese roten Flecken sind Ziegelbrennereien!

Bangladesch ist aus Sedimenten entstanden, die die Flüsse aus dem Himalaya heruntergeschwemmt haben. Um darin einen Stein zu finden, müsste man mehrere hundert Millionen von Jahren zurückgehen, ich will damit sagen, einige hundert Meter tief bohren.»

Bis zur Landung haben wir uns über diese Steingeschichte unterhalten. Ich kann mir gut denken, dass ein Land, das mit roten Flecken übersät ist, das heißt, keine Steine hat, an ernsteren Problemen leidet als an der Instabilität der Wände.

Wie soll die Moral in einem Land, das keine Steine hat, ein Fundament finden? Die beiden früheren Premierministerinnen warteten vor zwei Jahren im Gefängnis auf ihren Prozess, genauso wie ein gutes Hundert ihrer Kollegen, alles Diebe und Diebinnen.

Wie soll in einem Land ohne Steine ein solider Staat aufgebaut werden? Die Führung erfüllt ihre Funktionen nicht mehr, die Nichtregierungsorganisationen haben ihre Rolle übernommen. In keinem anderen Land sind sie so zahlreich und mächtig. Am bekanntesten ist die des Nobelpreisträgers Mohammed Yunus. Die Grameen-Bank ist berühmt geworden durch ihren Einsatz für Kleinkredite in Bangladesch und überall auf der Welt. Aber sie ist auch in den unterschiedlichsten anderen Bereichen tätig. Vor kurzem hat sie einen Vertrag mit Veolia unterzeichnet. Neben anderen Übeln leidet Bangladesch unter natürlichem Arsen. Die Bevölkerung hat die Wahl: sich schnell zu vergiften, indem sie das verschmutzte Wasser aus den Flüssen trinkt, oder langsam, indem sie aus den kontaminierten Brunnen schöpft. Nun wird sie Zentren zur Wasserbehandlung erhalten.

★

Was die Steine angeht, so habe ich später von einem sehr geizigen Verhalten Indiens erfahren. Eines Tages wurde dem großen Land klar, dass der Strom Brahmaputra und auch der Fluss Kusiyara wie alle Ströme und alle Flüsse der Welt in ihren Betten Steine mitführten, aber größere Steine als die anderen Ströme und Flüsse, weil sie mächtiger waren als diese. Indien ertrug es nicht, sein Steinvermögen auf diese Weise zu verlieren. Es spannte daher Netze durch den Strom und den Fluss, um zu versuchen, die rollenden Steine zurückzuhalten.

Flüchtlinge

In keinem anderen Land sind die Wutanfälle des Wassers so häufig, so heftig und so vielfältig. Erinnern wir uns: die Überschwemmungen, die Zyklone, das Ansteigen des Ozeans, die Trockenzeiten, die Zunahme des Salzgehalts, die Bedrohung durch Arsen ...

Wo landen die Familien, die von diesem oder jenem Wutanfall entwurzelt werden? Viele versuchen, Indien zu erreichen. Diejenigen, die in Bangladesch bleiben, drängen sich in Dhaka zusammen.

Wenn die Züge mitten durch Elendsquartiere fahren, dann liegt das daran, dass diejenigen, die nichts mehr besitzen, sich entlang der Bahngleise eingerichtet haben. Denn die Schotterbetten der Schienen waren bis vor kurzem die einzigen verfügbaren Orte in der Stadt. Und für fünf Quadratmeter Kies braucht vorläufig niemand Miete zu zahlen.

Dort also haben die Benachteiligten unter den Benachteiligten die Reste von Brettern, Planen oder Wellblech aufgebaut, die ihnen als Hütten dienen, dort leben sie mit ihren sechs oder sieben Kindern.

Inzwischen durchzieht diese Elendsspur die Stadt; sie schlängelt sich wie die Züge durch die Viertel, führt am Fuß der prächtigsten Wolkenkratzer vorbei, windet sich zwischen den Häusern der Mittelschicht hindurch. Man braucht sich nicht von der Stelle zu bewegen, es genügt, sich über seinen Balkon zu beugen, um das Elend zu sehen. Die Spur bricht ab, wenn ein Bahnhof kommt, um gleich danach wieder aufzutauchen. Woche für Woche wird sie länger. Sie beginnt auf dem Land, sie reicht hinaus aufs Land. Man könnte meinen, die Menge der Reisenden sei auf beiden Seiten über die Bahnsteige geschwappt und finde sich auf den Gleisen wieder. Nur sind diese Reisenden nicht auf einem Bahnhof angekommen, sie hatten kein Geld für die Fahrkarte. Und sie hatten auch kein Gepäck. Dhaka war nicht ihr Ziel, aber da sie kein Ziel hatten, werden sie in Dhaka bleiben. Endstation. Sofern es den Flüssen oder dem Meer nicht gelingt, auch die Eisenbahngleise zu überschwemmen.

Alle fünf oder sechs Minuten taucht ein Zug auf. Die Menge passt den letzten Moment ab, ehe sie sich zerstreut. Ein Kind schläft auf einer Weiche. Die Räder haben seinen Kopf gestreichelt. Ein kleines Mädchen frisiert sich mit der linken Hand. Es hat einen Spiegel auf eine Schwelle gestellt. Seine rechte Hand fehlt. Eine Frau legt auf einem Frottierhandtuch Schmuck aus: fünf Plastikarmbänder, drei Ohrringe aus Zink. Eine Alte bleibt stehen und handelt. Die Kinder lachen glucksend: Ein Mann hat gerade zwei Hühnern die Kehle durchgeschnitten, die Hühner zappeln, das Blut spritzt heraus, die Kinder klatschen in die Hände. Die Frauen, die sich nicht für den Schmuck interessieren, bereiten das Essen: Reis, Karottenstücke. Die Männer gehen auf den Gleisen auf und ab, sehr lange Gänge, von einem Bahnhof zum anderen. Vielleicht spielen sie Zug? Die Stunden vergehen. Zwei neue Familien treffen ein. Man erkennt sie an ihrem Staub. Man sagt, sie sollen weitergehen. Hier, das siehst du doch, ist alles voll.

Wie viele Zigmillionen werden sie in zwanzig, in dreißig Jahren sein, diese Klima-Flüchtlinge, und wo werden sie neue Eisenbahndämme finden, um sich darauf «einzurichten»?

Sklaven und verwöhnte Kinder

Reisende sind verwöhnte Kinder, die nie genug kriegen von Geografie. Gerade hatte ich Australien, Singapur, Kalkutta, Dhaka, die Nomadeninseln entdeckt ...

Und ich träumte nur von dem einzigen Ort, an den ich nicht gelangen konnte: Cherrapunjee, die Welthauptstadt des Regens. Schon in meiner Kindheit habe ich das Rezept gefunden, um mir über einen Mangel hinwegzuhelfen: Ich erzähle mir die Geschichte desjenigen, der, oder derjenigen, die mir fehlt. Um diese Geschichte zu entwerfen, lege ich mein ganzes Herz hinein. Entgegen aller Wahrscheinlichkeit hat mich der Gedanke nie verlassen, dass die Anwesenheit derer, die ich liebe, von mir abhängt. Wenn ich die Worte und die Stellung der Worte und die Genauigkeit und den Gesang der Worte finde, wird derjenige oder diejenige, die mir fehlt, erscheinen.

Und so habe ich mir im Wartesaal des Flughafens von Dhaka, Gate 6 (Flug nach Doha) mit leiser Stimme die wahre Geschichte von Cherrapunjee erzählt.

Im Norden des Golfs von Bengalen ist das Wasser nicht sehr tief, denn der Ganges und der Brahmaputra schwemmen dort seit undenklichen Zeiten ungeheure Mengen von Sedimenten an. Durch den tropischen Sommer aufgeheizt, wird dieses Wasser von den enormen Luftströmungen des Monsuns rasch aufgesaugt.

Es sind also mit Feuchtigkeit übersättigte Winde, die das Inland am

Golf erreichen, über die Mangroven wehen und die Reisebenen und die Teehügel grüßen. Die Feuchtigkeit, die vom Meer kommt, verbindet sich hier mit den Ausdünstungen der Pflanzen.

Es ist das Ende des Weges für die Massen von Wolken. Vor ihnen erstreckt sich die unüberwindliche Barriere des Himalaya, gegen den die stärksten Winde nichts ausrichten, an dem sie nur abprallen können.

Keine andere Region des Planeten sammelt so viel Wasser in der Luft. Und an keinem anderen Ort begrenzt eine Mauer von einer solchen Größe die Freiheit der Wolken. Die einzige Möglichkeit, dieses Drama zu lösen, ist der Regen. Über dem Meghalaya regnet es mehr als sonst irgendwo: über zwölf Meter in drei Monaten (ich erinnere daran: über Brest in der Bretagne beträgt der jährliche Niederschlag achthundert Millimeter).

So wie andere sich in Jerusalem verabreden, habe ich mir geschworen, in nicht allzu ferner Zeit Cherrapunjee zu besuchen.

*

Ja, manche Reisende sind verwöhnte Kinder. Und andere sind Sklaven.

Beim ersten Mal überrascht einen der Anblick. Auf einem asiatischen Flughafen, vor dem Abfertigungsschalter eines Fluges nach Dubai, Riyad oder Doha wartet eine Gruppe von vierzig bis fünfzig Männern. Ihre Besonderheit ist die Uniform. Sie tragen alle den gleichen blauen Anton. Das Blau kann grün, grau oder rot sein. Auf ihren Rücken steht der Name des Unternehmens, das sie beschäftigt. Zweifellos einfach nur, um ihnen unmissverständlich zu zeigen, dass sie von nun an ihre Identität verloren haben. Im Übrigen werden sie ihre Pässe erst nach Beendigung ihrer «Mission» zurückerhalten. Fast 5 Millionen Inder arbeiten in den Golfstaaten, ebenso viele Pakistani und fast 2 Millionen Philippinos.

An diesem frühen Morgen, auf dem Flughafen von Dhaka, waren ihre Overalls orange, ein sehr grelles Orange, das einen unvermeidlich an die Gefängniskleidung von Guantanamo erinnerte.

VI. Die Flüsse zähmen und der Sauberkeit näherkommen (China)

China
RUSSLAND
RUSSLAND
KASACHSTAN
Balchasch-See
Baikal-See
MONGOLEI
Urumchi
KIRGISIEN
Harbin
Chanka-See
Changchun
Shenyang
Liaoyang
Innere Mongolei
Huhhot
Peking
Tianjin
Huang He (Gelber Fluss)
Japanisches Meer
NORDKOREA
JAPAN
SÜDKOREA
Gelbes Meer
Yinchuan
Taiyuan
Shijiazhuang
Linqing
Jinan
Jining
Xining
Lanchow
Loyang
Kaifeng
Chengchow
Gr. Kanal
Xi'an
Huaiyin
Huai
Chinkiang
Pazifischer Ozean
Indus
Mekong
Saluen
Tibet
Jialing
Wuxi
Wuhan
Hefei
Shanghai
Taihu-See
Hangchow
Nanjing
Wenchow
Brahmaputra
Lhasa
Chengdu
Yichang
NEPAL
Yangtse
Chongqing
Nanchang
BHUTAN
Changsha
Ganges
Fuchou
Guiyang
Kunming
INDIEN
Xi Jiang
Kanton
BANGLADESCH
Nanning
Hongkong
Macao
Golf von Bengalen
MYANMAR
VIETNAM
LAOS
0
500 km

Es gibt wohltemperierte Gebiete, von sanfter geografischer Beschaffenheit. Die Völker brauchen sich nur wiegen zu lassen. Wie Frankreich. Es hat sich manchmal angepasst. Es musste nichts umstürzen, es war nicht genötigt, gegen seine Erde zu kämpfen.

Und dann gibt es Flüche, Völker, die ständig gezwungen sind, Kriege zu führen. Gegen den Sand, gegen die Kälte, gegen den Boden, der wegrutscht oder bebt. Gegen das Wasser, das zu gewaltsam oder zu spärlich fließt. Wie China. In den Unterhaltungen kehrt unablässig ein Adjektiv wieder. Es besteht aus vier Silben. Die erste, «zãi», bedeutet Unheil, Katastrophe. Die zweite, «nãn»: Leiden. Die dritte, «zhen»: tief. Die vierte, «zhõng»: schwer.

Anders als man glaubt, bezeichnen die Chinesen ihr Land nicht in erster Linie als ein Land der Macht oder als eine sehr alte Zivilisation. Sie gebrauchen «zãi nãn zhen zhõng», das Adjektiv des immerwährenden Unglücks. Manchmal bedauern die Chinesen ihren Atheismus. Wenn wir an Gott glauben würden, sagen sie sich, dann hätte ER uns nicht so gänzlich vergessen bei der Verteilung der guten Böden und des regelmäßigen Regens.

Der Herr über das Wasser

Herr Gao Erkun, Generaldirektor für Wasser im Ministerium für hydrologische Ressourcen, empfängt wie ein Staatschef. Eine erste charmante Empfangssekretärin übergibt mich einer zweiten charmanten Empfangssekretärin, die mich einem feierlichen Amtsdiener vorstellt, der mich in einen großen Saal führt, in dem mich eine weniger charmante Chefsekretärin an meinen Platz, einen großen blauen Sessel, führt. Ich bin wirklich der, der hier sitzen soll: Ein Schild zeigt meinen Namen. Zu meiner Linken ein Blumenbukett. Auf der anderen Seite des Buketts Herr Gao. Vor uns, durch einen Teppich getrennt, der, überladen mit Schriftzeichen, die Augen schmerzt, zwei Reihen von Sesseln im selben Blau, aber weniger ehrenvoll. Dort sitzen eine strenge Dame, die in einem Schulheft blättert, bestimmt die rechte Hand von Herrn Gao, und die Dolmetscher.

Nachdem die Höflichkeiten ausgetauscht sind, beginnt der Generaldirektor mit seinem Vortrag:

«Mein Land ist reich an Wasserressourcen. Wir nehmen den vierten oder fünften Platz in der Welt ein. Aber unser Volk ist so groß ... Und dieses Wasser ist so schlecht über Zeit und Raum verteilt ...»

Herr Gao spricht klar und methodisch wie ein Professor. Offensichtlich gefällt es ihm, dass ich mir Notizen mache. Über das Blumenbukett hinweg hängen seine Augen an meinem Heft. Ich will mir mit meiner Schrift Mühe geben.

«Siebzig Prozent unseres Regens fällt während des Sommers! Zu viel, viel zu viel Wasser im Juli und August, und danach fast nichts mehr. Nun zur räumlichen Verteilung. Haben Sie die Karte von China vor Augen? Ausgezeichnet. Ziehen Sie eine gerade Linie. Sie beginnt genau unter Shanghai und geht ganz gerade nach Westen. In beiden Teilen meines Landes, dem Norden, über der Linie, und dem Süden darunter, leben gleich viele Menschen: 700 Millionen. Aber der Norden verfügt nur über siebzehn Prozent des Wassers ...»

Diese ersten Sätze beunruhigen mich: Ein Mann, der eine derartige Vorliebe für Überblicke zeigt und eine solche Funktion innehat, kann gewiss nur wenig Zeit erübrigen. Ich habe mich getäuscht. Herr Gao wird mir, ungeachtet der ungeduldigen Blicke der strengen Dame, fast drei Stunden gewähren. Unsere gemeinsame Vergangenheit als Wirtschaftsexperten hat ihm vielleicht Vertrauen eingeflößt. Aber die erstaunliche Verfügbarkeit dieses Mannes verdanke ich der Bretagne. Wegen irgendeinem Hydrologenkongress war er in Paris gewesen, und dort hatte ihm jemand von dieser feuchten Gegend erzählt. Dass es auf der Erde einen Ort gibt, an dem es gleichzeitig ausreichend, ruhig und regelmäßig regnet, brachte das Reich der Mitte, das es mit dem Wasser so schlecht getroffen hat, zum Träumen. Ich gebe es an meine Brüder und Schwestern in der Bretagne weiter: China ist neidisch auf euch, zumindest hydrologisch gesprochen!

«Sie kommen von einem gemäßigten Kontinent. Sie können nicht verstehen, dass ein und dasselbe Land sowohl Überschwemmungen wie Trockenheit kennt. Und dass beide Flüche gleich gut töten können. Erlauben Sie mir, mit den Überschwemmungen zu beginnen.»

Da die Dolmetscherin sich in den Zahlen verheddert, wiederholt sie Herr Gao. Der Besucher von dem gemäßigten Kontinent soll die Heftigkeit der Elemente in China verstehen.

Er erwähnt drei fürchterliche Überschwemmungen unter anderen, gewiss nicht weniger fürchterlichen. 1931: 145 000 Tote. 1935: 142 000. 1954: 33 000.

Ich erinnere mich an meinen ersten Kontakt mit China in meiner Kindheit, dank des so wunderbaren Bandes *Le Lotus bleu*. Im Kampf gegen einen Opiumhändlerring unter der Führung des schrecklichen Mitsuhirato gelingt es Tintin, aus dem Gefängnis in Shanghai zu fliehen. Während er, auf Seite 42, versucht, zu Hou Kou zu gelangen, wird sein Zug von einer Überschwemmung gestoppt: Der Yangtse hat seine Dämme durchbrochen. Als er am Fluss entlangläuft, hört er Hilferufe, stürzt sich ins Wasser und rettet einen jungen Chinesen mit Namen Tchang vor dem sicheren Ertrinken.

Während ich an Tintin denke, beschwört Herr Gao den Kaiser Yao aus der Shang-Dynastie (2000 v. Chr.). Er hatte die gute Idee, Gun, einen Clan-Chef, damit zu betrauen, die Hochwasser des anderen großen Flusses, des Gelben Flusses im Norden, zu bekämpfen. Der Sohn Guns, Yu, «Yu der Große», trat dessen Nachfolge an. Es gelang ihm, bis zu 280 000 Menschen aus mehr als dreißig verschiedenen Clans zusammenzubringen, um Dämme zu bauen.

«Sie sehen, Monsieur Orsenna, das Wasser ist so grausam, dass es die Menschen zwingt, sich zusammenzutun!»

Die Ungeduld der gestrengen rechten Hand hat nichts zu melden – ich habe den Eindruck, dass Herr Gao ihr den Befehl erteilt hat, die folgenden Termine zu verschieben – die historischen Lücken seines Besuchers müssen gefüllt werden.

Gun, Yu der Große, Li Bing … diese Namen sagen uns Europäern nichts. Aber sie strahlen am chinesischen Himmel. Diese Ingenieure sind die Generale des endlosesten aller Kriege, der zweifellos jemals auf diesem Planeten geführt wurde, des Kriegs des Reichs der Mitte gegen den Drachen Wasser.

★

Herr Gao ist zu dem anderen Fluch übergegangen, zur Trockenheit. Niemand weiß oder wird jemals wissen, wie viele Tote der Wassermangel und die dadurch verursachten Ernteeinbußen zur Folge hatten. In den Jahren 1959 und 1960 hat der Hunger Dutzende und Aberdutzende Millionen Menschen getötet …

«Das Klima», sagt er, «verändert sich zweifellos, aber wir sind mit dafür verantwortlich. Wir haben die Wälder gerodet. Wir haben die Seen geleert. Wir haben die Feuchtgebiete bebaut. Ergebnis: Die von der Trockenheit befallenen Gebiete dehnen sich jedes Jahr weiter aus. Verlassen Sie Peking in Richtung Nordwesten, Sie brauchen keine achtzig Kilometer zu fahren – was sind achtzig Kilometer? –, und schon sind Sie bei den ersten Dünen der Wüste Gobi!»

Was tun?

Herr Gao hält sich nicht lange mit den notwendigen Wassersparmaßnahmen und Aufforstungsprogrammen auf. Dazu muss man wissen, dass viele der gepflanzten Bäume mangels geeigneter Pflege nicht durchkommen. Aber Herr Gao hat die Seele eines Ingenieurs. Ingenieure haben kein besonders großes Interesse an der Vorbeugung oder an nachhaltiger Landwirtschaft. Sie ziehen es vor zu bauen. Einen Augenblick lang spricht er von Entsalzungsanlagen.

Ich merke genau, dass er keine besondere Vorliebe für sie empfindet.

Herr Gao lächelt. Er verfolgt eine andere Idee.

Als er von der Sanierung und Entwicklung des Großen Kanals zu sprechen beginnt, begreife ich auf der Stelle, dass es sich dabei um *sein* Projekt handelt. Ein typisch chinesisches Projekt. Ich lächle auch, denn hier befinde ich mich auf sicherem Boden.

Zur Vorbereitung auf meine Begegnung mit Herrn Gao suchte ich jemanden, der mir das Epos des Großen Kanals erzählen konnte. Ich fand

Christine Cornet.[13] Sie ist Hochschullehrerin, Sinologin und Historikerin, und im Augenblick Kulturattachée an der französischen Botschaft in Peking. Ihre Dissertation über die Geschichte Shanghais in den 1930er Jahren ist maßgebend.

Mehr noch als die Große Mauer zeigt der Große Kanal, was das Genie Chinas ausmacht:

– der Ehrgeiz der Beherrschung. So, wie man kein anderes Volk in sein Land eindringen lassen wird, wird man auch niemals die Diktate der Natur akzeptieren;

– ein Land von Ingenieuren. Die Macht der Gebildeten darf einen nicht vergessen lassen, dass Wissen nützlich sein muss, dass die Wissenschaft angewandt werden muss. Nachdenken und meditieren, gewiss. Aber auch entwerfen, bauen, graben, reparieren, das Funktionieren der Welt verbessern;

– eine verrückte Arbeitswut. Ist die Entscheidung erst getroffen, gleich welche, wird sie von Arbeitskräften umgesetzt, deren Zahl und Energie unerschöpflich ist (sie arbeiten selten aus freien Stücken. Na und?);

– eine Leidenschaft für Symmetrie. Warum fließen alle Flüsse in China von Westen nach Osten und niemals von Norden nach Süden, niemals von Süden nach Norden, niemals von Osten nach Westen? Die geografischen Gegebenheiten sind keine Entschuldigung, solche Regelwidrigkeit muss beseitigt werden;

– eine Moral der Kontinuität. Wenn die Vorfahren vor dreitausend Jahren ein Werk begonnen haben, hatten sie einen Grund. Warum sollte dieser Grund heute erloschen sein? Mit welchem Recht also das von den Vorfahren in Angriff genommene Werk unterbrechen?

Mit dem Bau des Großen Kanals wurde fünfhundert Jahre vor unserer Zeitrechnung begonnen, um Truppen und Tribut (die in Korn gezahlten Steuern) zu transportieren.

Die Zwecke haben sich geändert. Nun geht es vor allem darum, das Wasser aus dem Süden in die Städte des Nordens zu bringen.

Heute werden die Arbeiten wieder aufgenommen.

Mein Wissen über den Großen Kanal hat einen günstigen Eindruck bei Herrn Gao hinterlassen. Offensichtlich, scheint er sich zu sagen, ist dieser wirtschaftswissenschaftliche und gemäßigte Besucher ein akzeptabler Gesprächspartner.

Für mich ist der Augenblick gekommen, die Frage anzusprechen, die Ärger erregen wird: die Verschmutzung. Wie ist der Zustand der chinesischen Gewässer?

Das Lächeln von Herrn Gao wird breiter.

«Die Verschmutzung ist eine nationale Geißel! China braucht manchmal lange, um seinen Feind zu orten. Aber wenn es ihm den Krieg erklärt, siegt es. Immer. Einzig die Verschmutzung kann unsere Entwicklung bremsen. Aber wir brauchen diese Entwicklung. Also werden wir die Verschmutzung besiegen!»

Er erteilt einen Auftrag. Die Assistentin springt auf. Während er auf ihre Rückkehr wartet, schildert er mir kurz die Situation. Da es immer weniger bebaubare Böden gibt, verwenden die Bauern immer mehr Düngemittel. Außerdem werden in den Städten nur etwa dreißig Prozent des Wassers aus den Haushalten behandelt, ehe es in den Kreislauf zurückkehrt. In der Industrie, deren Abwässer gefährlicher sind, beträgt dieser Anteil höchstens sechzig Prozent. Ergebnis: Ein Drittel der chinesischen Flüsse ist stark belastet.

Man hätte meinen können, Herr Gao fände Vergnügen an diesen schlechten Nachrichten. Auf alle Fälle ist seine Botschaft eindeutig: Die obersten Regierungsspitzen kennen den Ernst der Lage. Weit davon entfernt, ihn zu verheimlichen wie in früheren Zeiten, wollen sie nun, dass er jedem bewusst wird. Und beteuern, dass alle Mittel – verstehen Sie? alle! – eingesetzt werden, um Abhilfe zu schaffen.

Die Assistentin kommt mit zwei Broschüren zurück, die sie Herrn Gao reicht. Er öffnet eine davon und liest: «Im Licht der Theorie Deng Xiaopings und des Leitgedankens der Drei Repräsentanten müssen wir unseren wirtschaftlichen und sozialen Erfolg fortsetzen, indem wir den wissenschaftlichen Konzepten der Entwicklung treu bleiben.»

Er hebt den Kopf.

«Ich kann Ihnen keine bessere Antwort geben. Das ist die Präambel unseres elften Fünfjahresplans für die Jahre 2006–2010. Sehen Sie unsere dritte Priorität: ‹Sparsamer Umgang mit unseren Ressourcen und Schutz der Umwelt›. Und sehen Sie, hier, unsere folgende Priorität: ‹Aufbau einer Gesellschaft, die die Ressourcen erhält und die Freundschaft zur Umwelt pflegt› ...»

Im selben Augenblick, in dem er das Dokument wieder zuschlägt, schließt Herr Gao die Debatte. Ganz offensichtlich garantiert ein solches nationales Engagement den Sieg über den Feind Umweltverschmutzung.

Die Unterhaltung ist beendet. Herr Gao erhebt sich zur großen Erleichterung der rechten Hand. Er reicht mir die zweite Broschüre. Es ist die englische Version (in Kurzfassung) des elften Fünfjahresplans. Er wünscht mir eine gute Lektüre.

«Sie werden die Entschlossenheit Chinas und seine bezifferten Verpflichtungen feststellen können ...»

Gibt es eine schönere Beschäftigung, als heute Abend im Hotel einen Fünfjahresplan zu lesen?

«Harnessing rivers ...»

Herr Gao ist ins Englische verfallen. Ehe er mich verlässt, möchte er gerne, dass ich seine Aufgabe richtig verstehe. «To harness» hat zwei Bedeutungen. Zunächst: ein Tier anschirren, in anderen Worten, es zähmen. Dann: die Ressourcen ausbeuten. Aber der Unterschied zwischen beiden ist nur eine Frage der Chronologie: Wenn das Tier erst angeschirrt ist, kann man seine Kraft nutzen.

Herr Gao geht noch kurz auf die Frage der Wasserkraft ein. Er weiß, dass ich die Drei Schluchten besuchen werde.

«Dieses Bauwerk wird uns so viel Strom liefern wie alle Ihre französischen Stauwerke zusammengenommen. Natürlich wird es die Umwelt etwas aus dem Gleichgewicht bringen. Aber Sie, die Bewohner gemäßigter Länder, scheinen dafür wenig Verständnis aufzubringen. Die Drei Schluchten dienen in erster Linie dazu, die Überschwemmungen des Yangtse zu drosseln. Wie könnten wir, die Chinesen, die ständige Bedrohung durch die Überschwemmungen vergessen?»

Herr Gao ist wieder bei seiner Urangst angelangt.

«Ohne meine Vorgänger kritisieren zu wollen, erlaube ich mir zu bemerken, dass sie vielleicht aus Stolz Fehler gemacht haben. Man kann so viele Dämme und Sperren bauen, wie man will – wir haben 85 000 Staubecken in China –, wenn ein Fluss es beschließt, ist er stärker als wir. Anstatt zu versuchen, ein ganzes Gebiet zu verteidigen, sollte man sich lieber auf das Wesentliche beschränken: das Herz der Städte, die gefährlichen Fabriken. Den Rest kann man dem Wasser überlassen …»

Ich erinnere mich nicht mehr genau an die Worte, die die höchst brillante Dolmetscherin gefunden hat, aber Herr Gao nickte heftig mit dem Kopf und wiederholte:

«Das Wasser verlangt, wie das Feuer, seinen Tribut.»

Dann verabschiedet er sich von mir:

«Gute Reise! Und grüßen Sie Ihr gemäßigtes Land von mir! Sie sehen, ich muss Sie verlassen. Wenn man nicht in einem gemäßigten Land wohnt, ist man gezwungen, mehr zu arbeiten …»

★

Als ich wieder durch Peking fahre, dessen sechster Außenbezirk bereits von neuen Immobilienklötzen überschwemmt ist, denke ich an das winzige Dorf Denis-des-Puits (120 Einwohner), Departement Eure-et-Loire, im Herzen jener Kornkammer, welche die Beauce darstellt. Sanftes Frankreich! Um Wasser zu bekommen, braucht man nur ein wenig zu graben. Aus der Nachbarregion Perche fließt ein unterirdischer Fluss bis an den Rand der Häuser. Der Kubikmeter Wasser wird mit einem Euro berechnet. Soeben hat der Stadtrat beschlossen, den Preis für die kommenden zehn Jahre … beizubehalten. Alle zwei Jahre wird am ersten Samstag des Sommers das Wasserreservoir geleert. Und die Bevölkerung, angeführt von ihrem Bürgermeister, beteiligt sich fröhlich an der Reinigung.

Tianjin

Ich stelle mir vor, dass sich Gott, nachdem er sich sechs Tage lang mit seiner Schöpfung unwahrscheinlich vergnügt hatte, am siebten Tag, während seiner berühmten Ruhe, freundlichgesonnen fragte, welches gleichwertige Spielzeug er dem Menschengeschlecht zum Geschenk machen könnte. Denn wenn Gott auch zuzeiten grausam ist, so hat ER doch Sinn für Gerechtigkeit. Warum sollte nur er sich amüsieren?

So kam es, denke ich, dass ER in das Gehirn des *sapiens sapiens* die Idee des verkleinerten Urbilds legte. Die Verteilung des Vergnügens wurde gerecht. Gott die Genesis. Seinen Geschöpfen die Modelle.

Die Chinesen haben begriffen, dass die Konstruktion eines Modells weder ein bloßer Zeitvertreib ist noch das Mittel, eine übermächtige Wirklichkeit zu zähmen. Das Modell ist der Verbündete der Tat.

Kurz, ich stehe vor dem eindrucksvollsten Modell, das mir je zu sehen vergönnt war. Gute zwanzig Meter lang und fünf Meter breit: der Reliefplan von Tianjin. Wenn Modelle wachsen, verändern sie vielleicht ihre Natur und werden das Stück Welt, das wiederzugeben ihre Aufgabe war.

Man hat die Riesenstadt in Holz gebaut, Haus für Haus, Gebäude für Gebäude, Supermärkte, Kultstätten, Krankenhäuser. Alles gut beleuchtet. In den Parks stehen Bäume, ebenso wie Straßenlaternen entlang der geplanten Promenaden. Ein großes Rad dreht sich.

«Haben Sie diese Brücke gesehen, eine der fünf, die wir zu den alten hinzugefügt haben? Wir wollten Paris grüßen. Sie heißt Beian, die Friedensbrücke des Nordens, sie gleicht ihrem Kollegen, dem Pont Alexandre III, wie ein Bruder …»

«Für wann ist sie geplant?»

«Schon fertig!»

Das übertrifft an Zauber noch die Weihnachtsschaufenster früherer Zeiten in den großen Kaufhäusern.

Ich blinzle mit den Augen und staune. Ich falle in die Kindheit zurück. Wenn man es recht bedenkt, passt das Kind, das ich wieder geworden bin, gut hierher. In diesem sehr alten Land gibt es viele, viele Kinder: China will alles haben und alles gleich, und es ist überglücklich angesichts seiner neuen Spielzeuge, die es so schnell wie möglich zerbricht, um für neue Platz zu machen.

*

Zwei Stunden von Peking entfernt liegt sein Hafen Tianjin. Heute ein Ballungsraum mit 14 Millionen Einwohnern. Und schon immer ein Handelsort von höchster Wichtigkeit. Erbaut fast an der Mündung des Flusses Haie He. «Haie» bedeutet Meer; «He» Fluss. Durch diesen Fluss hatte Tianjin Zugang zum Meer. Während es durch den Großen Kanal Flussboote erreichten, die von weit her über den Huang He (den Gelben Fluss) oder den Yangtse (den Blauen Fluss) kamen. Über Tianjin kam der Ertrag der Getreidesteuer, der Peking ernährte: das Korn, das von der Ernte der reichen Provinzen im Süden einbehalten wurde. Über Tianjin drangen die Europäer in den Norden Chinas ein. Tianjin war das andere Shanghai, ebenfalls aufgeteilt in «Konzessionen», seit Ende der 1850er Jahre englische und französische, dann japanische, russische, deutsche, italienische, belgische, österreichisch-ungarische ... ein wahrer Katalog der Welt vor 1914!

Da der Fluss Haie He nach und nach versandete, hat sich der Hafen allmählich nach Osten verlagert. Er heißt Tanggu. In der Rangliste des Welthandels nimmt er die sechste oder siebte Stelle ein.

Seiner Schiffe beraubt, blühte Tianjin durch die Ansiedlung von Industrie wieder auf. Die Folge: eine starke Umweltverschmutzung. Diese Epoche ist längst vergangen. Der Stadtrat hat beschlossen, aus seiner Stadt die angenehmste Stadt Chinas zu machen, eine Art Ökostadt. Daher das Modell. Ein Modell gibt denjenigen Augen, die keine haben, denjenigen, die nicht an die Zukunft glauben.

Wer wird bezahlen? Eine Europäer-Frage. Die Behörden übernehmen die Infrastrukturen. Um die Finanzierung des Aufbaus und der Sanierung reißen sich chinesische oder ausländische Kapitalanleger. Die wohlhabenden Schichten werden die Wahl haben zwischen ultramodernem Neuen, das den strengsten Umweltnormen genügt, und akribisch renoviertem Alten. Es wird besonders schick werden, in den Gebieten der alten Konzessionen eine ehemalige französische oder österreichisch-ungarische Villa zu bewohnen. Die Arbeiten zum Umbau des alten italienischen Krankenhauses in ein Luxushotel haben begonnen. In dem Raum, in dem man die Baustelle sehen kann, laufen in Endlosschleife Filme über die Mussolinizeit zu Musik von Verdi. Anstatt die Vergangenheit auszuradieren, wie sonst in China üblich, hat Tianjin beschlossen, sich wieder in ihr einzurichten.

Ich suche das Modell ab, aber ich sehe keine einzige Fabrik mehr. Man sagt mir, dass die letzten gerade in Richtung Hafen, in die Nähe einer anderen ganz neuen Stadt umgesiedelt werden.

«Wohin ziehen sie?»

«In eine dafür vorgesehene Zone.»

«Die Umweltverschmutzung an einen anderen Ort verlegen, ist das wirklich das Heilmittel?»

Die junge Frau schaut mich erstaunt und errötend an, als hätte ich eine gemeine Obszönität geäußert. Warum verdirbt dieser Franzose, der gerade noch so begeistert war, mit böswilligen Fragen diese urbane Märchenwelt? Ich lege so viel Bedauern in meinen Blick, wie mir nur möglich ist, aber ich hatte diese Unhöflichkeit nicht vermeiden können. Viele Führungskräfte ziehen es vor, ihre Fabriken auszulagern, um nicht die neuen Bestimmungen befolgen zu müssen. Man wird sich doch fragen dürfen, welchen Nutzen diese Umsiedlungen haben. Eine Fabrik zieht Arbeiter an, Arbeiter brauchen Wohnungen …

«Diese Fabrikumsiedlungen sind eine einmalige Gelegenheit für uns», flüstert mir Li Hao, der Direktor von Veolia in China ins Ohr. «Neue Anlagen heißt, neue Verfahren entwickeln, die immer respektvoller mit der Umwelt umgehen. Es ist an uns, Lösungen zu finden. Die saubersten Fabriken finden Sie hier und nicht in Europa …»

«Dann wird Tianjin also bald die perfekte Stadt sein, die Stadt, in der nichts fehlt?»

«Doch. Wasser.»

Ich war der Faszination dieses Meisterwerks von Modell so erlegen, dass ich darüber meine Obsession vergessen hatte, diese Monomanie, die mich seit fast zwei Jahren nicht mehr verlässt.

Fast hätte ich aufgeschrieen. Man schaut mich an. Von nun an wird man rücksichtsvoll mit mir sprechen, wie mit einem Kranken. Man wird sich die erforderliche Zeit nehmen, um mir alles zu erklären. Das Wasser fehlt, das ist richtig. Aber gemäß dem elften Fünfjahresplan wird China auf diesen Mangel wie auf alle anderen Mängel antworten.

Schon immer musste die Stadt Tianjin ihr Trinkwasser in der Ferne suchen. Sie hat im Norden danach gesucht, in zwei am Fluss Luan angelegten Reservoirs. Aber diese Reserven erschöpfen sich, und Peking, eine Hauptstadt, die immer mehr Durst entwickelt, wirft ebenfalls ein Auge darauf. Tianjin hat im Süden Ausschau gehalten und den Fluss Huang entdeckt, der eingewilligt hat, Hilfe zu leisten, so gut er konnte. Sie ist nicht ausreichend. Eines Tages wird die Riesenstadt natürlich Wiederaufbereitungsanlagen installieren. Eines weiteren Tages wird sie sich eine Entsalzungsanlage leisten.

Solange Tianjin auf diese modernen Dinge wartet, erhofft es, wie Peking, sein Heil von einem sehr alten Hilfsmittel, dem berühmten Großen Kanal, von dem mir Herr Gao so viel erzählt hat.

Lobeshymne auf einen Richter

Kompletter Wechsel der Szene und der Atmosphäre. Eine kleine Stadt, Dujiangyan, in der Provinz Sichuan, fünfzig Kilometer nordwestlich von Chengdu. Das Reservat der Pandas liegt ganz in der Nähe. Die ersten Vorgebirge des Himalaya überragen uns. Der Himmel ist grau, wie gewöhnlich. «Wenn ein Hund den Himmel sieht», sagt uns eine Bedienung, «ist er so verwundert, dass er bellt.»

In diesem Ort beschloss um die Mitte des 3. Jahrhunderts vor unserer Zeitrechnung ein gewisser Richter namens Li Bing, dass es Zeit zum Handeln sei. Neben seiner Hauptrolle, Recht zu sprechen, bekleidete er auch noch eine hohe Stelle in der Verwaltung der Region. Eine weise

Ämterhäufung: Je besser eine Gesellschaft verwaltet wird, umso weniger Gründe werden die Verwalteten haben, Verbrechen zu begehen.

Jedes Jahr, wenn der Sommer kam, ereignete sich jedoch dasselbe Drama: Überschwemmungen. Das Wort «Sechuan» bedeutet «sechs Flüsse». Fortgeschwemmte Häuser, verwüstete Felder, die Früchte der Arbeit vernichtet, Familien auseinandergerissen, Hunger … Welche Katastrophe zerstört eine Gemeinschaft in materieller und moralischer Hinsicht mehr als eine Überschwemmung?

Hauptverantwortlicher für dieses Unglück war der Fluss Min, ein Zufluss des Yangtse. Richter Li Bing nahm sich mehrere Tage Zeit und ging den Flusslauf hinauf. Er hatte eine Idee. Er wollte die richtige Stelle finden. Er wusste, dass die Natur einen Eingriff des Menschen zulässt, vorausgesetzt, sie wird von ihm verstanden. Eine Sache der gegenseitigen Achtung. Der Richter Li Bing traf schließlich seine Wahl. Und die Arbeiten begannen.

Eine Insel wurde geschaffen, um den Lauf und die Bosheit des Flusses Min zu teilen. Ein weiteres Bett am Fuß der Berge gegraben, um einen Teil des Sturzwassers aufzufangen. Bewegliche Staudämme erfunden und angelegt: eine Art von Bambusvorhängen, mit Steinen beschwert. Überlaufwehre gebaut, um die Hauptmasse der Sedimente aufzufangen. Stromabwärts, in der Ebene, hob man Kanäle aus: Wenn es gelang, das Wasser zu zähmen, warum sollte man sich seiner dann nicht zur Bewässerung bedienen?

Seit 2200 Jahren sind viele andere Beamte in seine Fußstapfen getreten, unter ihnen Lu Yi, Ding Baozhen, Quiang Wangtai … Ihre sehr bunt bemalten Statuen begrüßen den Besucher in dem taoistischen Tempel, der den Staudamm überragt. Denn der Staudamm ist an dem Ort geblieben, den der Richter Li Bing gewählt hat. Auch wenn Beton den Bambus und Schleusen die mit Steinen gefüllten Säcke ersetzt haben. Und seit 2200 Jahren haben die Überschwemmungen ihre Verheerungen eingestellt. Das beruhigte Wasser hat aus der Ebene von Chengdu eine der reichsten Gegenden Chinas gemacht.

Dieses einzigartige Beispiel der Beherrschung und Kontinuität hat die UNESCO mit dem Titel Weltkulturerbe ausgezeichnet.

Nichts Friedlicheres als die kleine Stadt Dujiangyan bei meinem Besuch Mitte April 2008. In den Teehäusern entlang des Flusses Min, des nun gezähmten, spielte man Karten oder Mah-Jongg. Wer hätte sich noch vorstellen können, dass in längst vergangenen Zeiten Männer und Frauen seine Wildheit fürchteten? Kinder, die aus den nahegelegenen Schulen kamen, lachten über uns, über die langen Nasen der Besucher aus der westlichen Welt. Die Hunde bellten nicht, der Himmel blieb grau.

Genau einen Monat später versuchte ich immer wieder Freunde in Chengdu zu erreichen. Schließlich nahm einer ab. Er hat mich informiert. Dujiangyan war schwer getroffen worden. Die Fachleute sagten, das Epizentrum des Erdbebens habe sich in Wenchiran befunden, ein paar Dutzend Kilometer weiter im Norden. Von den Schulen ist nicht viel übrig geblieben. Im Augenblick des Bebens, am 12. Mai um 14 Uhr 28, waren die Klassenzimmer voll.

Die größte Stadt der Welt

Hier stürzt sich der Fluss Jialing in den Yangtse-Strom. Das Wasser des Jialing ist klar, eher grünlich. Das Wasser des Yangtse ist schlammig, kastanienbraun. Welcher farbenblinde Poet hat ihm den Namen «Blauer Fluss» gegeben? Über einige Kilometer hinweg fließen die beiden Gewässer nebeneinander her, ohne sich zu vermischen.

Seit undenklichen Zeiten war dieser zweifarbige Zusammenfluss ein florierender Handelsplatz. Die Schiffe erreichten, vom Meer, von Shanghai kommend, dieses Herz Chinas.

In Chongqing sieht man immer wieder – in Restaurants, in Hotelhallen, in öffentlichen Gebäuden – Bilder oder Skulpturen von Treidlern. Die Stadt weiß, was sie ihnen verdankt. Wie wäre ohne sie, ehe es Dampfmaschinen gab, irgendein Boot bis hierher gelangt? Die Strömung des Yangtse ist so stark ... In Ermangelung von Wegen an den Engpässen, auf denen Pferde hätten gehen können, mussten Menschen treideln. Sie banden sich zu fünft oder zehnt oder mehr, je nach Größe des Boots, mit

Seilen aneinander. Sie zogen, manchmal bis zum Hals im Fluss stehend, rutschend, über die Kiesel stolpernd, in Löcher fallend, von morgens bis abends, bis an den Rand ihrer Kräfte...

Um sich Mut zu machen, sangen sie. Diese Arbeitsgesänge werden in den Archiven der Stadt ehrfürchtig aufbewahrt.

Später haben die Geologen in der näheren Umgebung Aluminium, Gas, Barium, Strontium entdeckt. Industrie hat sich angesiedelt, Bergbau, aber auch Maschinenfabriken, Autofabriken, pharmazeutische und elektronische Betriebe ...

Der Aufschwung Chongqings hat einen anderen, düstereren und heroischeren Ursprung.

Von September 1931 an besetzen die Japaner die Mandschurei. 1937 setzen sie zu einer großen Offensive im Süden an. Als sie sich Shanghai nähern, beschließt die Regierung von Tschiang-Kai-schek, sich ins Herz Chinas zurückzuziehen. Chongqing, geschützt durch seine Berge, wird dazu ausersehen. Dutzende von Unternehmen ziehen um, um die Regierung zu begleiten, ebenso eine große Zahl von Lehrern, Dichtern und Künstlern.

Für sechs Jahre wird die Stadt, als Hauptstadt Nationalchinas, zum Sitz intensiver wirtschaftlicher, kultureller und politischer Aktivitäten.

Während die Japaner regelmäßig zu Luft und zu Wasser mörderische Angriffe starten.

Chongqing leistet tapfer Widerstand.

Im Jahr 1941 wird Churchill diese unbekannte Stadt würdigen.

Als der Frieden wiederhergestellt war, wuchs Chongqing weiter in der für China üblichen Geschwindigkeit, das heißt: zügellos. Gegen Ende der 80er Jahre zählte die Stadt schon 10 Millionen Einwohner. Eine ganz unzureichende Zahl, beschließen die Behörden plötzlich. Das Tempo muss beschleunigt werden. Chongqing muss das große Zentrum des Westens werden. Botschaft erhalten. Fabriken kommen und 8 Millionen Bauern, um dort zu arbeiten. Sie hatten keine andere Wahl, ihre Ländereien waren zu klein geworden, um davon zu leben.

Alle diese Menschen müssen irgendwo untergebracht werden. Das

Baugewerbe blüht auf. Sie müssen auch möglichst billig ernährt werden. Die Großmärkte, eine französische Spezialität, tauchen auf. Carrefour eröffnet den Reigen.

Nach jüngsten Statistiken sollen 33 Millionen an diesem Ort leben, an dem der Yangtse den Jialing verschlingt. Wo beginnt eine Stadt und wo endet sie? Und wovon spricht man, von der Stadt selbst oder von dem Ballungsgebiet? Man muss genau sein, wenn man einen Rekord aufstellen will.

Ohne dass ich unbedingt auf dem Titel «Größte Stadt der Welt» bestehen will, werden Sie mir, hoffe ich, zugestehen, dass Chongqing mit heute 33 Millionen Einwohnern alle Chancen hat, das Siegerpodest zu besteigen.

Mexiko, Saõ Paulo, Lagos, Kalkutta, Peking ... ich habe einige Großstadterfahrung. Aber kein Schwindelgefühl kommt dem gleich, das Chongqing erzeugt. Denn der Wahnsinn der Menschen hat diese Stadt in einer unmöglichen Lage erbaut: mitten zwischen Bergen. Nicht sehr hohen, aber entsetzlich steilen Bergen.

Daher lösen Brücken und Tunnels einander ab. Der unendliche Dschungel der Gebäude ist zerstückelt. Am Ende jedes Tunnels glaubt man, es sei Schluss. Ein neuer Dschungel liegt vor einem, eine andere Stadt, wieder drei oder vier Millionen. Ebenso wagt man nach dem Überqueren jeder Brücke nicht mehr, die Augen zu heben, aus Angst, genau das zu sehen, was man befürchtete: eine andere Stadt, die auf den ersten Blick kleiner zu sein scheint als die vorige, zwei oder drei Millionen Einwohner ...

Tausende und Abertausende fast gleicher Gebäude mit mindestens 25 Stockwerken. Auf Bergkämme gepflanzt, an Abhänge oder in Klüfte geklammert, man weiß nicht wie. Dazwischen immer wieder Hütten, einige Elendsviertel. Man spürt genau, dass sie nicht lange überleben werden, dass sie bald vom Dschungel der gleich aussehenden Gebäude verschlungen werden.

Die einzigen Räume, die Widerstand leisten und vielleicht überleben werden, sind Gärten. Mikroskopisch kleine Gemüsegärten, die sich dorthin zurückgezogen haben, wo niemand jemals Häuser errichten wird, auf Gelände für Gämsen oder für Bergsteiger. Trotzdem bauen die

Menschen dort an. Hier und da sieht man ihre Strohhüte. Ihre Gegenwart und ihre winzigen Königreiche geben dem Besucher den Sauerstoff zurück, den er in dem Augenblick braucht, wo er drauf und dran ist zu ersticken.

★

Herr Guo Mingjun, die Nummer zwei der französisch-chinesischen Wassergesellschaft von Chongqing, hatte an diesem Morgen nicht die geringste Lust, mich zu empfangen: Seine Wutausbrüche, die im Flur widerhallten, hatten sein Kommen angekündigt. Und nun maßen mich zwei finstere und herablassende Augen hinter riesigen Brillengläsern in schwarzer Perlmuttfassung. Während ich mich vorstellte, nahmen seine Mundwinkel zusehends einen verächtlichen Ausdruck an. Man brauchte nicht erfinderisch zu sein, um seinen Gedanken zu folgen. Die Académie française? Bestimmt eine Schwatzbude. Eine Reise um die Welt, um die Frage des Wassers zu ergründen? Wie man seine Zeit und sein Geld verschwenden kann ...

Ganz und gar unklug eröffnete ich unsere Unterhaltung mit der einzigen Information zum Wasser, die ich über Chongqing besaß: «1900 erhielten die 200 000 Einwohner, die die Stadt damals zählte, das Wasser, das sie brauchten, durch 190 000 Wasserträger.»

«Na und? Hat Frankreich keine Vergangenheit gehabt?»

Der Dolmetscher strengte sich tapfer an, aber es gelang ihm nicht, die Atmosphäre zu entspannen. Die Affäre im Vorfeld der Olympiade machte sich bemerkbar. Man erinnerte sich, dass Frankreich, um Tibet besorgt, die Fackel nicht sehr freundlich empfangen hatte ...

«Unsere Kunden sind Kinder. Sie glauben an Wunder. Sie halten Hähne für Quellen, für Millionen kleiner sauberer Wasserquellen, die ein freundlicher Gott eines Tages jedem geschenkt hat ... Sie stellen sich keinen Augenblick lang vor, dass hinter den Hähnen Rohre sind, wirkliche Rohre, Rohre, die von Arbeitern, welche nichts mit freundlichen Göttern zu tun haben, in den Boden verlegt wurden ... Im Übrigen, wenn der Wassergott freundlich wäre, dann hätte er keine Berge erschaffen, oder aber er hätte der Obrigkeit nicht eingegeben, hier eine Stadt zu bauen, an diesem sehr hübschen, aber für Rohrleitungen unmöglichen Ort! Wenn der Boden sich hebt und senkt, dann heben und senken sich die Rohre. Trotzdem muss im gesamten Kreislauf derselbe Druck erhalten werden. Die Kinder-Kundschaft macht sich nicht die Mühe, das zu verstehen. Und in den Bergen rutscht der Boden manchmal, vor allem wenn es regnet, und Erdbrocken fallen ins Tal. Was geschieht mit den Rohren, die in dem rutschenden Boden verlegt sind? Sie brechen. Und die Wunderquelle? Der Kunde kann am Hahn drehen, solange er will, es kommt kein Wasser mehr. Dann telefoniert der Kunde. Und wer repariert die Geschichte in den darauffolgenden ein, zwei Stunden, wer muss das tun? Bestimmt nicht der freundliche Gott!»

Während der ganzen Tirade zeichnete seine rechte Hand das Relief von Chongqing nach. Man hätte meinen können, er berichte über eine Bergetappe der Tour de France.

★

Welches ist die wahre Farbe des Blauen Flusses? Ich habe gesehen, wie sich Orange, Grün, lebhaftes Rot und lange Spuren von Sepia in ihn ergossen, ich habe Gestank eingeatmet, der wirklich erstickend war, ich habe mich verfolgt geglaubt von riesigen Blasen, von gräulichen, gut einen Meter hohen Schaumbergen …

Den Behörden bleiben zwei Jahre, um den Zielen des elften Fünfjahresplans Geltung zu verschaffen: eine «umweltfreundliche» Entwicklung.

Drei Schluchten und zweiunddreißig Turbinen

Von der kleinen Stadt Yichang (4 Millionen Einwohner) führt eine extra Autobahn zur Talsperre. Ein Sonderkommando der WUSI, der bewaffneten Volkspolizei, verbietet den Wagen, die keine Plakette besitzen, die Zufahrt. Man muss langsam fahren. Die Volkspolizisten mustern dich scharf. Du versuchst, harmlos auszusehen. Besteht nur der geringste Anlass zur Beunruhigung, zwingen sie dich, umzukehren, egal welche Erlaubnisschreiben du vorweist. Die WUSI, eine Eliteeinheit, ist verantwortlich für die Sicherheit der Anlage. Die Regierung hat eine panische Angst vor Attentaten.

Beim Durchfahren der langen, sehr langen Tunnels wächst deine Paranoia. Überall siehst du Kameras. An den wenigen Stellen unter freiem Himmel flößt dir die Landschaft Furcht ein: Du fährst an hohen, steilen, trostlosen, von tiefen Tälern zerfurchten Bergen entlang. Um den finsteren Eindruck der Umgebung etwas zu vervollkommnen, regnet es in Strömen. Das Gefühl verstärkt sich, unbemerkt in einen James-Bond-Film geraten zu sein. Du näherst dich einer Geheimbasis mit einer wohltätigen, lebenswichtigen Funktion, die anzugreifen die Mächte des Bösen sich lebhaft wünschen.

Von dem größten Staudamm der Welt, den sogenannten Drei Schluchten, werde ich nur ein Modell zu Gesicht bekommen, begeistert erläutert von einem Führer in einem Regenmantel aus Leopardenvinyl. Ich habe das Trommelfeuer seiner Zahlen, die ich alle vergessen habe, noch im Ohr.

Wir brechen auf. Der Leoparden-Führer steigt in einen schwarzen Dienstwagen. Wir fahren mit hohem Tempo. Der Konvoi darf unter keinen Umständen anhalten. Immer die Furcht vor einem Attentat.

Eine dunkle Masse taucht auf. Später im Hotel erfahre ich, dass sie 2309,5 Meter lang und 185 Meter hoch ist. Ein kleines Becken von 10 Milliarden Kubikmetern, um den Yangtse zurückzuhalten. Auf dem Gipfel erkenne ich merkwürdige Strukturen, verrenkte Arme. Mir scheint, sie sind orangefarben. Geben die Drei Schluchten der jungen chinesischen Bildhauerei eine Chance? Es handelt sich um Kräne, Monsieur. Sie werden die Schleusentore anheben, wenn die anderen Systeme versagen sollten.

Ich bin beruhigt. Umso mehr, als der Regen immer stärker wird. Man stelle sich vor, der Damm gäbe nach …

«Morgen fahren wir noch einmal hierher», schwört Maurice. «Aber was haben Sie China denn getan? Ich bin seit vier Jahren hier, und noch nie habe ich so schlechtes Wetter gesehen. Bestimmt ist Tibet daran schuld!»

Ich habe Ihnen Maurice noch nicht vorgestellt … Peru, Brasilien,

Zaire, Indonesien, Albanien, Kolumbien … Maurice Casali hat den größten Teil seines Lebens auf Staudämmen zugebracht, um dort Turbinen von Alstom einzubauen.

Maurice begleitet mich seit heute Morgen. Ein korpulenter, großzügiger, gesprächiger und zugleich zurückhaltender Mensch. Auf dem linken Unterarm trägt er eine Tätowierung, die einem Fragezeichen gleicht. Nach und nach mache ich mit einer neuen Familie Bekanntschaft, der Familie der Turbinen. Sie haben Namen wie Pelton, Francis, Kaplan … Maurice hat Vertrauen gefasst und beginnt aus dem reichen Schatz seiner Erfahrungen zu erzählen. Auch weil der Regen unseren Besuch verkürzt hat, ein dichter Regen, der ebenso wirksam wie der Nebel vereitelt, dass ich die Drei Schluchten zu sehen bekomme, ein dichter grauer Vorhang, der nicht von dir lässt, dich umhüllt und dich natürlich trotz des Regenschirms, des zu kleinen, den der Leoparden-Führer dir großzügig leiht, durchnässt.

Maurice hat schwierige Momente erlebt. Zum Beispiel in den Anden. Ein Stück Straße bricht genau vor seinem Lastwagen weg. Danach eine zweite Stelle direkt hinter ihm. Er und sein Chauffeur, sie bleiben drei Tage lang Gefangene auf dieser wundersamen Terrasse, die, Sie werden es geahnt haben, über einem Abgrund hängt. Die beiden erhalten Nahrung dank einer Angelrute (ich empfehle die Technik: Ein erster Wurf erreicht die Hilfesuchenden, sie binden ein Seil an die Angelschnur, und von da an ist die Sache geritzt).

Ein anderes Mal, in Zaire, kommen seine Arbeiter nicht rechtzeitig. Er wundert sich, dann wird er unruhig und macht sich auf den Weg in ihr Dorf, wo er sie alle, samt ihren Frauen und Kindern, mit durchschnittenen Hälsen vorfindet.

Das heißt, Maurice hat ein dickes Fell. Die internationalen Baustellenleiter sind eine Klasse für sich. Tag für Tag müssen sie ihre hohen Gehälter rechtfertigen. Die Verpflichtung, gleich unter welchen Bedingungen, eine Lösung zu finden, lässt wenig Raum für Gefühle. Aber diese Drei Schluchten machen Maurice zu schaffen. Natürlich geht es um die Turbinen. Neben seinen zwei Töchtern sind sie, das haben Sie gewiss gemerkt, die Liebe seines sonderbaren Lebens.

«Vierzehn! Wenn alles fertig ist, wird der Staudamm zweiunddreißig haben. Und vierzehn davon werden wir konstruiert und eingebaut haben. Vierzehn tragen den Stempel Alstom. Und die achtzehn anderen, was meinen Sie? Das sind Kopien von Alstom. Bei der Unterzeichnung des Vertrags über die vierzehn mussten wir die Pläne, alle Pläne, mitliefern. Sie brauchten sie nur nachzubauen. Und wissen Sie, was mich kränkt, ich meine, wirklich kränkt … das ist, dass Alstom in keiner Geschichte des Staudamms, in keinem Dokument erwähnt wird. Haben Sie den Namen Alstom auf irgendeinem der Schilder gelesen? Niemals. Als ob die Chinesen alles alleine gemacht hätten!»

Die Augen in die Ferne gerichtet, erinnert sich Maurice, dass ihn in anderen Ländern am Tag der Einweihung das Fernsehen und die Zeitungen interviewt haben. Man hat Alstom gefeiert, man hat die Arbeit anerkannt …

«Hier sind wir nichts, nichts als Subunternehmer. Wenn du nicht bereit bist, die Kröte zu schlucken, kannst du gleich wieder nach Hause fahren …»

«Dann hat unsere Industrie hier keine Chance mehr?»

«Wir haben die Erfahrung, nur die Erfahrung. Unser Konstruktionsbüro ist hundert Jahre alt. Das moderne China zwanzig. Aber es holt seinen Rückstand rasch auf. Wir haben noch einen kleinen Vorsprung, einen ganz kleinen …»

Später zeigt mir Maurice in seinem Citroën Picasso den neuen Teil von Yichang.

«Vor zehn Jahren hätten Sie hier Felder gesehen. Zuerst hat man eine Straße gebaut, nichts als eine kleine Straße, aber eine vollständige Straße: mit Kanalisation, Fahrbahn, Trottoirs, Straßenbeleuchtung … Die Gebäude kamen erst hinterher: zwei Kilometer Gebäude pro Jahr!»

Er hat seine Energie zurückgewonnen. Seine Augen blitzen.

«Das Beste habe ich vergessen! An dieser Stelle hier störte ein Berg, können Sie es sich vorstellen? Auf der Höhe der Kreuzung. Im Handumdrehen und mit ein paar Dutzend Bulldozern hat man ihn weggeräumt! Ach, ich habe Berge fallen sehen!»

Wenn man wie Maurice Resultate schätzt, kann man die Chinesen nur beglückwünschen. Er verlässt mich, vor sich hinbrummend:

«Man kann sagen, was man will. Wenn diese Leute etwas beschließen, machen sie es auch!»

Bei Maurice hält die melancholische Stimmung nie lange an.

★

Auch wenn ich tagelang in dem kleinen hübschen Bungalow des Guobin Garden Hotels in Yichang herumlungern würde, wäre es unwahrscheinlich, dass ich die Drei Schluchten jemals zu Gesicht bekäme. Der chinesische Regen zeigte mir, zweifellos eifersüchtig auf meine Bewunderung für die Wolkenbrüche von Cherrapunjee, wozu er fähig ist. Auch eine andere Erklärung war denkbar. Unter dem Einfluss der örtlichen Paranoia redete ich mir ein, eine höhere staatliche oder göttliche Macht habe dem Regen und dem Nebel befohlen sich zusammenzutun, um mir die Gegend und gewisse Bergrutsche zu verbergen, die sich dem zu starken Druck des Wassers verdankten. Offensichtlich war diese klimatische Apokalypse auch dazu bestimmt, mich daran zu hindern, die Bewohner einer überfluteten Stadt zu treffen (die bis heute nichts von den versprochenen Entschädigungen gesehen haben).

Der Flugplatz hatte gerade geschlossen. Stellen Sie sich vor, als ich die Nachricht erhielt, war meine erste Reaktion tatsächlich Stolz! MAN griff wirklich zu starken Mitteln, um mir das Sehen zu verbieten!

Das heißt, ich war im Begriff, den Verstand zu verlieren.

Ich musste so rasch wie möglich hier verschwinden. Die Proteste der Staudammgegner konnte ich später immer noch hören. Ich fand einen Wagen.

Als die höhere (staatliche oder göttliche) Macht sich sicher war, dass ich meine ungesunden Schnüffeleien aufgab, stoppte sie den Regen. In fünfzig Kilometer Entfernung von Yichang hellte sich der Himmel wie durch ein Wunder plötzlich auf. Offensichtlich hatte MAN alles getan, um zu verhindern, dass mein kritischer Geist den Ruf dieses Meisterwerks von Staudamm beschmutzte. Und nun würde MAN mir zeigen, wozu dieses Meisterwerk diente: das Land, endlich, zu befrieden.

★

Die Ebene erstreckt sich ohne eine Erhebung bis an den Horizont. Nur die Bäume steigen etwas zum Himmel auf, denn die Häuser sind niedrig. Und überall unterhält sich das Wasser mit dem Land. Man sieht fast niemanden. Die Menschen halten sich wahrscheinlich diskret zurück, um den Dialog zwischen den Elementen nicht zu stören. Diese Männer und Frauen haben jedoch hart gearbeitet, jahrtausendelang. Man versteht rasch, dass die Zerstückelung des Raums ihr Werk ist: ein Wechselspiel von Rechtecken, die einen blau-grau, die anderen grün – Rechtecke der Fischzucht, die sich unter die Rechtecke der Felder mischen.

In einer Ecke, das Gras kaum überragend, ein paar aufgerichtete Steine. Ein Friedhof. Eine Ansammlung von violetten Plastikblumen und -herzen weist auf eine Beerdigung hin, die jüngst stattgefunden hat. Bänder wehen im Wind. Worin unterschied sich das Leben desjenigen oder derjenigen, der oder die hier seit kurzem ruht, von anderen Leben vor tausend oder zweitausend Jahren?

Aus der Ferne hatte ich geglaubt, eine Menschenansammlung zu sehen, eine graue wohlgeordnete Armee. Es war nur eine Ziegelbrennerei. Meine eingebildeten Soldaten waren nur Ziegelhaufen, die jeweils mit einem Zement- (oder vielleicht mit einem Reis-)sack vor dem Wetter geschützt wurden.

Forcierte Entwicklung oder nicht, es gibt noch Büffel, viele Büffel, in China, zumindest zwischen Yichang und Wuhan. Sie sind neben dem Wasser, dem Boden und den bescheidenen Bauern die vierten Persönlichkeiten. Sei es, dass sie stehend schlafen, sei es, dass sie Schritt für Schritt eine Pflugschar durch den Dreck ziehen, immer hat man den Eindruck, dass sie dem Ganzen das Maß geben, ein unendlich langsames Maß.

Kann man sich eine friedlichere Welt vorstellen?

Lange und hohe Dämme erinnern jedoch von Zeit zu Zeit an die Realität: den Kriegszustand. Sie führen an den Flüssen entlang, um nach Möglichkeit deren plötzliche Heftigkeit in Schach zu halten.

Zugegeben, dass mein unsichtbarer Drei-Schluchten-Staudamm diese Verteidigungen überflüssig macht. Zugegeben, dass man dank ihm den Krieg gegen den Feind von vielen tausend Jahren, die Überschwemmung, endlich gewonnen hat. Aber diesen Gebieten droht eine neue Gefahr.

Wie lange wird der Frieden anhalten können? Um die Städte zu ernähren, immer mehr Menschen in immer mehr Städten (600 Städte haben schon mehr als 100 000 Einwohner), wird man zwangsläufig eines Tages, sehr bald, die Erträge vermehren, die Parzellen zusammenlegen und neu verteilen und die Dörfer in Landwirtschaftsfabriken umwandeln müssen.

Zwei Krankenhäuser, die sich um den Gelben Fluss kümmern

Bis vor kurzem konnte der Drache Huang He (alias der Gelbe Fluss) teilen, um zu regieren. Das heißt, er führte jeder der neun Regionen, durch die er fließt, ihren Teil zu. In schweren Fällen leistete Peking seinen Beitrag, die übrige Zeit jedoch schloss es die Augen.

1999 wachte der Zentralstaat auf. Nicht nur, dass es fünf großen Staudämmen nicht gelungen war, die Überschwemmungen zu besiegen, auch die Verschmutzung des Flusses nahm zu. Und in seinem Oberlauf wurde so viel Wasser entnommen, dass sich der Gelbe Fluss immer häufiger und über immer längere Zeiträume im Sand verlor, ehe er das Meer erreichte. Ein nicht akzeptables Schicksal für einen Wasserlauf, der so mit der Identität Chinas verbunden ist.

Eine Wasserregulierungsbehörde wurde geschaffen, mit Sitz in Chengchow, unterteilt in zwei Abteilungen, die jeweils in einem gigantischen Gebäude untergebracht sind. Man könnte sie für zwei Krankenhäuser halten.

Das erste Krankenhaus kümmert sich um die Qualität des Wassers. Eine leuchtende Spur auf einer riesigen Wand stellt den Fluss dar. Er kommt von links (Tibet) und ist zunächst blau. Diese Gebirgsreinheit hält nicht lange an. Auf dem Weg nach rechts (zum Meer) wird der große Kranke alle Farben durchlaufen.

Im anderen Krankenhaus der gleiche riesige Saal, die gleiche leuchtende Spur auf der gleichen riesigen Wand – und derselbe Kranke: der Gelbe Fluss. Aber die etwa zwanzig kleinen flimmernden Bildschirme, die entlang des Flusslaufs in regelmäßigen Abständen aufgestellt sind, unterrichten über eine andere seiner Krankheiten, die schlimmste: die Schwankungen seiner Wasserführung. In Echtzeit kann man die Veränderungen im Volumen der Reservoire, die Kubikmetermenge an den entscheidenden Stellen, kurz, die Gefährlichkeit der Lage ablesen. Wie auf einer Intensivstation verfolgt man ständig die lebenswichtigen Parameter.

Die Zeit ist vorbei, wo der Fluss ohne Vorwarnung töten konnte. Heute werden seine Launen genau verfolgt. Kaum beginnt er, böse Absichten zu hegen, werden diese auch schon erkannt und sofort analysiert.

Bedeutet das, dass der Drachen endlich gebändigt ist?

Kein Funktionär wird das Risiko eingehen, dies zu bejahen. Um deine Frage zu beantworten, werden die Flussärzte den Konditionalis gebrauchen und sich gewaltig hüten, die Möglichkeit einer Katastrophe auszuschließen.

«Leider bringen die genauen Daten noch nicht die Heilung!»

«Die Hauptstörungen sollten wir beherrschen können …»

«Ja, nur nicht im Ausnahmefall, bei Hochwasser, das alle sechzig Jahre wiederkehrt.»

«Langsam, langsam, du kannst ruhig hundert sagen …»

«Erinnere dich an 1998! Wuhan unter Wasser. 5 Millionen Menschen!»

Man hätte meinen können, man befinde sich in Los Angeles und diskutiere mit Seismologen, die den *big one* erwarten, das Erdbeben, das alles verschlingen wird.

★

Die dritte Krankheit des Drachen Huang He sieht man auf keinem Bildschirm. Und doch ist es eine schwere Krankheit, eine Belastung, die ernste Störungen erwarten lässt: 36 Kilo Sand pro Kubikmeter Wasser! Im Süden der Mongolei nimmt der Fluss seinen Weg durch ein verwitterndes Hochplateau. Dort belädt er sich mit Sand, den er aus den Ufern ausspült. Wenn Sie sich die Situation vor Augen führen wollen, dann besuchen Sie die Stadt Kaifeng, siebzig Kilometer östlich von Chengchow, und heben dort den Kopf. Der Fluss fließt fünfzehn Meter über der Ebene. Das Bett ist *aufgehängt*.

Wenn der Fluss genug Wasser führt, wird der Sand weggeschwemmt. Aber wenn die Städte und die Industrien stromaufwärts zu viel abpumpen, verlangsamt sich der Lauf, der Sand lagert sich ab, das Bett steigt an. Man versucht, das Übertreten des Flusses zu vermeiden, indem man Deiche baut. Die Ablagerungen wachsen an. Das Bett hebt sich weiter an. Man erhöht die Deiche …

Der Rote Fluss in Vietnam überragt Felder und Häuser manchmal um dreißig Meter … Eines Tages, bald, wird der Deich nachgeben.

★

Überschwemmungen … Wie kann man eine mehrere Jahrtausende alte Angst verständlich machen?

Ich habe Gu Yilin gefragt. Nicht nur, weil ich ihr Buch liebe.[14]

1967. Die Kulturrevolution ist ein Jahr alt. Da Yilins Vater Professor (für Architektur) ist, wird er inhaftiert. Ihre Mutter, ebenfalls Professorin, wird angegriffen und jede Woche öffentlich kritisiert. Yilin, fünfzehn Jahre alt, ist eine glänzende Schülerin an der Fremdsprachenschule in Shanghai. Man schließt sie von den Roten Garden aus, weil sie aus einer «schlechten» Familie stammt. Sie beschließt, sich zu läutern, indem sie auf dem Land arbeitet. Zwei Kameradinnen im selben Alter haben dieselbe Wahl getroffen: Man schickt sie in ein Dorf in der Nähe von Kaifeng. Es ist eine sehr arme Gegend, hundert Kilometer südlich des Gelben Flusses, die regelmäßig von dessen Schmutzbrühe überschwemmt wird. Der Dorfchef führt sie an einen Klotz getrockneter Erde, der Löcher anstelle der Fenster hat: ein Haus.

«Hier werdet ihr wohnen.»

Bedenken Sie, dass Yilin bis dahin nur die Stadt und eine «bürgerliche» Wohnung gekannt hat. Sie zügelt sich und fragt als gute Aktivistin:

«Nehmen wir keinem den Platz weg?»

«Alle vier sind im letzten Sommer ertrunken. Sie schliefen wahrscheinlich. Als sie aufwachten, war es zu spät: Das Wasser hatte sie eingeschlossen. Ab Juli ist es besser, wenn man nur mit einem Auge schläft. Aber wir haben erst Januar, ihr habt Zeit …»

Ich versuchte, mir diese erste eisige Nacht der Heranwachsenden in Gesellschaft der vier Gespenster des Huang He vorzustellen. Und dann machte ich eine, wie ich zugebe, dumme Rechnung auf. Ich multiplizierte die Ängste der jungen Mädchen mit den Sommernächten, die vergangen sind, seit Flüsse durch China fließen, und diese schon sehr eindrucksvolle Zahl multiplizierte ich mit der Zahl der Menschen, die seit undenklichen Zeiten in der Nachbarschaft dieser Flüsse gelebt haben …

Das Resultat hat keinerlei Sinn, ich gebe es zu, und im Übrigen habe ich es nie herausbekommen. Aber es würde vielleicht eine Vorstellung von der Angst der Chinesen vermitteln.

Die Geschichte von Yilin ist jedoch noch nicht zu Ende.

Die Tage vergehen. Die Mädchen arbeiten hart, und sei es nur, um ihren Hunger zu stillen. Die Verteilung des Getreides ist direkt an die geleistete Arbeit geknüpft. Fünf Jungen, ebenfalls aus «schlechten» Familien, sind im Dorf zu den drei Mädchen gestoßen. Man weiß es: Männer haben weniger Widerstandskräfte als Frauen, und ihre Nerven sind schwächer. Vor allem Hua konnte dieses Leben nicht ertragen. Man sah, wie er zugrunde ging. Während der Kulturrevolution gab es unzählige Selbstmorde in allen Altersgruppen.

Yilin ist beunruhigt. Die Partei hat ihren Mut und ihre Disziplin bemerkt. Als man ihr eine Stelle in der benachbarten Fabrik anbietet, wo man besser wohnt und besser ernährt wird, überlässt sie diese Hua. Der dankt ihr mit Tränen in den Augen.

Im darauffolgenden Sommer starb er, fortgetragen von den Wassern des Gelben Flusses.

Beabsichtigte Überschwemmungen

Fahrradwege, schattige Straßen, Restaurants, Musikpavillons, kleine Boote zum Mieten, für eine Stunde oder einen ganzen Tag … Die Chinesen mögen die Ufer des Gelben Flusses. Von Chengchow aus geht man dorthin, macht Spaziergänge und betrachtet den schlafenden Drachen. Ohne auch nur einen Augenblick zu vergessen, dass er im nächsten Sommer wieder erwachen wird. Messlatten erinnern an die Höhe der Überschwemmungen (Rekord: 1998). Und rote Steinhaufen, die gewissen Installationen, wie sie die moderne Kunst liebt, zum Verwechseln ähnlich sehen, zeigen, dass das Volk bereit ist, die Deiche zu reparieren, wenn die Fluten sie zu heftig attackiert haben. Diese Deiche sehen im Übrigen eher wie Befestigungsanlagen aus. Um sie zu beschreiben, muss man zu militärischem Vokabular greifen. Am Ende eines weiten, runden, prunkvoll mit Marmor gepflasterten Platzes erzählt ein langes Relief eine Episode aus dem chinesisch-japanischen Krieg. Darin spielt der Gelbe Fluss eine entscheidende und besonders mörderische Rolle.

Es ist Juni 1938. Die japanische Armee rückt weiter Richtung Süden vor. Gerade hat sie Kaifeng eingenommen. Chengchow, der Hauptknotenpunkt der Eisenbahn, ist bedroht. General Tschiang-Kai-schek beschließt, den Gelben Fluss als letzte Hilfe einzusetzen.

Ich erinnere mich an Flandern. Als ein General keine andere Möglichkeit mehr sah, das Vordringen des Feindes aufzuhalten, öffnete er ein paar Schleusen. Und die Nordsee überschwemmte die Polder. Danach, als sich längst niemand mehr an die Schlacht und noch weniger an das, was dabei auf dem Spiel stand, erinnerte, haben sich die Bauern jahrzehntelang abgemüht, um das zurückgebliebene Salz aus dem Boden zu entfernen.

Tschiang Kai-schek zieht die Karten zu Rate. Er schwankt zwischen mehreren Orten. Am Ende entschließt er sich für die unmittelbare Umgebung des Dorfs Huayuankou, hier in der Gegend. Seit Jahrhunderten, vielleicht seit Jahrtausenden schützt ein Deich es recht und schlecht vor dem Wüten des Flusses.

In der Nacht vom 8. auf den 9. Juni machen sich die Soldaten der Kuomintang ans Werk. Sie haben den Befehl erhalten, die Deiche zu zerstören. Am frühen Morgen des 9. beginnt das Wasser alles zu überfluten. Nichts hält ihm stand. Um die japanische Armee wirklich zu überraschen, sind die lokalen Behörden nicht vorgewarnt worden. Mehr als eine Million Menschen ertrinken (827 000 nach den offiziellen Statistiken). 10 Millionen verlieren alles, Häuser und Felder. Die überschwemmte Fläche ist mehr als 55 000 Quadratkilometer groß, ein Zehntel der Fläche Frankreichs …

Erst 1946 begann man, die Deiche zu reparieren. Um den Sand, den das Wasser herangeführt hatte, aus dem Boden zu entfernen, brauchte es wie in Flandern Jahre und Jahre.

Greenpeace China

Die Nichtregierungsorganisation Greenpeace China verfügt nur über ein einziges offiziell zugelassenes Büro: Hongkong. Aber der «tolerierte» Ableger in Peking zählt schon gut vierzig aktive Mitglieder. Sie treten sich im neunzehnten und letzten Stockwerk eines Hochhauses im Osten der Stadt auf die Zehen.

Vierzig Jungen und Mädchen um die dreißig, alle in studentischer Aufmachung, zu weite Pullover, häufig mit Löchern in den Ärmeln, «politische» T-Shirts (einen Slogan vorne, einen hinten), die Haare der Jungen länger als die der Mädchen. An den Füßen – vorausgesetzt, sie sind zu sehen – Basketballschuhe oder Stiefel. Jeder mit ernster Miene gebannt vor seinem Computer sitzend, wie ein Radiologe vor einem Bild: Er versucht, die Ausbreitung eines Krebsgeschwürs festzustellen, im vorliegenden Fall eine neue ökologische Katastrophe.

Es scheint, dass ein gutes Drittel von ihnen im Bankenwesen gearbeitet hat, ehe sie sich zu Gunsten der Natur engagierten. Es scheint, dass Greenpeace auch Leute ablehnen muss. Jeden Tag kommen Dutzende von Bewerbungen.

Diese Jugend sitzt nicht den ganzen Tag in Büros. Sie begibt sich an Ort und Stelle, um die Fakten zu fotografieren, zu erfragen und aufzunehmen. Auch Y. ist ein ehemaliges *golden girl* der Börse von Shanghai. Sie möchte nicht, dass ich ihren Namen nenne, man weiß nie. Sie zeigt mir ihre letzte Ausbeute, die meine Beobachtungen bestätigt. Dieselben violetten, orangefarbenen oder grünen oder deutlich rosafarbenen Spuren … Ein kleines Beispiel der Vielfarbigkeit des Yangtse auf der Höhe von Chongqing. Y. erzählt mir von ihren Schwierigkeiten bei den Ermittlungen. Die Auslaufrohre der Fabriken münden meistens in der Tiefe. Es ist unmöglich, Proben zu entnehmen. Die Schweinereien verteilen sich. Ungesehen, unerkannt. Niemand kann das schuldige Unternehmen ausfindig machen.

Zum Glück fällt der Wasserpegel gegen April. In dieser Zeit muss man kommen, dann sind die Umweltverschmutzer leichter zu entlarven.

Der schwerste Teil beginnt: sie vor Gericht zu bringen oder sie wenigstens zu zwingen, ihre Praktiken einzustellen. Dennoch glaubt die blutjunge Y. in ihrem hellblauen Schlabberpulli an eine baldige Besserung.

«Das Problembewusstsein wächst. Auf allen Ebenen wird den Leuten klar, dass sie Opfer der Umweltverschmutzung sind oder sein werden. Wissen Sie, wie viele Menschen kein Wasser mehr hatten, weil man Benzol in den Fluss Songhua geleitet hatte? 5 Millionen. Eine ganze Woche lang! Und haben Sie schon mal vom Taihu-See gehört?»

Der westlich von Shanghai im Herzen des übervölkerten Yangtse-Deltas gelegene Taihu-See ist seiner Größe wegen der dritte natürliche Wasserspeicher Chinas. Aus diesem See schöpfen die Wasserwerke, die die Region und vor allem die an seinem Ufer gelegene Stadt Wuxi mit Trinkwasser versorgen.

Im Frühjahr 2007 beginnen die grün-blauen Algen sich zu vermehren, üble Pflanzen, die man in den nördlichen Küstengegenden der Bretagne gut kennt. Diese Algen lieben warme und flache Gewässer. Und sobald sie ihre bevorzugten Nährstoffe – in erster Linie Phosphor und Nitrate – in etwas reichlicherem Maße erhalten, kann niemand mehr ihr Wachstum bremsen. Eine ernste Verseuchung tritt ein. Selbst das aufbereitete Wasser wird für jeden Gebrauch ungeeignet. Im Mai sind deshalb mehr als eine Million Menschen ohne Trinkwasser.

Drei Wochen lang sind die Mineralwasserlager der Supermärkte täglich ausverkauft. Tankwagen machen in den Wohnvierteln ununterbrochen die Runde, um die Bevölkerung mit dem Notwendigsten zu versorgen. Kosten für die Stadt: 10 Millionen Euro.

An höchster Stelle – angefangen bei dem Präsidenten und dem Premierminister – wird man auf den Schaden aufmerksam. Die Verantwortlichen haben genau verstanden, dass diese Katastrophe weitere Katastrophen ankündigt, die politisch immer weniger akzeptabel wären und immer mehr Verluste bringen würden. An öffentlichen Geldern und an Wirtschaftswachstum.

Denn die Verschmutzer des Taihu-Sees musste man nicht lange suchen, es waren die umliegenden Unternehmen: Textilfabriken, chemische Anlagen, Hüttenwerke, Papierfabriken, Brauereien ...

Daher wurde beschlossen, diese notwendigen, aber ungesunden Betriebe so schnell wie möglich umzusiedeln. Und bei einer der Hauptwerften von Shanghai wurden 44 Schiffe bestellt: Da man die Algen nicht daran hindern kann zu wachsen, mäht man sie einfach ab, sobald sie auftauchen, und transportiert sie ans Ufer, um sie zu verbrennen!

Weiter nördlich, in der Bucht von Qingdao (Austragungsort der olympischen Regatten), haben dieselben Ursachen dieselbe Wirkung hervorgebracht: ein von Algen überwuchertes Meer.

Greenpeace China konzentriert seine Aktivitäten auf vier Themen: den Schutz der Wälder, den Kampf gegen toxische Abfälle, die Förderung erneuerbarer Energien und seit neuem die Wasserproblematik.

In Zusammenarbeit mit der SEPA, der staatlichen Umweltbehörde, erstellt Greenpeace in Zukunft jährlich eine nationale Umweltbilanz.

Die Nichtregierungsorganisationen spielen eine wachsende Rolle in China. Vorausgesetzt sie lavieren geschickt zwischen den verschiedenen zuständigen Behörden. Die Dezentralisation hat nicht nur Vorteile. Da die Regierung von Peking aus nicht viel gegen die Eigenmächtigkeiten der lokalen und regionalen Behörden unternehmen kann, stützt sie sich auf die Nichtregierungsorganisationen, um die schlimmsten Umweltverschmutzungen aufzudecken. Noch vor kurzem wurden diese Organisationen von den Unternehmern oder von denen, die von den Unternehmern geschmiert werden, den Bürgermeistern und Gouverneuren, mundtot gemacht. Wenn sie jedoch zu starke Mächte an den Pranger stellen, riskieren sie auch heute noch jede Menge Ärger, angefangen mit ihrer Auflösung.

Das Netz der Nichtregierungsorganisationen trägt wie das der Internet-Surfer (mehr als 300 Millionen) oder das der SMS-Versender zur Entstehung von so etwas wie einer echten öffentlichen Meinung bei. Es wird zunehmend schwieriger werden, sie zu knebeln.

Die Kommunisten haben den Respekt vor der Umwelt immer als eine Marotte der Privilegierten betrachtet. Diesem Respekt wird heute, zumindest in Peking, der absolute Vorrang eingeräumt.

In der Zwischenzeit verschmutzt China weiter, so wie es wächst: hemmungslos. Seine CO_2-Emissionen haben die der Vereinigten Staaten überschritten.

Die Universität der reinen Blumen

An den Garten von Yuanming Yuan, dem alten Sommerpalais, grenzt die hoch angesehene und sehr mächtige Universität von Tsinghua, eine richtige Stadt, in der sich Residenzen, Hörsäle und … private Gesellschaften wie die Future Internet Technology Company, die zur Universität gehören, aneinanderreihen. Der Sitz des Präsidiums befindet sich im hinteren Teil in sehr alten Gebäuden aus Holz. Seltene Pflanzen steigern, wenn das noch möglich ist, das Wohlbefinden. Für diejenigen, die auf genauen botanischen Bezeichnungen bestehen: Es handelt sich zum Beispiel um eine *sophora japonica* und eine *malus sargentii*. Als er das Thema meiner Forschungsreise hört, lächelt der Vizepräsident, Professor Jining Chen:

«Um sich richtig mit dem Wasser zu beschäftigen, sagt das Sprichwort, muss man neun Drachen zu Hilfe rufen …»

Seit einer halben Stunde höre ich ihm zu, wie er seine lange Liste der von der Universität initiierten Programme auf dem Gebiet der Hydrologie vorstellt. Die Bandbreite reicht von der scharfsinnigsten Untersuchung bis zur Schulung der Bürgermeister, und sie wird ständig erweitert, denn Jahr für Jahr erkennt die Regierung mehr, dass die Umweltprobleme höchste Priorität haben.

Plötzlich hält mein Gesprächspartner inne. Er fragt mich, welches meiner Meinung nach und im Rückblick auf meine Reise die schrecklichste Knappheit sei. Ohne zu zögern antworte ich:

«Der wachsende Mangel an bebaubaren Böden.»

Er hebt die Arme zum Himmel. Ein breites Lächeln erhellt sein Gesicht, das bisher konzentriert und beflissen war. Er zieht ein kleines Heft aus seiner Tasche.

«Das ist auch meine Meinung. Im Jahr 2001 besaß unser Land 127 Millionen Hektar. Diese Zahl ist auf 121 Millionen gesunken. Umweltverschmutzung, Erosion, Urbanisation. Im letzten Jahr haben wir trotz unserer Anstrengungen wieder 100 000 Hektar verloren …»

Der Vizepräsident begleitet mich bis zum Portal der alten Gebäude zurück. Er schüttelt mir kräftig die Hand. «Scarcity of land, that is the question.» Er lädt mich ein wiederzukommen. Natürlich verspreche ich es. Dann zeigt er auf den Türsturz aus Holz, auf dem zwei Ideogramme leuchten. Er hebt den Kopf. Glücklicherweise kümmern sich nun die höchsten Regierungsstellen um das Problem. Er übersetzt. «Tsing» bedeutet Reinheit oder Reinheit des Wassers, und «Hua» bedeutet Blume, Wald und auch China …

Die Universität von Tsinghua ist also die Universität der reinen Blumen oder des reinen China oder der Reinheit durch die Blumen.

«Sie sehen, wir haben noch viel zu tun, um unseren Namen zu verdienen …»

VII. Gletscher und Stauseen

Schmelzen die Gletscher?

Wie viele verrückte Leidenschaften hat meine Liebe zu den Gletschern ihren Ursprung in der Unmöglichkeit, dass wir uns treffen, sie und ich. Da ich seit meiner Kindheit an einem krankhaften Schwindelgefühl leide, waren Wege, die an Abgründen entlangführten, für mich tabu. Wie hätte ich, der ich nie in den Bergen war, zu Gletschern gelangen sollen?

Weil ich sie nicht leibhaftig vor Augen haben konnte, verbrachte ich Stunden vor ihren Fotos.

Da kam mir das Meer, die große Kupplerin, unvermutet zu Hilfe.

Ich hatte mich nach Ushuaia eingeschifft. Ziel: Kap Hoorn. Als wir es erreicht hatten, blieben uns noch ein paar Tage. Der Kapitän unseres Schiffes, der *Balthasar*, beschloss, uns im Westen des Beagle-Kanals herumzufahren.

Und dort, o Wunder, stiegen die Gletscher der Darwin-Kordilleren bis zu uns herunter, keine Kletterpartie war erforderlich. Ich konnte mit eigenen Augen ihre leicht blaue Farbe sehen; ihr uranfängliches Krachen und Knirschen hören; mit den Fingern die Spitzen der Eisberge berühren, die auf uns zuglitten. Kurz, meine Liebe nahm Gestalt an.

Seither habe ich nicht aufgehört, möglichst viel über diese riesigen lebendigen Tiere in Erfahrung zu bringen.

Sie vermelden nichts Gutes. Kassandra wäre heute aus Eis.

★

So, wie der Kapitän der *Balthasar*, Bertrand Dubois, Skipper extremer Breiten *und* Hochgebirgsführer ist, so sind die meisten Beobachter der Gletscher Wissenschaftler und zugleich Alpinisten. Diese Befähigungen braucht man, um an kaum erreichbaren Stellen in Höhen, die häufig sechstausend Meter übersteigen, Bodenproben zu entnehmen und alle möglichen Sensoren anzubringen.

Nicht genug, dass sie die Steilwände erklimmen, die Gletscherspäher müssen auch noch die Behörden überlisten. Die Heimat der Gletscher sind die Berge, und die Gebirgsketten sind häufig Landesgrenzen. Die Staaten betrachten die kleinen ausländischen Silhouetten, die sich in ihren Randgebieten bewegen und dort merkwürdigen Beschäftigungen nachgehen, immer mit einem misstrauischen Auge. Bedienen sich diese Eindringlinge nicht des Deckmantels der Wissenschaft, um im Land zu spionieren?

Es gibt wenige Gebiete auf dem Planeten, die so *sensibel* sind wie Tibet und seine Ränder: im Westen Afghanistan, Pakistan (ein beliebter Rückzugsort für Islamisten) und Kaschmir (wo latent Krieg herrscht); im Süden Nepal (eine heute siegreiche «maoistische» Guerilla) und Bhutan (Wasserreservoir der Region); im Nordosten die Provinz Xinjiang, die regelmäßig von den Forderungen der uigurischen muslimischen Minderheit erschüttert wird. Sie können sich vorstellen, wie schwierig es ist, eine Aufenthaltserlaubnis für diese strategisch wichtigen Zonen zu bekommen!

Unsere große Unkenntnis der Himalayagletscher beruht also nicht nur auf deren extremer Höhe und dem strengen Klima.

In Indien zum Beispiel sind nur *acht* Gletscher vermessen. Man muss sich daher hüten, aus Teilkenntnissen voreilige und verallgemeinernde Schlüsse zu ziehen. Dennoch glauben unsere gelehrten Kletterer, die die Anden, die Alpen, den Kilimandjaro oder den Himalaya überwachen, eine vorherrschende Tendenz bestätigen zu können: Seit Anfang des 20. Jahrhunderts, und vor allem seit Ende der 1970er Jahre, gehen die beobachteten Gletscher zurück. Mit anderen Worten, und um endlich auf die zuvor gestellte, beängstigende Frage zu antworten: ja, sie schmelzen. Man kennt nur wenige Ausnahmen, die an ganz spezielle Niederschlagsbedingungen geknüpft sind: in Skandinavien, Neuseeland und dem Osten der Antarktis.

Die Gletscher leben. Es sind riesige, empfindsame und niemals ruhige Tiere. Im Lauf der Zeit haben sie unablässig ihre Gestalt verändert. Vom 10. bis zum 13. Jahrhundert war die mittlere Temperatur auf unserem Planeten um etliche Grade höher als heute. Die Folge: ein allgemeiner Rückgang der Gletscher. Es ist die Zeit, in der die Wikinger ein «grünes

Land» (Grönland) kolonisierten und dort Getreide anbauten. Dann kehrte die Kälte zurück. Die kleine Eiszeit dauerte bis ins 19. Jahrhundert.

Seit Beginn des 20. Jahrhunderts ist eine erneute Erwärmung festzustellen. Auch sie hat ihre Phasen. So hat der allgemeine Gletscherschwund zwanzig Jahre lang (von 1955 bis 1975) eine Pause eingelegt.

Aber das Abschmelzen hat seit 1980 mit einer Geschwindigkeit und in einem Umfang wieder eingesetzt, wie man es bis dahin nicht gekannt hatte.

Ein gefährliches Zeichen!

*

Die Gletscher sind die Wohltäter der Menschheit. Es liegt mir fern, die Rolle des Regens zu vergessen. Durch sein Rieseln füllt er unsere Flüsse und speist das Grundwasser.

Aber die Gletscher zeigen mehr Intelligenz in ihrer Freigebigkeit: Während der kalten Monate wird der gefallene Schnee zu Eis und sammelt sich an. Dieser Vorrat schmilzt und versorgt die Flüsse im richtigen Moment mit der erforderlichen Wassermenge: während der warmen Jahreszeit, wenn die Menschen das Wasser am nötigsten brauchen. Je weiter die Gletscher zurückgehen, umso weniger werden der Menschheit diese großartigen natürlichen Reserven zur Verfügung stehen.

Anstatt den Wasserzufluss das ganze Jahr über zu regulieren, wird der beschleunigte Gletscherschwund dazu beitragen, die extremen Phänomene noch gravierender zu machen. In einer ersten Epoche wird die heftige Schmelze zu Überschwemmungen erheblichen Ausmaßes führen. Und wenn die Vorräte erschöpft sind, werden lange Zeiträume der Trockenheit folgen.

Eine weitere Katastrophe ist zu befürchten: die «Entleerung» gewisser Seen. Moränen bestehen aus Steinen, Felsbrocken und verschiedenerlei Überresten, die die Gletscher mit sich führen. Diese Moränen häufen sich an den Rändern und an der Vorderfront des Gletschers auf und bilden dort richtige Staudämme. Wenn der Gletscher zu schnell abschmilzt, entsteht durch den Moränenwall ein See. Sammelt sich zu viel Wasser darin, gibt der Moränendamm schließlich nach. Auf diese Weise können ungeheure Geröllawinen niedergehen.

Die Stadt Huarez (in Peru) wurde am 13. Dezember 1941 auf diese Weise von der Karte ausradiert (viertausend Tote).

In Nepal hat sich am 4. August 1985 in der Nähe des Mount Everest ein See geleert, weil eine Lawine in ihn stürzte. 100 Millionen Kubikmeter haben ein Wasserkraftwerk zerstört.

In Bhutan gibt es 2500 Gletscherseen, und 24 von ihnen stellen eine große Gefahr dar.

★

Aber Vorsicht! Diese allgemeine Tendenz des Gletscherschwunds wird, sollte sie sich bestätigen, nicht überall dieselben Folgen haben.

Betrachten Sie aufmerksam eine Karte Asiens. Und nun folgen Sie mit dem Finger dem Lauf der Hauptflüsse, die vom Himalaya herabfließen. Im Uhrzeigersinn: der Amou-Daria, der Syr-Daria (Usbekistan), der Gelbe Fluss, der Blaue Fluss (China), der Brahmaputra (China, dann Indien, dann Bangladesch), der Rote Fluss (Vietnam), der Mekong (China, Laos, Kambodscha, Vietnam), der Ganges (Indien) und der Indus (Pakistan).

Diese Flüsse und ihre Zuflüsse und andere weniger bedeutende Flüsse versorgen *mehr als vierzig Prozent der Weltbevölkerung mit Wasser*. Das Wasser kommt zum Teil aus den Gletschern des Himalaya. Wenn sich bestätigen sollte, dass sie schmelzen (vergessen wir nicht den Konditionalis!), müsste man daraus folgern, dass mehr oder weniger die Hälfte der Weltbevölkerung (durch die Austrocknung der Felder) Durst und Hunger leiden wird.

Glücklicherweise ist diese Überlegung das perfekte Beispiel eines Trugschlusses. Sie lässt zwei Dinge außer Acht:

– die Ausdehnung des Himalaya: mehr als 2500 Kilometer von Ost nach West;

– das Phänomen des Monsuns, der im Osten selbstverständlich ist und den es im Westen nicht gibt.

Im nordöstlichen Teil Indiens speisen die Herbstregen die Flüsse zu mehr als neunzig Prozent. An der Mündung des Ganges im Golf von Bengalen tragen die Gletscher nur ein Prozent zum jährlichen Wasseraufkommen bei.[15]

Auf der anderen Seite des Gebirges, im Nordwesten Indiens und in

Pakistan, macht sich der Monsun wenig bemerkbar. Im Sommer kommen die Wasserressourcen allein vom Abschmelzen des gefrorenen Wassers, das sich während des Winters infolge der Schneefälle, die von den Tiefdruckgebieten aus dem Westen herangetragen wurden, angesammelt hat. Auf gleiche Weise wird das Herz des Gebirgsmassivs, die tibetanische Hochebene, versorgt. Wenn die Gletscher schmelzen, werden diese Gebiete immer mehr austrocknen, und der Bevölkerung wird das Wasser fehlen.

Kann man ein besseres Beispiel finden für die unterschiedlichen Entwicklungen, mit denen wir rechnen müssen, und für den regionalen Charakter der drohenden Gefahren? Aller Wahrscheinlichkeit nach wird der Planet insgesamt immer über genug Wasser verfügen und vielleicht, aufgrund der Klimaerwärmung, sogar über noch mehr als heute. Na und? Für die durstigen Bewohner von Pakistan, Kaschmir oder Tibet wird es ein schwacher Trost sein zu erfahren, dass die Kanadier nicht mehr wissen, wie sie des zunehmenden Regens Herr werden sollen.

Wenn ich wieder nach Kalkutta komme, werde ich einige Abstriche an den Verallgemeinerungen von Professor Gosh, meinem Freund aus Kalkutta, vornehmen müssen. Selbst wenn ich befürchte, seine Ängste damit nicht besänftigen zu können, wage ich die Behauptung, dass die Wasserkrise in dieser Region nicht globaler Natur sein wird.

Aber es ist ebenso wahr, dass die ungleiche Verteilung einer so lebensnotwendigen Ressource die Mutter aller Konflikte ist, vor allem, wenn die Bevölkerung jeden Tag zahlreicher wird.

Wie dem auch sei, es scheint höchste Zeit, die Gletscher verstärkt zu beobachten. Sie sind unersetzliche Indikatoren der Klimaentwicklung. Wir wünschen den Wissenschaftler-Bergsteigern ein langes Leben (und bessere Forschungsmöglichkeiten)! [16]

Braucht man Stauseen?

Es gibt 45 000 auf der Welt, davon 22 000 in China. Beinahe zwei Drittel der großen Flüsse der Welt haben einen in ihrem Bett! Sie dienen allen möglichen Zwecken: der Produktion von Energie und Trinkwasser, der Bewässerung der Felder, der Regulierung des Wasserlaufs und dem Schutz vor Überschwemmungen, den nautischen Vergnügungen der erschöpften Menschen …

Und dennoch hasst sie die Mehrzahl der Nichtregierungsorganisationen. Diese werfen ihnen vor:

– *die Umwelt zu zerstören*: Denn sie setzen riesige Gebiete mit einer meist reichen Artenvielfalt unter Wasser; sie bringen den Wasserhaushalt im Unterlauf der Flüsse durcheinander, trocknen Feuchtgebiete aus, bedrohen wandernde Fische; das Wasser, das sie zurückhalten, verdunstet, wird abgebaut und gibt schließlich aufgrund der Biomasse, die es gefangen hält, Methangas ab;

– *die Bevölkerung zu schinden*: Um sie zu bauen, müssen jedes Mal Tausende von Menschen umgesiedelt werden (alleine für die Drei Schluchten 1,5 Millionen), meistens ohne wirkliche Entschädigung oder echte Hilfe, um sich neu einzurichten, und ohne Achtung vor dem überfluteten Besitz, der Heimat, den Kultstätten, den Gräbern der Ahnen … Das stehende Wasser führt zu schweren Krankheiten: Bilharziose, Malaria. Wenn die Dämme nachgeben, gehen die Toten in die Tausende: 15 000 in Indien, als 1979 der Morvi-Staudamm brach. Die Erdstöße verdunkeln das Bild noch mehr. Oberhalb der armen Stadt Dujiangyan, die schon genug unter dem Erdbeben litt, zeigt der Staudamm von Zipingpu Risse. Man wagt nicht, sich die Folgen eines Bruchs vorzustellen;

– *die öffentlichen Finanzen durch unverhältnismäßige Investitionen zu ruinieren*, verursacht durch unsinnige Prognosen: Die Ingenieure planen immer zu groß; gleichzeitig unterschätzen sie häufig die Gewalt des Hochwassers …

Arme Stauseen!

Kann man ihnen alle diese Übel anlasten? Ehe wir sie verdammen, wollen wir die Sache näher untersuchen. Einmal mehr machen wir uns auf die Reise.

Wie ein Inspektor des *Guide Michelin* durchreist Nicolas Fornage die Länder und verteilt gute und schlechte Noten. Mit dem einzigen Unterschied, dass der Arme keine Restaurants, sondern Stauwerke besucht. Sein genauer Titel ist «Leiter der CAES» (Cellule d'appui environnemental et social), des Beraterstabs für Umwelt und Soziales innerhalb der Agence française de développement. Er erweckt nicht den Eindruck, als betrübe ihn dieser düstere Titel. Ganz im Gegenteil, er erzählt einem mit einem gewissen Feuer von seinen Erkundungen.

Mir zuliebe beginnt er mit einer Region, die ich kenne: Westafrika. Als junger technischer Berater im Kabinett des Ministers für Entwicklungshilfe, Jean-Pierre Cot, hatte ich mich 1981 nachdrücklich gegen den Bau der zwei Staudämme von Diama (nahe der Mündung des Senegal) und Manantali (am Fluss Bafing, einem Zufluss des Senegal, tausend Kilometer stromaufwärts) ausgesprochen. Diese beiden pharaonischen Bauvorhaben stellten für mich den Typ des «weißen Elefanten» dar: mehr als nutzlose Anlagen, Zerstörer der Umwelt und der traditionellen kulturellen Praktiken und außerdem Nester der Korruption ...

Nicolas Fornage bedauert, mir sagen zu müssen, dass ich mich damals getäuscht hatte: Die beiden Stauwerke haben alles in allem ihr Versprechen gehalten. Blockade der Salzzunge, die vom Atlantik in den Fluss eindringt. Ausdehnung der Möglichkeiten zur Bewässerung (bisher 100 000 von zu erwartenden 375 000 Hektar Land). Regulierung der Überschwemmungen. Versorgung mit Trinkwasser. Eine beachtliche Stromproduktion dank der Zentrale in Manantali ...

Als der Inspektor der Staudämme meine Verlegenheit sieht, beruhigt er mich:

«In einem Punkt hatten Sie recht: Die Bevölkerung der Ufergebiete zahlt einen hohen Preis für diesen Erfolg. Die Typha, eine Art Schilfrohr, überwuchert alles, blockiert die Schifffahrt, verhindert das Fischen, zieht Vögel an, die die Ernten vernichten. Noch schlimmer, die Fälle von Wasserkrankheiten nehmen zu: vor allem Malaria und Bilharziose.»

Um uns auf andere Gedanken zu bringen, beschließt der Experte, mich ins Zentrum des Kontinents zu führen.

«Willkommen in Uganda! Der Staudamm von Bujagali hat so etwas wie Modellcharakter. Im Weißen Nil errichtet, erzeugt er Strom mit Wasser, das schon andere Staudämme flussaufwärts passiert hat. Die Reserven des Victoria-Sees erleiden also keinen zusätzlichen Wasserverlust. Bujagali, ein bescheidener Staudamm «flussabwärts», hat die Umsiedlung von nur ... 634 Personen erforderlich gemacht. Und für ein Land, in dem nur neun Prozent der Bevölkerung Strom erhalten, ist die Produktion von 250 Megawatt viel wert ...»

Ich habe an diesem Tag so viele Angriffe auf die Stauwerke gehört, dass mir dieses glühende Plädoyer Freude bereitet. Es ist also doch nicht alles schlecht in der großen Wasserökonomie!

Der Chef des Beraterstabs setzt seine Reise um die Welt fort. Wir sind nun im Herzen Asiens. Laos, nahe dem Himalaya gelegen und von mächtigen Strömen durchflossen, verfügt über ein großes hydroelektrisches Potential, das die Bedürfnisse dieses immer noch bäuerlichen und wenig besiedelten Landes weit übertrifft. Sein Nachbar Thailand dagegen ist gierig nach Energie. Ein großer Staudamm im Fluss Nam Theun wird die Möglichkeit eröffnen, 1070 Megawatt Strom zu produzieren, von denen 1000 exportiert werden können. Die verschiedenen Gebühren und Steuern, die dieser Handel einbringen wird, werden 25 Jahre lang bei knapp 30 Millionen Dollar im Jahr liegen. Manna für das so arme Laos! Das Wasser wird ein großes Gebiet beanspruchen: 450 Quadratkilometer. Aber es sind wichtige kompensatorische und begleitende Maßnahmen beschlossen worden. Diese werden es der umgesiedelten Bevölkerung erlauben, ihrer Armut zu entkommen.

«Wir wollen aus diesem Projekt ein *Versuchsfeld guter Praktiken* machen», sagt Nicolas Fornage. «Statten Sie ihm einen Besuch ab, wenn Sie in diese Ecke kommen!»

Ich verspreche es und begrüße den angekündigten Erfolg. Hoch lebe Laos! Hoch lebe die internationale Gemeinschaft! Aber welche niederen Instinkte meiner Natur veranlassen mich, diese Begeisterung abzukühlen, indem ich nach Beispielen des Misserfolgs frage?

Der Chef des Beraterstabs verzieht das Gesicht. Er hebt die Arme gen

Himmel. Ich sehe, dass er leidet. Und ich muss die Ohren spitzen, um das Wort zu verstehen: *Taoussa* im Nigerfluss. In dieser Art Leiden habe ich eine gewisse Erfahrung: Wenn man seine ganzen Kräfte der Entwicklung der Dritten Welt und insbesondere Afrikas widmet, zerreißen einem gewisse Absurditäten das Herz, bald fällt man in Depressionen, bald wird man an den Rand des Zorns getrieben. Ich kenne den Joliba (das ist der Name des Nigerflusses in der Sprache der Mandingos) gut, ich bin ihn häufig mit meinem Reisegefährten, Joël Calmettes, in der Piroge hinauf- oder hinuntergefahren. Wir haben von ihm sogar ein Filmporträt gedreht.

Ein riesiger Fluss: 4184 Kilometer, ein törichter Fluss: Warum fließt er nach Norden und legt sich mit der Sahara an, anstatt direkt das Meer zu suchen, wie alle vernünftigen Flüsse der Region? Ein langsamer Fluss, weil er in der geringen Höhe von achthundert Metern entspringt. Ein schwächlicher Fluss, bedroht von einer fürchterlichen Sonne, die ihn verdunsten lässt, und vom Sand, der die Oberhand behält. Ein unentbehrlicher Fluss, die einzige Lebensquelle für eine der ärmsten Regionen der Welt.

Seit vierzig Jahren sind drei Staudammprojekte in der Diskussion: Fomi, Kandadji und Taoussa. Was das erste anbelangt, stimmen die Experten überein: ein gutes Vorhaben. An dem zweiten zweifeln einige. Über das dritte herrscht Einigkeit: Es wäre ein Desaster.

Taoussa, östlich der Kehrtwendung des Nigers, unweit der Stadt Gao …

Mit tonloser Stimme resümiert Nicolas Fornage die Fakten:

– ein Stausee mitten in der Wüste, also eine ungeheure Verdunstung: 2750 Kubikmeter im Jahr, so viel wie die gespeicherte Wassermenge;

– eine beträchtliche Verringerung des Durchflusses in den Ländern flussabwärts (Niger und Nigeria) und also ihrer Möglichkeiten der Stromerzeugung;

– die Umsiedlung von 25 000 Personen;

– ein hohes Risiko der Versalzung in den bewässerten Gebieten.

In Kenntnis dieser unwiderruflichen vorausschauenden Bilanz haben die Minister dieses Gebiets am 26. Juli 2007 beschlossen, den Taoussadamm … unverzüglich zu bauen!

Da ich das politische Räderwerk etwas kenne, ahne ich ihre Motivation: Wahlabsprachen, die Hoffnung, die Tuaregs vor Ort zu beruhigen, die Aussicht auf eine feierliche Einweihung …

So zog ich es vor, nicht weiter zu insistieren. Ich legte dem Chef des Beraterstabs eine brüderliche Hand auf die Schulter und machte mich auf leisen Sohlen davon.

Offensichtlich gibt es gute und schlechte Stauwerke. Wie immer bereiten beim Wasser Verallgemeinerungen denjenigen Vergnügen, die Vereinfachungen lieben; diese sind ein Nährboden für Militantismus, entbehren jedoch jeder Stichhaltigkeit.

Zehn Jahre lang, zwischen 1993 und 2003, hat die Weltbank als Reaktion auf die Kritik jede Finanzierung eingestellt. Zeit, um einen Prinzipienkatalog zu erstellen, den die neuen Bauvorhaben heute respektieren müssen. Leider pfeifen einige Schwellenländer auf diese Vorschriften. Je höher die Ölpreise steigen, umso rentabler sind Staudämme. Die Projekte schießen aus dem Boden. Chinesische oder thailändische Privatunternehmen haben in Laos zum Beispiel den Nam Hou und den Nam Ngum II gebaut. Das Freundlichste, was man darüber sagen kann, ist: Ihre Forderungen an die Gesellschaft und die Umwelt sind nahezu gleich null.

VIII. Der Jordan ist tot, es lebe die Entsalzung (Israel)

Der Jordan
LIBANON
Hermon-Massiv
SYRIEN
GOLAN
Jarmuk
See Genezareth
Haifa
Qishon
Mittelmeer
Jenin
Jordan
Nablus
Tel-Aviv
WEST-JORDANLAND
Amman
Jericho
Jerusalem
Ashkelon
GAZA
PALÄSTINA
Hebron
Hedan
Gaza
Rafah
Beerscheba
Totes Meer
Besor
Sekher
N
S
ISRAEL
Wadi el Arish
Sede Boqer
JORDANIEN
NEGEV
ÄGYPTEN
Petra
Paran
Hiyon
Wadi el Arish
Elat
Aqaba
SINAI
Golf von Suez
Golf von Aqaba
SAUDI-ARABIEN
Katharinenkloster
Rotes Meer
0
50 km

Galiläa und die Golanhöhen

Und plötzlich, wenn man die Stadt Tiberias durchfahren hat und sich auf der Straße 90 der Front nähert, während jeder Ortsname an Kämpfe erinnert, überkommt einen, entgegen aller Erwartung, ein Gefühl des Friedens. Überall hatte man gespürt, dass Israel Krieg führt, Krieg ums Überleben, Krieg um das Recht auf Anerkennung, Krieg um die Sicherheit, Krieg um den Boden, Krieg ums Wasser. Ein ewiger Kampf, um der Glut der Sonne zu entkommen, um das Austrocknen zu vermeiden, um nicht in die Wüste zurückzukehren. Und nun könnte man in diesem äußersten Norden, obwohl er von allen Seiten bedroht wird, auf den Gedanken kommen, Israel lasse die Waffen sinken. Denn hier gibt es Wasser, überall, es ist da, ohne dass man darum kämpfen müsste, ohne riesige Anlagen, um es zu entsalzen, ohne Netze von Kanälen, soweit das Auge reicht. Hier gibt es Wasser, die Natur ist grün, obwohl es seit sieben Monaten nicht geregnet hat, die Luft ist feucht, große Ballen Baumwolle, abgedeckt mit blauen Planen, warten am Rand eines Feldes. Hier und da picken Silberreiher. Der Nebel steigt im Schilf auf.

Kein Soldat, kein Panzer. Die einzige Spur von Gewalt ist jener Wildschweinkadaver, der am Straßenrand auf ein würdigeres Grab wartet.

Der Reichtum Galiläas ist nicht neueren Datums. Schon im Deuteronomium wird das glückliche Land besungen, «ein Land, darin Bäche und Brunnen und Seen sind ... ein Land, darin Weizen, Gerste, Weinstöcke, Feigenbäume und Granatäpfel sind, ein Land, darin Ölbäume und Honig wachsen; ein Land, da du Brot genug zu essen hast» (5. Mose 8,7-9).

Kiryat Shmona. Rechts abbiegen. Die Straße heißt von nun an 99. Je mehr wir uns der Grenze nähern, umso weniger können wir einander verstehen: Es werden immer mehr Flüsse, das plätschernde Geräusch des Wassergeriesels übertönt die Stimmen. Unter all den touristischen Einrichtungen empfehle ich das Kibbuz-Restaurant Dan. Ein Holzbau, den man für eines jener in Japan so beliebten traditionellen Lokale halten könnte. Man isst auf dem Wasser. In einem benachbarten Schuppen werden die Forellen gezüchtet. Die Anwesenheit zahlloser Enten unterhält die Kinder und nährt meinen Zweifel: Wie soll ich glauben, dass ich mich in diesem Augenblick im Herzen einer der umkämpftesten Regionen des Planeten befinde? Die Natur besitzt oft eine Ruhe oder eine Gleichgültigkeit, die die Aufgeregtheit der Menschen beschämt.

*

Die Straße 99 verlässt nun dieses glückliche Tal und beginnt anzusteigen. Von 1949 bis zum Krieg von 1967 verlief hier die israelisch-syrische Grenze, genau am Beginn des Abhangs. Davon ist heute nichts mehr zu erkennen. Aber je höher man fährt, desto klarer steht einem vor Augen: Wer die Golanhöhen besitzt, hat alles Wasser Galiläas in seiner Gewalt, das heißt, die wichtigste Lebensquelle Jordaniens und Israels. Die Kreuzritter haben dies gewusst: Die Festung, die sie auf einem Gipfel errichteten, beherrscht auch heute die Landschaft.

Die Straße, die immer weiter ansteigt, führt zu einem Wald, in dem sich der Nebel verfängt. Bald wird man nichts mehr erkennen. Dies ist der Augenblick, um am Straßenrand anzuhalten und zurückzuschauen. Jeder weiß, dass zwischen zwei Regengüssen ein blendendes, gelbliches Licht die Durchsichtigkeit der Luft steigert. Wie getragen von diesem Licht wandert das Auge ohne jede Anstrengung bis in Fernen, die ihm normalerweise unerreichbar sind. Hier, direkt gegenüber, sind die Felsen, hinter denen sich die Hisbollah verbirgt. Dort, rechter Hand, Richtung Norden, ist die Lücke, die sich zum Libanon öffnet; zum Süd-Libanon, in dem der Fluss Litani, das Objekt vieler Begehrlichkeiten, fließt: Schon Ben Gurion und dann Moshe Dayan haben die Idee verfochten, Israel müsse an dessen Ufern präsent sein, um diese Wasserressource zu kontrollieren. Blicken Sie langsam weiter in die Runde. Hier ist das imponierende Massiv des Berges Hermon. Hier das große Syrien, ganz nah, sehr hoch. Man braucht nur zu schauen. Die Landschaft ersetzt einem eine geopolitische Unterrichtsstunde.

Leider reicht mein armseliger Blick nicht bis zur Türkei, aber wie sollte man nicht an sie denken? Das Taurusgebirge, das sich vom Mittelmeer bis nach Armenien erstreckt, ist das größte Wasserreservoir des Nahen Ostens. Im Vergleich dazu sind die Golanhöhen von geringer Bedeutung. Im Taurusgebirge entspringen insbesondere der Tigris und der Euphrat. Die Etymologie trifft sich hier mit der Geografie: Was ist Mesopotamien anderes als das Gebiet zwischen («mesos») diesen beiden Flüssen («potamoi»)?

Die Türkei, Herrscherin über das Wasser, hält die Region in ihrem Griff.

Da ihre Beziehungen zu Israel gut sind, hat sie vorgeschlagen, ihm jedes Jahr 50 Millionen Kubikmeter Wasser zu überlassen, das entweder in riesigen Tankern oder in von Schleppern gezogenen Wasserschläuchen transportiert werden sollte. Ein anderer Plan bestand darin, ihm einen Fluss ... zu verkaufen, den Seyhan oder den Ceyhan, die alle beide in den Golf von Iskenderun münden. Dort sollte er von einer großen, einer riesigen Kanalisation aufgenommen werden. Der größeren Sicherheit halber sollte sie unter dem Meer verlegt werden und erst auf der Höhe von Haifa wieder auftauchen.

Voraussichtliche Ausbeute: mehr als eine Milliarde Kubikmeter pro Jahr. Kosten: mehr als eine Milliarde Dollar.

Da dieses pharaonische Projekt im Augenblick in den Schubladen ruht, wollen wir wieder zur Sache kommen.

★

Für gewöhnlich sind Bergbewohner friedliche Menschen. Und das hat seinen Grund. Um dem Wahnsinn und der Gewalt der Ebene zu entgehen, haben sie sich trotz der Unbequemlichkeit entschlossen, in die Berge zu flüchten, auf Böden, die schwer zugänglich und schwer zu bewirtschaften sind.

Wenn die Drusen den Frieden lieben (was im Übrigen noch zu beweisen wäre), dann haben sie es schlecht getroffen. Das kleine Stück Orient, das ihnen als Heimat dient, wird von so vielen Konflikten geschüttelt, dass sie sich, egal wie hoch ihre Wohnstätten liegen, in alle Kämpfe verwickelt sehen.

Das Dorf Masadah im äußersten Nordosten Israels macht da keine

Ausnahme. Man muss dazu wissen, dass es die syrische Grenze berührt, Galiläa überragt, und dass man von dort, wenn man sich ein wenig vorbeugt, den ganzen Süden des Libanon überblicken kann.

Die Bedrohung scheint den Optimismus dieser Drusen nicht zu bremsen. Im Moment baut man so viele Häuser in Masadah, dass dieses verlorene Dorf bald doppelt so bedeutend sein wird.

Das traurige Schicksal des Jordan

Ahnt der Jordan das Schicksal, das ihm bestimmt ist? Er verlässt den See Genezareth im Süden in aller Ruhe und ergießt sich in ein Bett, das mit großen Eukalyptusbäumen gesäumt ist. Eine Menschenmenge erwartet ihn am Westufer. Der Fluss ist in keiner Weise beunruhigt: Die Menge scheint von den besten Absichten beseelt zu sein. Wenn er sich ein wenig über seinen Rand erheben könnte, würde der Jordan Reihen von Autos auf einem Parkplatz und drei langgestreckte Boutiquen sehen, die ebenso überfüllt mit Souvenirs wie mit Liebhabern dieser Souvenirs sind. Ein Zulauf, der seinem Ego eigentlich schmeicheln müsste. Männer und Frauen, etwa zehn Personen, sind aus der Menge herausgetreten und nacheinander unter Beifall ins Wasser gegangen. Sie tragen lange, weiße Messgewänder. Die Kräftigsten haben es gewagt zu schwimmen. Die anderen sind wohlweislich am Ufer geblieben.

Eine etwas weiter entfernte Gruppe zeigt kein Interesse an diesem rituellen Badefest. Es sind offensichtlich Brasilianer. Eine Frau, hoch in den Sechzigern, trägt ein T-Shirt in Grün und Gelb, Farben, die man von Fußballfans kennt. Sie betet. Oder vielmehr, sie psalmodiert eine glühende Rede, in der das Wort «Halleluja» immer wiederkehrt:

«Consolaçao … todos juntos … alleluia … solidriedade … alleluia … nosso senhor … alleluia.»

Sie redet mit einem Feuereifer und in einem Tempo, die eines Sportreporters würdig wären. Um die Predigerin herum wiederholt man ihre Worte im Chor, hebt die Arme in den Himmel und schlägt sich an die

Brust. Ein junges Mädchen vergießt heiße Tränen. Fette Fische, irgendeine Welsart, drehen ihre Runden vor den Brasilianern, als wollten sie sich informieren. Als diese mit ihrer Litanei fertig sind, ziehen sie kleine Flaschen aus ihren Taschen, knien sich nieder und füllen sie mit heiligem Wasser.

Drei Kilometer weiter ist der Jordan verschwunden. Große Rohrleitungen haben ihn verschlungen. Von dem legendären Fluss bleibt nur ein kleiner Bach, der verloren zwischen dem Schilf nach Süden fließt.

Gesegnet sei Johannes der Täufer!

«Und es begab sich zu der Zeit, dass Jesus aus Galiläa von Nazareth kam und ließ sich taufen von Johannes im Jordan. Und alsbald stieg er aus dem Wasser und sah, dass sich der Himmel auftat, und den Geist gleich wie eine Taube herabkommen auf ihn. Und da geschah eine Stimme vom Himmel: ‹Du bist mein lieber Sohn, an dem ich Wohlgefallen habe›» (Mark. 1,9–11).

Ohne die einträglichen touristischen Aktivitäten, die die Erinnerung an das Evangelium mit sich bringt, könnte man viel darauf wetten, dass das Leben des Jordan in Tiberias, im See Genezareth, sein Ende gefunden hätte. Die großen Rohre hätten direkt im See begonnen. Das tun im Übrigen andere, noch größere Rohre. Sie versorgen den Kanal, der Israel bewässert. Der Jordan verdankt Johannes dem Täufer, und ihm allein, sein kurzes Überleben.

⋆

Um das traurige Schicksal des Jordan zu verstehen, muss man die Hauptstraße (unsere geliebte 90) verlassen und hinter der kleinen Ortschaft Rehov links auf eine bescheidenere Straße (Nr. 667) einbiegen, die ins Gebirge hochführt. Auf dem höchsten Punkt (der wahrscheinlich nicht höher als fünfhundert Meter liegt) stehen ein paar Tische und Bänke, um Familien ein bequemes Picknick angesichts eines Ausblicks zu ermöglichen, der ebenso schön wie aufschlussreich ist.

Von dem legendären Fluss ist keine Spur mehr zu sehen, ausgenommen eine Baumreihe, die, soweit ich weiß, auch die Grenze zu Jordanien markiert. Stattdessen ist das Tal gesprenkelt mit Wasserstellen: alles Speicher, aus denen die umliegenden Felder ihr Wasser schöpfen. Was wird für das Westjordanland übrigbleiben, das nicht weit von hier, dort hinten rechts, beginnt? Im Nebel erkennt man eine Stadt, es muss Jenin sein.

Ein Radfahrer rast an uns vorbei. Der Anstieg, so steil er war, scheint ihn kaum geprüft zu haben. Unter dem rosa fluoreszierenden Schutzhelm sind seine Haare weiß. Die Geopolitik des Wassers ist offensichtlich nicht seine vorherrschende Sorge. Er legt sich in die Kurven der Abfahrt Richtung Afula. Vielleicht führt ihn seine Rennstrecke heute noch nach Nazareth?

Entsalzen

«Water, water everywhere and not a drop to drink ...»

Wir sind alle Seemänner von Coleridge. Karten und Satelliten beweisen es eindeutig: Unser Planet Erde müsste sich eigentlich Meer nennen, so großen Raum (71 Prozent) beanspruchen die verschiedenen Ozeane und anderen Gewässer wie das Mittelmeer oder das Kaspische Meer. Und vierzig Prozent der Weltbevölkerung wohnt weniger als siebzig Kilometer von einer Meeresküste entfernt. Das Wasser umgibt uns, aber dieses Wasser können wir nicht trinken. In den 50er Jahren beschloss Alain Bombard, dies in einem Selbstversuch zu widerlegen. Er wollte damit beweisen, dass ein Schiffbrüchiger auf einem Boot überleben kann.

Vierzig Kilometer südlich von Tel-Aviv: die Stadt Ashkelon. Dort entsalzen an der Küste zwei von der französischen Gesellschaft Veolia gebaute Zwillingsanlagen unermüdlich das Mittelmeer. Die tägliche Produktion: 350 000 Kubikmeter Trinkwasser, das heißt 110 Millionen pro Jahr, das heißt der Bedarf von eineinhalb Millionen Menschen.

Der Himmel ist blau und der Ingenieur sehr gesprächig. Aber ich stelle alle möglichen Fragen, von denen viele zweifellos dumm sind. Da hält mir der Ingenieur einen Schutzhelm hin. Vielleicht hofft er, dass ich seine Erklärungen damit besser verstehen werde?

1. Pumpen: Drei Rohre tauchen ins Meer und fangen in einem Umkreis von einem Kilometer das Wasser auf. Wir können unbesorgt sein: Fische werden nicht mitgefangen. Die Kameras, die die Öffnungen dieser Rohre ständig überwachen, sind unbestechlich. Fünf Pumpen liefern der Anlage pro Stunde 35 000 Kubikmeter.

2. Grob säubern: Das Meerwasser ist nicht sauber. Ehe man es durch die Membranen schickt, muss es von den verschiedenen Schmutzpartikeln, die es mit sich führt, befreit werden: Eine Reihe von Filtern (zuerst für den Sand, dann für den Kohlenstoff) übernimmt diese erste Wäsche. Im Wasser bleiben dann noch Salz und Bor.

3. Unter Druck setzen (jede Energieverschwendung vermeiden): Der folgende Prozess braucht Kraft: Das Wasser muss unter einem Druck von mindestens 70 atü durch Membranen gepresst werden. Dieser Druck wird durch eine Station erzeugt, die in die Anlage integriert ist.

Aber Energie ist teuer, wie man weiß, und ihr Preis hat keinerlei Aussicht zu sinken. Man muss also sparsam damit umgehen, gewiss, aber man muss sie auch zurückgewinnen. Dies ist die Funktion des «Systems ERD», das für mich ein Geheimnis bleiben wird.

4. Fein reinigen: Was ist eine Membran? Die Biologie liefert uns das Vorbild. Ohne Membrane würden Lebewesen nicht leben. Die Membrane sind intelligente Grenzen. Sie lassen das Nützliche durch und halten das Schädliche zurück.

5. Remineralisieren: Zu rein! Wenn das Wasser die Membrane passiert hat, ist es zu sauber. Ich hätte fast geschrieben: zu leer. Man fügt ihm also gewisse Bestandteile hinzu, die der Körper braucht: Calcium, Magnesium …

Erst nach dieser letzten Behandlung, auf die noch weitere Kontrollen folgen, wird das Meerwasser in die Verteilungsnetze geleitet.

Ich habe Ashkelon voll Stolz auf unser Menschengeschlecht verlassen, das in der Lage ist, so tolle Ingenieure hervorzubringen, die von einem ungetrübten politischen Optimismus strotzen. Nur wenig fehlte, und ich hätte in meinem eigenen und im Namen meiner Kinder alle Leute, die mir in der Industriezone begegneten (es waren wenige, und vor allem bewaffnete Soldaten, die ein solcher Überschwang gewiss erschreckt hätte), umarmt. Wenig fehlte, und ich hätte das Pulverfass Gaza vergessen, obwohl es so nahe war (zehn Kilometer!). Hätte die Wasserfrage, die Quelle so vieler vergangener, gegenwärtiger und zukünftiger Konflikte in dieser Region, in naher Zukunft gelöst gesehen! Hätte ohne weitere Probleme jene Männer und Frauen – fast die Hälfte der Bevölkerung dieses Planeten –, die in der Nähe des Meers leben, mit Wasser versorgt gesehen!

Sowie meine Vernunft Schritt für Schritt zurückkehrte, schob ich meine Begeisterung beiseite und wandte mich, in Tel-Aviv angelangt, wieder meinen Nachforschungen zu. Vor dem Treffen mit den Experten des Umweltministeriums sah ich meine Unterlagen zu den Entsalzungsanlagen auf der Erde noch einmal durch. Ich rief mir die Zahlen ins Gedächtnis zurück: täglich 47 Millionen Kubikmeter Trinkwasser, das aus dem Meer gewonnen wird! Eine, wie es scheinen mag, beträchtliche Menge, die jedoch nur 0,45 Prozent des täglichen Süßwasserbedarfs auf dem Planeten darstellt.

Gewissenhaft betrachtete ich noch einmal die Schemata der beiden Verfahren: der Umkehrosmose, des Gebrauchs von Membranen, wie in Ashkelon; und der Destillation, der guten alten Methode, die auf Schiffen angewandt und laufend verbessert wird, selbst wenn sie mehr Energie verbraucht.

Kurz zusammengefasst: Wenn man Öl hat, wählt man die Destillation, wie neunzig Prozent der Anlagen im Golf. Anderswo, wo man gezwungen ist, sparsamer mit der Energie umzugehen, zieht man die Umkehrosmose vor.

Ein weiteres Mal schlief ich mit einer Weltkarte vor Augen ein.

Kaum habe ich sein Büro betreten, zeigt der Direktor für Wasser mir seine jüngste Publikation, die sich mit den Ausscheidungen beschäftigt, welche meine Zwillingsanlagen von Ashkelon ins Mittelmeer entlassen.

«Unsere Schlussfolgerungen sind vorläufig. Unsere Erhebungen sind noch unzureichend. Da ist das Salz, gewiss, das in sein Element zurückkehrt, wo es sich dank der Strömungen rasch auflöst. Zum Glück haben sich unsere Politiker für die Umkehrosmose entschieden: Die Destillation scheidet neunmal mehr Salzlake aus. Ebenso können wir das Vorhandensein verschiedener chemischer Rückstände feststellen und auch – man muss schließlich die Installationen reinigen, nicht wahr? – von Metallpartikeln, denn die Anlagen rosten, stellen Sie sich vor! Aber das ist nicht das Schlimmste ...»

Er hat sich erhoben, und gemeinsam schauen wir eine stark vergrößerte Luftaufnahme des Gazastreifens an.

«Sehen Sie diesen kleinen runden Fleck? Es ist ein Abwasser-Rückhaltebecken. Es hat bereits undichte Stellen. Und die Bombenangriffe machen die Sache nicht besser. Wenn sich eine Kloake von mehreren 10 Millionen Kubikmetern ins Meer ergießt, werden unsere Filter und unsere reizenden kleinen Membrane Arbeit bekommen ... Man hat mir erzählt, dass Sie die Strömungen lieben, aber die Strömungen können nicht alles in Ordnung bringen!»

Andere, diskretere Unterhaltungen (mit Militärs) haben mir erlaubt, den angeblichen Wundercharakter der Entsalzung zu relativieren.

Erstens, die Wunderlösung ist nicht zu übersehen: Es gibt nichts Indiskreteres als eine Entsalzungsanlage. Die verschiedenen Behandlungen des Meerwassers und die Stapelung der Membranenröhren nehmen riesige Räume ein, das bedeutet imposante Gebäude, die schwer zu verbergen sind, weil sie notwendigerweise in unmittelbarer Nähe des Meers liegen. Es gibt kaum bessere Zielscheiben für Terroristen! Wenn alle fünfzig bis sechzig Kilometer neue Stationen gebaut werden, wird der israelische Küstenstrich eine der verwundbarsten Zonen des Landes.

Zweitens, die Wunderlösung ist gierig: Um das Salzwasser durch die Membrane zu pressen, braucht es einen sehr hohen Druck. Die Erzeugung dieses Drucks erfordert viel Energie. Deshalb ist eine Entsalzungsanlage immer an ein Elektrizitätswerk gekoppelt. Dieses frisst Kohle, Öl, Gas ... und, warum nicht, Uran.

Ich diskutiere gerne mit Militärs, weil sie im Allgemeinen die Geografie kennen. Aber auch, und vor allem, weil sie Sinn für Differenzierungen haben.

«Sind Sie sich wirklich sicher, dass Sie alle Energiefragen, die sich durch die Entsalzung stellen, im Kopf haben, Monsieur Orsenna?

a) Energie ist teuer. Weniger teuer bei der Umkehrosmose (der Kubikmeter 0,40 bis 0,80 Euro) als bei der Destillation (0,70 bis 1,90 Euro), aber auch das ist Geld. Und irgendetwas sagt mir, dass sich das nicht ändern wird!

b) Die fossilen Energien erzeugen CO_2. Sie waren in Australien. Sie haben bestimmt von der Anlage in Perth gehört. Es ist eine Windanlage (*wind farm*), anders gesagt, ein großes, sehr großes Feld mit Windrädern, die die Energie liefern. Bravo! Aber Australien ist groß. Wo sollte ich diese Windradanlage hinstellen auf dem Taschentuch, das Israel ist?

c) Uran. Man sagt mir, dass die zivile Nutzung der Atomenergie nichts, überhaupt gar nichts mit der militärischen zu tun hat. Glauben Sie wirklich an die Unmöglichkeit des Wechsels von der einen zur anderen?»

Die Universität in der Wüste Negev

Die Entfernungen mögen noch so kurz sein, mir kommt es vor, als führen wir schon stundenlang. Vielleicht hat unser Wagen, ohne uns zu warnen, den Raum verlassen? Vielleicht fährt er in der Zeit zurück? Es scheint, als führte die Straße (Nr. 40) an den Orten entlang, an denen Abraham, ja, der Abraham der Bibel, seinerzeit Brunnen gegraben hat. Einmal halten wir an einem Café-Basar mit Namen *Na'h Lah Haasli*, was so viel heißt wie «die echte Palme». Dort findet man alles: Getränke, Proviant, Rückspiegel, Kalaschnikows in Plastik (für die Kinder), aber keine Spur von besagter Palme. Vor der Tür diskutieren drei Beduinen, ihre Bank sind Autositze. Wahrscheinlich wohnen sie dort oben auf der Anhöhe in einer jener Wellblechbaracken, die auf bessere Tage warten. Sie scheinen von der Viehzucht zu leben; aber wo sind die Tiere?

Ich habe schon immer das Wort «trocken» geliebt, und noch mehr seine optimistische Variante, die ein klein wenig Hoffnung lässt: «halbtrocken». Um hier Hoffnung zu sehen, braucht man gute Augen, die ich nicht habe: Der Staub wetteifert zu sehr mit den Steinen. Tiefe Rillen,

Miniaturcanyons, zerfurchen den Boden. Ein Beweis dafür, dass manchmal Wasser fließt. Kleine neue Ortschaften tauchen hier und da hinter Straßenbiegungen auf. Um die fünfzig ganz neue Häuser mit zwei oder drei Stockwerken. Manchmal ein paar Bäume, ein Pfeil weist den Weg zu einem See, ein Schild kündigt einen «Freizeitpark» an. Und erneut Sand, Steine, in der Ferne Hügel, eine Mauer von Hügeln. Dann warnt ein anderes Schild: «Beware of camels» («Vorsicht, Kamele»).

Endlich Sede Boqer.

«Warum baut man hier mitten in der Wüste eine Universität?»

«Weil Ben Gurion, der Gründer unseres Landes, gesagt hat: ‹Israel besteht zu einem Drittel aus Wüste. Wenn Israel die Wüste nicht bezwingt, ist Israel tot.› Ben Gurion war oft unweit von hier in einer Hütte zum Meditieren. Dort wollte er auch begraben werden. Unser Staatsgründer liebte die Wüste. Und Ben Gurion hatte recht: Die Wüste enthält Schätze, die die Schätze Israels sind oder sein sollten. Sie kommen aus Tel-Aviv? Dort unten ist es etwas anderes!»

Professor Sammy Boussiba, geboren in Casablanca, mit einem offenen, lachenden Gesicht, einst gutgebaut, heute mit einem deutlichen Bauchansatz, hat es ebenfalls eilig. Ein anderer Termin erwartet ihn. Seine Botschaft ist im Übrigen sehr einfach: Die Algen werden den Planeten retten. Eine halbe Stunde reicht aus, um sich davon zu überzeugen: Es genügt, sein Labor im Eilschritt zu besichtigen.

«Bei der Entstehung der Erde, im allgemeinen Ozean, ich meine in der Ursuppe, gab es bereits Algen, ganz einfache Organismen, von denen wir alle abstammen; der Affe kam erst sehr viel später. Können Sie mir folgen? Sehr gut! Wir hier haben beschlossen, zu diesen Anfängen zurückzugehen. Sind Sie bereit zur Reise? Ausgezeichnet! Betreten Sie diese Halle. Sehen Sie diese zwanzig Plastiksäcke? Sehen Sie das grünliche Gemisch? Das sind Algen. Wir verwenden sie zunächst, um Fische damit zu füttern. Kennen Sie den Vorteil der Aquakultur? Sie verbraucht unter allen Fischzuchtarten das wenigste Wasser: Die Tiere bleiben in ihrem natürlichen Milieu.»

Professor Boussiba redet immer schneller, er beschleunigt seine Schritte, er überspringt einige Stufen.

«Gehen wir nun in Halle Nummer 2 …»

Hunderte von Aquariumfischen warten mit weit aufgesperrten Mäulern auf ihre Nahrung.

«Auch wenn der Verkauf dieser bunten Tiere schon eine nicht zu unterschätzende Einnahmequelle bedeutet, haben wir doch noch Wichtigeres mit ihnen vor. Stoßen Sie die nächste Tür auf. Hier mästet man die Fische, immer dank der Algen und immer im brackigen Wasser der Wüste, in der grausamen Absicht, sie zu essen. Diese Becken enthalten Salzwasser verschiedener Herkunft. Wir vergleichen die Entwicklung der Bruten. Salzmangel (oder Salzüberfluss) hemmt das Wachstum. Andere Tierchen mit dem reizenden Namen *Rote Tilapia* sind mit der Reinigung betraut: Diese Fische, verliebt in die Sauberkeit und nicht von ihrer Aufgabe abzubringen, verschlingen mit gutem Appetit alle Ausscheidungen der anderen.

Halle 6 kümmert sich auch um die Reinigung, aber in einer ganz anderen, beschaulichen und kultivierten Atmosphäre, die man japanisch nennen könnte. Es ist eine mit gelben Seerosen bedeckte Wasserfläche. Diese Wasserpflanzen haben den doppelten Vorteil, eine Kundschaft zu interessieren, die bereit ist, zehn Dollar pro Stück zu bezahlen, und das Wasser dank besonders aktiver Wurzeln zu reinigen. Während sie diese Arbeit verrichten, verschlingen andere, diesmal winzige Fische die Mückenlarven, ehe sie Schaden anrichten können.»

Der Rundgang endet im Freien, auf einem Feld. Dort wachsen Sträucher, die mit dem Wasser gegossen werden, das die Seerosen in ihrer Güte sorgfältig gewaschen haben. Diese Sträucher, deren Name ein Geheimnis bleibt, bringen eine Nuss hervor. Und diese, einmal zermahlen, setzt ein Öl frei, das im Hinblick auf die Nützlichkeit dem Dieselöl nahekommen dürfte …

Ganz offensichtlich ist Israel in Sachen Wiederaufbereitung ein Genie. Ich erinnere mich an die Expertengruppe, deren Weg ich in Sydney gekreuzt habe. Die Académie française möge mir verzeihen: Hoch lebe *Water Re-Use*!

Professor Boussiba zufolge haben die Algen noch nicht einmal ein Tausendstel ihrer Geheimnisse preisgegeben. Schon jetzt stellt sein Forschungszentrum Konzentrate von Vitaminen und Omega-6 her, die für alle diejenigen von Bedeutung sind, die mit einer gewissen Aussicht auf

Erfolg gegen das Alter ankämpfen wollen. Aber der große Durchbruch könnte die Entdeckung einer schlagkräftigen Waffe gegen die Malaria sein: eine Wunderalge. Man brauchte sie nur in einen Tümpel einzupflanzen, und schon würde sie alle Mückenbabys vergiften …

Professor Boussiba reibt sich die Hände. Seine Heimatstadt Casablanca wird stolz auf ihn sein. Das Zentrum, das er leitet, wird demnächst viel Geld erhalten …

Aber an seinem etwas überlegenen Lächeln lässt sich leicht erkennen, dass sein Ehrgeiz weiter geht. Tatsächlich will er nicht weniger, als der Schöpfung eine neue Richtung geben oder sie zumindest vervollständigen. Gott hat die «Ursuppe» erschaffen, in der die Algen entstanden, aus denen die Lebewesen hervorgingen, aus welchen sich nach und nach der Mensch entwickelte. Professor Boussiba und sein Team wollen einer neuen Entwicklung den Weg öffnen, sie wollen dem großen Strom Evolution einen neuen Flussarm geben! Von derselben Quelle, demselben Ursprung ausgehend, werden sie andere Algen entwickeln, die sie in den Dienst der Kinder der ersten Algen (ich spreche von uns, den Menschen) stellen werden.

«Und nun wollen Sie mich bitte entschuldigen, ein Treffen mit mexikanischen Kollegen erwartet mich. Sie haben offenbar Probleme mit dem Wasser. Wir sind nicht die Einzigen!»

In einem benachbarten Gebäude hat ein anderer Wissenschaftler, der noch sehr jugendliche Dr. Ofer Dahan, ein System entwickelt, um das Fortschreiten der Schadstoffbelastung in den Böden zu messen. Bis zu seiner Erfindung begegnete man dem Übel immer erst zu spät und nicht immer am richtigen Ort, wenn man nämlich aufgrund eher zufälliger Proben bemerkte, dass das Grundwasser belastet war. Dank einem Netz von in den Boden eingelassenen Sensoren kann man nun den Zustand der verschiedenen Schichten feststellen und rechtzeitig Alarm schlagen.

An anderer Stelle auf demselben Campus denkt ein Team von zehn Architekten, die aus der ganzen Welt zusammengekommen sind, über die Häuser der Zukunft nach. Wie schützt man sich vor der Sonnenhitze? Wie nützt man eben diese Wärme? Wäre es möglich, diese Energie zum Kühlen der Wohnungen zu verwenden? Die Klimaanlagen von Morgen werden von der Sonne betrieben.

In einem weiteren Gebäude arbeiten zukünftige Nobelpreisträger über Pflanzengenetik. Andere interessieren sich für neue Entsalzungstechniken. Eine Abteilung beschäftigt sich mit Hydrologie und Mikrobiologie (der Funktionsweise wasserführender Schichten, der biologischen Behandlung der Abwässer …). Eine internationale Schule für «Wüstenstudien» nimmt Studenten aus der ganzen Welt auf. Mohamed Taher aus Jordanien zum Beispiel ist gerade dabei, eine Dissertation über *Ziziphus Mauritania* fertigzustellen, einen Strauch, dessen Früchte «Äpfel der Wüste» heißen …

Ich verstehe, warum diese Universität mitten in der Wüste eingerichtet werden musste. Die Wüste ist der Gegenstand all ihrer Untersuchungen. Wie kann man gegen sie ankämpfen? Wie kann man in ihr selbst die Waffen finden, die erlauben, sie zu zähmen?

Die Finanzierungsmethode ist einfach. In der ganzen Welt werden Gelder gesammelt. Und im Allgemeinen kann derjenige, der die größte Summe beiträgt, seinen Namen an einem neuen Institut lesen. Gibt es einen größeren Ruhm, als sich am Krieg der Menschheit gegen die Grausamkeit der Wüsten zu beteiligen? Ich vermute, dass einige steuerliche Vorteile, sofern dies nötig sein sollte, die Motivation der Spender verstärken …

Auf diese Weise entwickelt sich Sede Boqer in einer gutartigen fiebrigen Atmosphäre, wobei die Grundlagenforschung der Improvisation die Hand reicht. Auf diese Weise bildet sich in Israel ein Sachverstand heraus, der für unsere Zukunft entscheidend sein wird. Denn die Unternehmen arbeiten in enger Verbindung mit der Universität. Ein wahres Silicon Valley des Wassers beginnt zu entstehen, wo bewährte Gesellschaften wie Netafim, führend in der Bewässerungstechnik, ihren Sitz neben Dutzenden von Neugründungen haben. Auf diese Weise wächst, als Antwort auf die weltweite Ausbreitung der Wüsten, die Kenntnis der Mechanismen des Lebens in wasserarmen Zonen und der Mittel, dort bessere Lebensmöglichkeiten zu schaffen. Die allgemeine Klimaerwärmung trägt dazu bei, dass die Wüstenuniversität nicht Gefahr läuft, arbeitslos zu werden: Hundert Länder, eineinhalb Milliarden Bewohner, sind schon jetzt von der Versteppung bedroht!

In diesem Augenblick denke ich an Herrn Blass

Wenngleich er zweifellos einer der größten Wohltäter der Menschheit ist, musste ich lange Nachforschungen anstellen, um genügend Informationen über diesen Herrn Simha Blass zu sammeln. Google gibt nur sein Geburtsland (Polen) und seinen Titel (Ingenieur für Wassertechnik) an und dass er an der Konzeption und Durchführung der Wasserpolitik Israels beteiligt war. Magere Angaben für jemanden, der ein Porträt zeichnen und eine Person würdigen will.

Der Hauptbeitrag von Herrn Blass zum Wohlergehen der Menschheit ist die Tropfenbewässerung. Die Landwirte und Gärtner der von der Natur mit Wasser verwöhnten Länder gießen und sprengen, ohne lange zu überlegen. Ihre Kollegen in den wasserarmen Zonen sind jedoch gezwungen, sich sehr viel wirtschaftlicher und infolgedessen – da die Notwendigkeit Gesetze und Ideen gibt – intelligenter zu zeigen.

Dank diesem wirklich schlauen Herrn Blass kommt das Wasser direkt ans richtige Ende jedes Pflanzentriebs, genau in der benötigten und perfekt kontrollierten Menge, egal wie abschüssig das Gelände ist. Da die Blätter nicht mit dem Wasser in Berührung kommen, kann man, ohne Schaden für die Gesundheit befürchten zu müssen, nur schwach gereinigtes Gebrauchtwasser, ja sogar Salzwasser verwenden. Außerdem besteht keinerlei Gefahr, die Blätter durch den «Lupeneffekt» zu verbrennen: Jeder weiß, dass die Kraft eines Sonnenstrahls verzehnfacht wird, wenn er durch einen Wassertropfen fällt. Weitere Vorteile: Der Dünger kann der Pflanze mit dem Wasser zusammen zugeführt werden. Die Wurzeln werden ständig vom Wasser umspült, was sie vor jeder Ansammlung von Salz beschützt. Das Wachstum der Gräser ist auf ein Minimum beschränkt, ebenso natürlich die Verdunstung ... Herr Blass ist ein Genie, das den ewigen Segen vom Heiligen Vater nur zu sehr verdiente. Es erübrigt sich, Ihnen zu sagen – Sie haben es ohnehin schon geahnt –, dass man in Sede Boqer und an anderen Universitäten Israels, wie etwa in

Haifa, sein Werk fortsetzt und seine Erfindung ständig verfeinert. Von Abraham, dem Brunnenbauer, bis zu den Nachfolgern von Herrn Blass wird ein ununterbrochener Krieg um das Wasser geführt. Dem kleinsten Wassertropfen den größten Nutzen abzuringen und Pflanzen zu erfinden, die nicht zu viel trinken wollen: weltweit bereitet sich die Landwirtschaft der Zukunft darauf vor. Sede Boqer ist eine ihrer Wiegen.

Meine Bewunderung!

★

Abendessen mit Couscous in der riesigen Kantine. Tische mit Lehrenden (T-Shirt, Shorts, Sandalen). Tische mit Studenten (T-Shirts, Shorts, Sandalen). Ein einziger Tisch sticht durch seine Olivfarbe heraus: Soldaten, acht junge Soldatinnen. Sie sind hierher gekommen, um an einem Praktikum zur «Sensibilisierung für Umweltfragen» teilzunehmen.

Draußen ist es dunkel geworden. Ich brauche mich nicht zu beeilen. In dem Kibbuz Mashabei Sade, in dem ich die Nacht zubringen soll, hat mich die Verantwortliche darauf hingewiesen: Die Rezeption schließt um 19 Uhr.

Kibbuz! Ich hatte geglaubt, eine Legende anzutreffen: eine Gemeinschaft gestählter landwirtschaftlicher Pioniere, gespannt auf die Begegnung mit einem französischen Schriftsteller und Wasserspezialisten, dem sie ein Gästezimmer anbieten ... Ich hatte mir einen herzlichen Empfang vorgestellt, heiße (aber offene) Diskussionen bis in den frühen Morgen. Doch in der Dunkelheit sehe ich nur ein Feriendorf, das aussieht wie viele andere, und verlorene Touristen, die ihr Gepäck hinter sich herziehen und wie ich ihren Bungalow suchen.

Später werde ich erfahren, dass die Mehrzahl der Kibbuze nicht mehr das sind, was sie einmal waren. Die meisten beschäftigen sich nicht mehr mit Feldarbeit, sondern mit sehr viel rentableren Dingen: Hightech oder Tourismus. Meine Bungalownachbarn sind Franzosen und etwas geräuschvoll. Neugierig wie immer, lege ich mein Ohr an die dünne Wand. Wie sollte ich ihnen ihre Begeisterung vorwerfen? Sie sind gekommen, «um auf den Spuren Christi zu wandeln» ...

Ruhe kehrt ein. Die Grillen zirpen. Warum muss die Nacht in allen Richtungen von Helikoptern durchflogen werden?

Das Tote Meer

Es ist eine richtige Autobahn, die von Jerusalem (achthundert Meter überm Meeresspiegel) zum Toten Meer (vierhundert Meter darunter) abtaucht. Die Gewissheit kehrt zurück, dass man in diesem kleinen, sehr kleinen Land weniger im Raum als in der Zeit reist. Die Schnellstraße gräbt sich nicht nur in den Sand. Sie führt in vergangene Zeiten zurück. Hier haben Zivilisationen gelebt, ein Beweis dafür, dass es Wasser gegeben hat, und sie sind aus Wassermangel ausgestorben. «Das Tote Meer», «das Tote Meer»: Der Chauffeur weist die ganze Zeit mit seinem Zeigefinger nach Osten. Das Tote Meer ist offenbar ansteckend! In seiner Umgebung muss man sich anstrengen, um zu überleben ... Hier und da zeigen sich Beduinendörfer (in Wirklichkeit Elendsquartiere: Baracken aus Wellblech und Zeltplanen mit ein paar Ziegen als einzigem Reichtum).

Je weiter wir hinabfahren, desto höher steigen die Temperaturen. Auf Höhe Null (der Höhe der offenen Meere, derjenigen, die nicht «tot» sind) erwarten ein Parkplatz und ein Kamel den Touristen. Für zwanzig Dollar steigt dieser auf das Tier und lässt sich vor der Markierung, die an der Felswand angebracht ist, fotografieren.

Und die Talfahrt geht weiter. Man kann immer schlechter atmen. Plötzlich weitet sich die Gegend. Eine Ebene taucht auf, grauer als der Sand. Das ist das Tote Meer. Die Berge gegenüber sind rot. Man könnte meinen, sie stünden nur da, um uns das Licht des Sonnenuntergangs zurückzuwerfen. Das ist Jordanien.

Es ist ein Meer, das einen nicht dazu verlockt, sich ihm zu nähern, und noch weniger, in ihm zu baden. Ist es wirklich Wasser, diese schwere Masse, die der Wind, der heute heftig weht, zu bewegen bemüht ist? Man könnte sie eher für die langsamen und flachen Wellen geschmolzenen Metalls halten. Das Salz erklärt nicht alles. Irgendwo muss es hier Feuer geben. Ist es die Erinnerung an den göttlichen Blitzstrahl, der die beiden sündigen Städte Sodom und Gomorrha in Brand steckte? Einige

«Wissenschaftler», solche, die sich bemühen, «die Bibel zu verifizieren», schlagen eine «rationale» Erklärung vor: Die sündigen Städte seien mit Steinen aus Bitumen erbaut worden, die in dieser Region vorkommen. Aus diesem Material sickert, wie man weiß, Öl aus. Der kleinste Blitz kann es entzünden ...

Auf jeden Fall hat Gott, nicht zufrieden damit, die Städte zu verbrennen, Sodom und Gomorrha auf dem Grund des Toten Meers versenkt. Ein vergebliches Bemühen. Hier herrscht immer noch eine Schwefelatmosphäre. Und so wie ich die Leidenschaft der jungen Israelis für Sex kenne, die durch die eigenartige Schwüle des Klimas befördert wird, hat die Angst vor einer neuerlichen göttlichen Bestrafung keinen Einfluss darauf: An diesen trostlosen Stränden werden sich in manchen Nächten schöne Orgien abspielen ...

★

Nach der Stelle, an der der Jordan sich ins Tote Meer ergießt, brauchen wir nicht zu suchen. Wir wissen, dass die Menschen den Fluss kurz nach seinem Austritt aus dem See Genezareth versenkt haben. Aber schon vor mehr als zweihundert Jahren musste auch Chateaubriand die Augen weit aufsperren, um seine Spur zu finden:

«Wir brachen auf und wanderten eineinhalb Stunden unter großen Qualen in weißem und feinem Sand. Wir näherten uns einem kleinen Wäldchen mit Balsam- und Tamarindenbäumen, die ich zu meinem großen Erstaunen mitten aus einem unfruchtbaren Boden aufwachsen sah. Plötzlich hielten die bethlehemitischen Begleiter an und zeigten mir mit der Hand im Grund einer Schlucht etwas, das ich nicht bemerkt hatte. Ohne sagen zu können, was es war, sah ich etwas Sandartiges, das sich auf dem festen Untergrund bewegte. Ich näherte mich dieser eigenartigen Erscheinung und ich erkannte einen gelben Fluss, den ich kaum vom Sand seiner beiden Uferstreifen unterscheiden konnte. Tief eingeschnitten floss er langsam und schwerfällig dahin: Es war der Jordan.»[17]

Wenn Sie in dieser Welt, die eine der unwirtlichsten ist, plötzlich ein unwiderstehliches Bedürfnis nach Sanftheit überkommt, dann fahren Sie einige Kilometer in Richtung Norden. Sie müssen Militärkontrollen passieren. Aber das sind Sie inzwischen gewohnt. Bewahren Sie Geduld. Jericho erwartet Sie, nichts Geringeres, die Stadt der Verheißung, die Josua eroberte und deren Wälle beim Klang der Trompeten von selbst einstürzten. Die Bevölkerung lächelt Ihnen zu, geht gemächlich, redet, ohne zu schreien. Irgendetwas sagt mir, dass sie von Generation zu Generation bis zum Überdruss ihre Geschichte zu hören bekommen hat, dass sie genug hat von allen Geschichten, alten oder neuen, von Trompeten oder Kalaschnikows. Jericho sehnt sich nur nach Ruhe. Wollen Sie Zucker in Ihren Kaffee? Rücken Sie Ihren Stuhl etwas zurück, dann können Sie die Bougainvillea besser sehen. Willkommen in Jericho!

★

Das Tote Meer hört nicht auf zu sterben. Sein Spiegel senkt sich jedes Jahr. Die Luft füllt sich mit Salz, das die Nase und die Bronchien verbrennt. Was tun? Einen Kanal anlegen, der Wasser heranführt. Woher? Aus dem Roten Meer.

Man könnte meinen, die Geografie habe diesen Gedanken diktiert. Man braucht nur die Höhenlinien zu betrachten: Das Rote Meer, jenseits von Elat, im Süden der Sinai-Halbinsel, liegt vierhundert Meter höher als das Tote Meer. Warum nicht im einen Meer pumpen, um das andere aufzufüllen?

Vorteile:

1. Das Gefälle auf der gesamten Strecke würde erlauben, Turbinen anzutreiben, die die erforderliche Energie für die Entsalzung erzeugen.

2. Dieses entsalzte Wasser könnte eine Reihe von Oasen versorgen. Die Wüste würde sich wieder beleben.

3. Das Ansteigen des Toten Meeres würde den Tourismus an seine Ufer zurückbringen, die verheerenden Erosionen verhindern und das Klima milder machen.

Suez hätte nicht mehr das Monopol, der größte Kanal der Region zu sein. Der Kanal *Red – Dead*, Rotes – Totes Meer, könnte in etwa zehn Jahren verwirklicht werden. Die Vorarbeiten sind bereits finanziert.

Der Ingenieur Fadel Ka'wash

Im Büro des Ingenieurs Fadel Ka'wash muss man die Ohren spitzen. Denn draußen heult der Wind. Alle Winde des Westjordanlands scheinen sich hier am Eingang von Ramallah versammelt zu haben, um diese fünfte Etage anzugreifen. Es ist der 7. November. Seit April hat es keinen Tropfen geregnet. Große schwarze Wolken ziehen vorbei, deren Lauf der Ingenieur verfolgt. Der andere Grund, weswegen man die Ohren spitzen muss, ist, dass die Stimme des Ingenieurs leise ist, fast nur ein Murmeln. Dennoch ist er ein kräftiger Mann in den besten Jahren, aber er spricht eben so. Er wird seine Gründe dafür haben. Zu Beginn seiner Ausführungen entfaltet der Ingenieur eine Karte. Ich schaue nur noch auf seinen Zeigefinger, der darauf herumspaziert. Zunächst im Osten, den Jordan entlang.

«Früher war der Jordan ein reißender Fluss. Heute haben die Israelis den See Genezareth fast ganz geschlossen: Sie nutzen ihn für sich. Früher hatten wir unsere Brunnen im Tal. Nun sind dort israelische Siedlungen und nutzen unsere Brunnen. Wollen Sie einen Kaffee?»

Der Ingenieur Ka'wash hat zwei Sekretärinnen, die sich um ihn kümmern: Sie reden wie er, sanft. Die jüngere bringt das Tablett. Weil sie uns beim Öffnen der Tür ein kleines Geheimnis verraten hat, indem sie sagte: «Hier, mein Onkel», stellt er sie uns vor:

«Das ist die Tochter meines Bruders.»

Was vermögen die ersten Winterstürme gegen Familienbande? Der Finger setzt seine Wanderung über die Karte fort. Jetzt bewegt er sich Richtung Westen.

«Mitten in unserem eigenen Land können wir keinen Brunnen graben ohne die Zustimmung des Gemeinsamen Ausschusses (*Joint Committee*).»

Ich hüte mich, genauere Auskünfte über dieses geheimnisvolle Gebilde zu erbitten. Es ist besser, den Finger weiterwandern zu lassen. Er hat seine Reise im Übrigen fast vollendet.

«Das hier ist die Grenze von 1967. Die berühmte Grüne Linie. Aber diesseits dieser Grenze, das heißt, immer noch bei uns, ist das Gebiet zur militärischen Zone erklärt worden. Das bedeutet für uns das Verbot auch der kleinsten Bauarbeiten …»

Ich zeige auf die blauen Punkte Richtung Westen, auf der anderen Seite der Grünen Linie, auf israelischem Gebiet.

«Gegen die können Sie nichts einwenden, nicht wahr? Sie gehören denen.»

Ich habe den Kopf gehoben. Der Ingenieur lächelt mich an:

«Das ist völlig richtig. Aber was Sie auf der Karte nicht sehen, ist das Gebirge. Diese Brunnen wurden am Fuß des Gebirges gebohrt, wo sich die Niederschläge sammeln, die bei uns gefallen sind. Daraus folgt …»

Die Nichte ist zurückgekommen, um das Tablett zu holen. Ihr Onkel redet erst weiter, nachdem sie gegangen ist. Zweifellos ist das, was er sagen wird, nicht für die Ohren junger Mädchen bestimmt.

«Daraus folgt: Israel nimmt uns 85 Prozent unseres Wassers.»[18]

Ist es Gewöhnung oder ist es der Wind, der sich am Abend beruhigt: Ich höre ihn immer besser.

«Man ist offenbar der Ansicht, wir brauchten weniger Wasser als sie!»

«Und warum?»

«Weil unsere Landwirtschaft traditionell ist: Sie erfordere keine Bewässerung …»

Der Ton der Stimme hat sich nicht verändert. Der Ingenieur würde nie auch nur das geringste Anzeichen von Erregung erkennen lassen. Selbst als wir auf die Versammlungen des «Gemeinsamen Ausschusses» zu sprechen kommen, des Organs, das aufgrund der Friedensvereinbarungen von Oslo geschaffen wurde, um die Wasserfrage paritätisch zu regeln. Der Vertreter Israels verschiebt die wichtigen Projekte immer auf später. Und da sie seiner Zustimmung bedürfen …

«Sehen Sie, ich vertrete die palästinensische Macht. Aber welche Macht haben wir?»

Immer die gleiche Sanftheit. Die einzige erkennbare Anspannung (ich will sagen, eine Verbreiterung des Lächelns) zeigt sich, als ich das Wort «Schwimmbad» ausspreche. Diese Schwimmbäder, deren unwirkliches Blau man in einigen Siedlungen schimmern sieht …

«Wie kann ich deren Existenz meinen Bürgern erklären, die an kein Wassernetz angeschlossen sind? Wie kann ich die Jungen davon überzeugen, das Wasser zu bezahlen, anstatt es zu stehlen? Aber auch ... wie kann ich meine Erfolglosigkeit rechtfertigen? Die Schwimmbäder ... Wann werden die Israelis begreifen, dass jedes Schwimmbad hundert Terroristen hervorbringt?»

«Die Israelis, die Israelis, immer die Israelis ... Wer würde Ihre Erbitterung nicht verstehen! Aber andererseits ... Welches Volk hat mehr Gelder erhalten als die Palästinenser? Wo ist es geblieben? Glauben Sie nicht, dass ein Teil dieser Gelder dazu hätte verwendet werden können, Wassernetze zu schaffen?»

Der Ingenieur Fadel Ka'wash antwortet nicht. Der Ingenieur Fadel Ka'wash kennt das Problem der Korruption sehr viel besser als ich. Er ist Spezialist im Kampf gegen das Versickern von Geldern. Aber es gibt ein «Versickern», gegen das man nichts unternehmen kann.

Die Büros sind leer. Die Nichte und ihre Kollegin haben den Ingenieur verlassen. Er hat mich viel länger als vorgesehen bei sich behalten. Ehe ich mich verabschiede, kann ich nicht umhin, ihm die Frage zu stellen, die mir seit zwei Stunden auf den Lippen brennt:

«Wie machen Sie es, dass Sie trotzdem Ruhe bewahren?»

«Meine Mitbürger brauchen Wasser, nicht meine Wut ...»

Als ich später im israelischen Umweltministerium den Direktor für Wassermanagement auf die Palästinenser anspreche, reagiert er erregt:

«Sie haben die Karte gesehen. Das Westjordanland liegt höher als Israel. Ihr Wasser fließt zu uns herunter. Wenn sie ihr Abwasser nicht reinigen, kommt es zu uns. Sehr, sehr unangenehm. Und gefährlich für unsere Gesundheit! Sie werden dazulernen müssen, und schnell. Die ganze Welt unternimmt Anstrengungen für die Umwelt, warum nicht sie?»

Die Mauer

Sie ist grau. Sie ist hoch (acht Meter). Sie windet sich zwischen den weißen Häusern hindurch. Sie taucht in die Täler. Sie klettert bis auf die Gipfel der Hügel. Sie hält nicht inne. Sie geht weiter und weiter. Sie schlängelt sich dahin, so weit das Auge reicht. Man weiß nicht genau, wen sie trennt. Das Diesseits gleicht dem Jenseits wie ein Bruder dem anderen. Vor ihr ist Stacheldraht, sie wird von Türmen bewacht. Meistens ist sie nackt. Manchmal hat man etwas auf sie geschrieben. Manchmal hat man etwas auf sie gemalt. Manchmal hat man «Werbeplakate» auf sie geklebt, man könnte meinen, es wären fromme Wünsche: «Der Friede hat ein Land.»

Die Mauer.

Im Jahr 2000 begann sie, sich zu erheben. Die Attentate in Jerusalem nahmen damals zu. Inzwischen sind sie weniger geworden. Man kann diejenigen verstehen, die die Mauer gebaut haben. Sie wollten, dass die Attentate aufhören. Wer bin ich, dass ich diese Mauer verdammen könnte? Mit welchem Recht würde ich es tun? Damals ist kein Mitglied meiner Familie bei einem Attentat gestorben. Schon immer liebt unser Planet die Mauern. Die Chinesische Mauer, die Wälle von Carcassonne, die Maginot-Linie, den Eisernen Vorhang, den elektrischen Zaun entlang dem Rio Grande zwischen den Vereinigten Staaten und Mexiko …

Manchmal hört die israelische Mauer auf, um zehn Meter weiter wieder zu beginnen. Man nennt diese Unterbrechungen Checkpoints. Vor einem Checkpoint kann man stundenlang warten. Es kann sein, dass man ihn niemals passiert. Ich hatte die richtige mineralogische Plakette (gelb) und die richtigen Ausweise (diplomatische). So kam ich durch.

Die Landschaft ist voller Mauern. Neben der großen, grauen Mauer sieht man andere, ganz weiße, ganz neue Mauern. Das sind die Mauern der «Siedlungen». Die Siedlungen sind Dörfer, die sich nach und nach zu Städten entwickeln. Dörfer und Städte, die die Israelis illegal auf palästinensischem Gebiet erbaut haben. Es gibt auch noch andere Mauern in diesem winzigen Gebiet, es gibt Tausende andere Mauern. Sie sind klein (einen Meter oder zwei, niemals mehr). Diese kleinen Mauern haben eine wärmere Farbe als die große Mauer: ockergelb … Sie sind aus Bruchsteinen gebaut. Sie lassen die Touristen durch, aber sie verhindern, dass die Erde vom Regen weggeschwemmt wird. Sie bilden Terrassen, auf denen vor allem Weinstöcke wachsen. Weinstöcke mit Tafeltrauben, da der Koran Wein verbietet.

Das Werbeplakat hatte recht. Der Friede hat ein Land, es ist hier. Kinder spielen, Esel ziehen vorbei, über ihnen fliegen Turteltauben. Warum erfüllt uns der Anblick des Landlebens mit Ruhe? Warum diese plötzliche Angst, sobald immer zahlreichere Häuser die Landschaft zu verschlingen beginnen, Zeichen, dass eine Stadt beginnt: Hebron?

Fiebrige Aktivität folgt auf die ländliche Beschaulichkeit. Ein Gedränge auf den Trottoirs. Laden an Laden. Gehupe. Lieferwagenstaus. Eine Überraschung: Ich hatte erwartet, eine bedrückte, durch das Schicksal gelähmte Bevölkerung anzutreffen. Doch ich entdecke den Ameisenhaufen einer allgemeinen Baustelle. Überall wird gebaut, repariert, erneuert. Diese Aktivität beruhigt: Wer sich trotz der schwierigen Bedingungen so auf die Arbeit stürzt, hat die Hoffnung auf eine spätere Besserung nicht aufgegeben. Aber wie wird diese Dynamik auf die Vollendung der Mauer reagieren, das heißt, auf das Eingeschlossensein? Wer kann in einem abgeschlossenen Raum Handel treiben? Ich vergesse nicht die Zwänge des Kampfs gegen den Terrorismus. Aber wie soll man in einem Gebiet, das durch die Mauer und die Siedlungen so zerstückelt ist, einen Staat errichten? Und wenn Palästina kein Staat wird, welches Schicksal wird es dann treffen? Das eines Archipels von Bandustans? Welche Sicherheit wird Israel auf lange Sicht genießen, umgeben von überbevölkerten Bandustans?

Noch der letzte Reisende sieht sich von der Geopolitik eingeholt.

Hebron

Die Stadt Dura ist ein Teil des Ballungsraums, der Hebron umgibt. Der Bürgermeister hat den Wunsch geäußert, uns zu empfangen. Er ist ein kräftiger Mann um die fünfzig. Seine Hände sind breit und rauh: Bauernhände. Er sitzt in seinem Büro unter einem Doppelporträt von Arafat und Mahmud Abbas. Wir, die Delegation, die sich für das Wasser interessiert, sitzen vor ihm auf beiden Seiten eines Tisches, an dem alle zehn Minuten frischer, sehr süßer Kaffee aufgetragen wird.

Der Bürgermeister spricht uns auf Arabisch seinen Dank aus. Die Bevölkerung musste einst darben: weniger als dreißig Liter Wasser pro Person und Tag! Dank dem von Frankreich finanzierten Wasserreservoir und der neuen Kanalisation, sagt er, werden seine Mitbürger nun hundert Liter erhalten können. Die Differenz zwischen dreißig Litern und hundert Litern bedeutet mehr als nur Sauberkeit, sie bedeutet Würde. Ein sehr junger Mitarbeiter übersetzt im Stehen. Der Bürgermeister hält inne. Er hat nicht gelächelt. Man kann sich sehr gut bedanken, ohne zu lächeln. Die Unterhaltung ist beendet. Der Bürgermeister schaut vor sich hin, ohne sich weiter um uns zu kümmern.

Zwischen den französischen und den palästinensischen Wasserfachleuten entwickelt sich eine Diskussion. Weitere Anlagen sind im Bau, die die Situation noch weiter verbessern werden. Die Israelis haben den Palästinensern in ihrer Großmut sogar gestattet, drei Brunnen zu graben. Alle Experten versichern in ihrer jeweiligen Sprache: «Der Wasserstress dürfte abnehmen.» Immer darum bemüht, meinen krankhaften Optimismus zu nähren, klammere ich mich an diese gute Neuigkeit, eine der ersten seit Beginn meiner Reise, und ich wage eine Schlussfolgerung:

«Man kann also sagen, dass die Wasserfrage im Süden des Westjordanlandes geregelt ist?»

Der Mann mir gegenüber ist der Leiter der regionalen Wasserversorgung. Ein noch junger Ingenieur mit einem heiteren Charakter. Seit Beginn der Unterhaltung hat er nicht aufgehört zu lächeln. Als er mich hört, verbreitert sich sein Lächeln. Er betrachtet mich mit Nachsicht, als wäre ich sein Sohn oder zumindest jemand, der die Realitäten des Lebens noch nicht kennt.

Er macht eine fatalistische Handbewegung.

«Derjenige, der Schlachten liebt, die ein für allemal gewonnen werden, darf nicht das Wasser zu seinem Beruf machen …»

Der Verantwortliche auf der französischen Seite greift ein. Er ist der Erbauer der geradezu wundertätigen Kanalisation.

«Haben Sie die vielen Kinder in den Straßen gesehen?»

Um die Augen des Leiters bilden sich Fältchen. Sein Lächeln ist ebenso sanft und resigniert wie das seines Vorgesetzten in Ramallah.

«Es ist nun einmal so. Wir lieben Kinder. Also machen wir viele. In sechzehn oder siebzehn Jahren wird sich unsere Bevölkerung verdoppelt haben …»

Ich zucke zusammen. Manchmal sagt eine Zahl mehr aus über die Wirklichkeit als alle Dinge und alle Begegnungen. Denn von Landschaften und Menschen lässt man sich rühren, während eine Zahl nichts als eine Zahl ist, ganz nüchtern. Ich hatte mich in allen Städten, durch die wir gekommen waren, an den Kindergesichtern gefreut, an den heimkehrenden Schülern, an jener jugendlichen, so frischen und fröhlichen Lebhaftigkeit. Und nun sehe ich nur noch eine undeutliche und immer weiter anwachsende Masse vor mir. Wie wird diese Menge «in sechzehn oder siebzehn Jahren» leben, durch die Mauer eingeschlossen in einen so kleinen und so trockenen Landstrich?

Auf dem Rückweg nach Jerusalem glüht die große, zu große Siedlung Har Homa in der untergehenden Sonne. 2500 Wohnungen. Und an diesem Morgen eine Ausschreibung für weitere 300, trotz der Versprechungen der Regierung. Auch in den Siedlungen fabriziert man Kinder. Und sogar noch mehr als bei den Palästinensern. Das demografische Wachstum liegt bei ihnen zwischen 4,6 und 4,7 Prozent im Jahr, während jene, die Siedler, um 5,8 Prozent zunehmen. Ein Weltrekord, bravo! Ermannt euch, Palästinenser, ihr müsst sie in den Schatten stellen, die Siedler! Was für eine sexuelle Aktivität im Heiligen Land! Das heiße Klima spielt bestimmt eine Rolle dabei. Und die Faulheit, geboren aus der Arbeitslosigkeit. Und die ausdrückliche Empfehlung der Religionen, die Vermehrung über die Liebe zu stellen. Aber das wahre Motiv dieses Gebärfiebers im Westjordanland liegt anderswo: Man zeugt, um Land zu besetzen. Man zeugt, um Widerstand zu leisten, und hofft, dabei selbst Land zu besetzen. Die Zeugung ist die Fortsetzung des Kriegs mit anderen Mitteln. Die Vorbereitung weiterer Kriege. Nicht nur in Afrika, in Liberia oder Sierra Leone, sind Kinder Soldaten. Babys sind zukünftige Soldaten.

Welches Wasser, ich meine, welche Vernunft wird dieses Feuer löschen?

Die letzte mobile Kontrolle wird die ausgedehnteste des Tages sein. Gebrüllte Befehle, Maschinenpistolen, auf den Bauch gerichtet aus nur wenigen Zentimetern Entfernung. Zwei Jungen, ein Mädchen: Diese drei israelischen Soldaten haben Angst. Wir tun alles, um sie zu beruhigen. Wahrscheinlich stehen sie am Anfang ihres Militärdienstes. Sie sind noch keine zwanzig Jahre alt. Israelis, zumindest diejenigen, die keine Siedler sind, haben maximal zwei Kinder pro Familie. Jugend gegen Jugend. Gerade vorhin habe ich in Hebron Kinder gesehen, kaum zehn Jahre alt, die eine Patrouille beschimpften. Eine bewaffnete Jugend gegen eine vielköpfige Jugend.

Am Ende der Reise

Das Wasser ist kein Spiegel. Es verrät die charakteristischen Merkmale, es karikiert.

Ein Land offenbart seine Kräfte, seine Legenden, seine Ängste, seine Widersprüche, sobald es um das Wasser geht, um sein Verhältnis zum Wasser. So auch Israel. Das einen großen Teil des Wassers der Region für sich beansprucht und dadurch Spannungen und unversöhnliche Ressentiments hervorruft.

Das aber gleichzeitig so sparsam mit dem Wasser umgeht wie sonst niemand auf der Welt und es, wie keiner auf der Welt, von Gebrauch zu Gebrauch wieder aufbereitet und in den Kreislauf zurückführt. Ein Land an der Spitze der Forschung, die den hundert unter Trockenheit leidenden Ländern des Planeten Grund zur Hoffnung gibt.

Ich weiß gut, dass, vor allem in einer feindlichen Umgebung, die Inbesitznahme des Bodens die erste und notwendigste Bekräftigung der eigenen Anwesenheit ist. Und ein fast unwiderlegbarer Beweis für deren Rechtmäßigkeit. Ich weiß gut, dass der Traum eines jungen Landes in einer unanfechtbaren Wirklichkeit Wurzeln schlagen und sich auf einfache Werte stützen muss. Welche Wirklichkeit ist sichtbarer als die der Landwirtschaft? Welche Eigenschaften nützlicher für eine Nation als die der Landarbeiter: Mut, Respekt vor der Tradition, Solidarität? Jeder Gründungsvater träumt für sein Volk von einem bäuerlichen Fundament.

Aber täuscht sich Israel nicht in der Zeit, wenn es so viele annektierte Gebiete und so viel den Palästinensern entzogenes Wasser mit so viel Hass bezahlt?

Am Ende seiner Reise stellen sich dem Besucher, der ein Freund Israels geworden ist und der die erstaunliche Entwicklung des Landes und seine freie und demokratische Gesellschaft bewundert – Freiheit und Demokratie sind in dieser Region Mangelware –, Fragen. Es sind schwerwiegende Fragen, die sich in seinem Kopf festsetzen und die ihn nicht so bald wieder verlassen werden.

Wer kann heute an die Priorität einer «blühenden Wüste» glauben, auf die Gefahr hin, dadurch das Land seiner Nachbarn in Brand zu stecken? Wer kann den Verkauf von Sherry-Tomaten für lohnender halten als die Übertragung von Hightech-Patenten, die die Beherrschung und die sparsame Verwendung des Wassers überall auf der Welt ermöglichen?

Wer kann glauben, er könne seine zukünftige Sicherheit dadurch erreichen, dass er seine nächsten Nachbarn zur Arbeitslosigkeit verdammt, während man gleichzeitig Zehntausende von philippinischen oder indischen Einwanderern ins Land holt, die heute die Kibbuzarbeiter stellen?

IX. Allgemeine Erwärmung und Solidarität im Mittelmeerraum

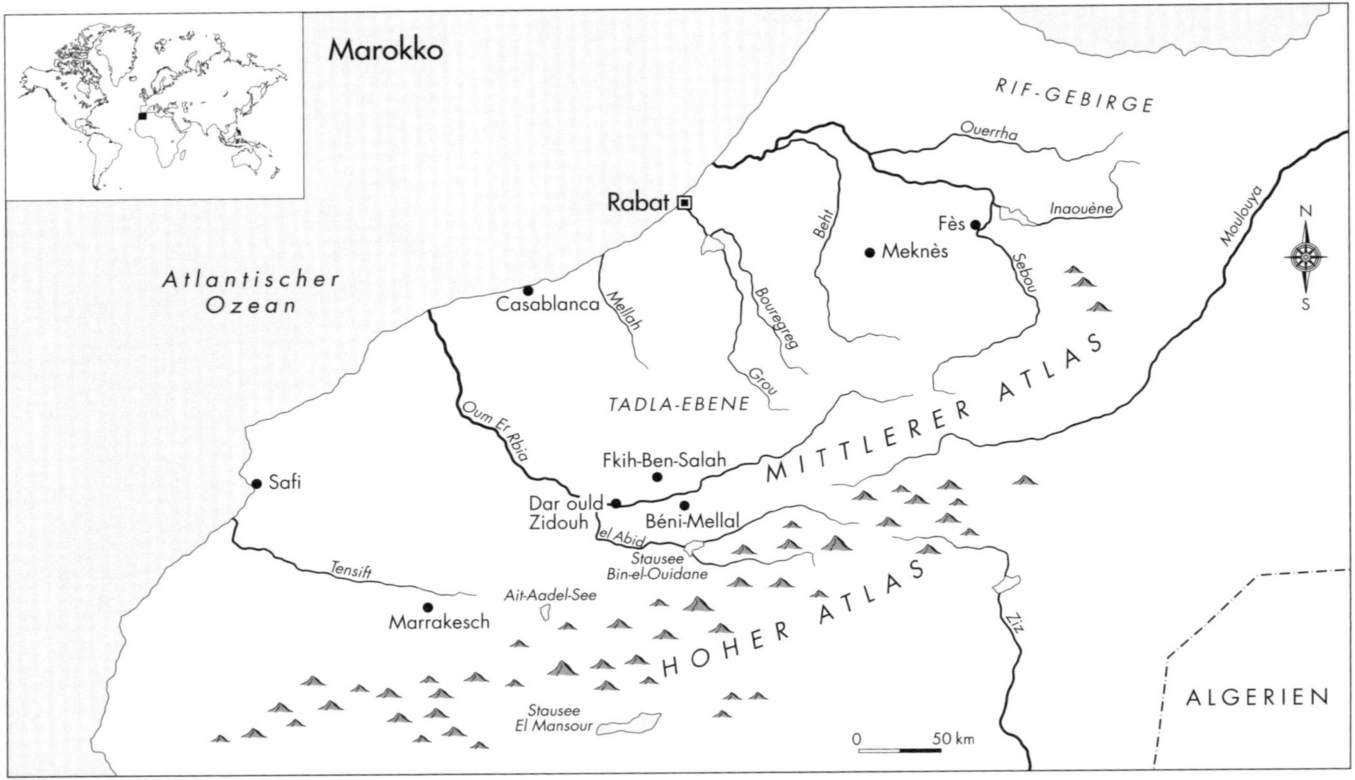
Marokko
Atlantischer
Ozean
RIF-GEBIRGE
Querrha
Inaouène
Rabat
Fès
Meknès
Beht
Sebou
Moulouya
N
S
Casablanca
Mellah
Bouregreg
Grou
TADLA-EBENE
Oum Er Rbia
MITTLERER ATLAS
Fkih-Ben-Salah
Safi
Dar ould
Zidouh
Béni-Mellal
el Abid
Stausee
Bin-el-Ouidane
Tensift
Ait-Aadel-See
Marrakesch
HOHER ATLAS
Ziz
ALGERIEN
Stausee
El Mansour
0
50 km

Globale Erwärmung oder regionale Krisen

Erster, weitverbreiteter Irrtum: Wasser ist nicht Öl. Wasser ist eine *erneuerbare* Ressource. Sich mit dem Wasser beschäftigen heißt, sich nicht mit dem *Vorkommen*, sondern mit dem *Kreislauf* zu beschäftigen. Die Gefahr besteht nicht darin, dass sich das Vorkommen erschöpft, sondern dass die Kreisläufe gestört werden. Die Rodung von Wäldern zum Beispiel stört einen Kreislauf und führt zu geringeren Regenfällen.

Zweiter, ebenfalls weitverbreiteter Irrtum: Die globale Erwärmung wird die verfügbare Wassermenge nicht verringern, sondern *anwachsen* lassen. Durch die Verstärkung des Treibhauseffekts wird die Sonneneinstrahlung auf der Erdoberfläche zunehmen. Infolgedessen wird sich die Verdunstung verstärken. Mehr Feuchtigkeit in der Luft führt zu mehr Niederschlägen.

Dritter und vierter Irrtum: die Regelmäßigkeit und Gleichmäßigkeit vorauszusetzen. Aus einem moralischen Gefühl heraus ebenso wie aus Denkfaulheit möchte man gerne glauben, dass diese Zunahme der Niederschläge sich gleichmäßig über das ganze Jahr und über den ganzen Planeten verteilt.

Die komplexen Mechanismen, die das Spiel der Strömungen in der Atmosphäre miteinbeziehen, bewirken, dass es nicht so sein wird. Gewalt und Ungerechtigkeit werden triumphieren. Hitzeperioden werden sich mit Überschwemmungen abwechseln. Die ohnehin schon gut bewässerten Gebiete werden überflutet werden. Die Trockenzonen werden noch weniger Wasser erhalten.

Eine globale Sicht der Dinge wird nicht weiterhelfen. Jede sinnvolle Analyse muss sich auf die *lokalen* Gegebenheiten stützen. Die Jahreszeiten zum Beispiel sind vom einen Ende des Planeten zum anderen sehr unterschiedlich.

Die einzigen Verallgemeinerungen, die man wagen kann, sind folgende: eine weltweite Zunahme der regenlosen Tage und, in beiden Hemisphären, eine Ausdehnung der Trockenzonen in Richtung der Pole.

*

Bei meinem Aufbruch in den Maghreb habe ich die neuesten regionalen Prognosen der Groupe intergouvernementale d'experts sur l'évolution du climat (GIEC) von 2007 bei mir. Sie werden mich den ganzen Aufenthalt über begleiten:

– eine Zunahme der durchschnittlichen Temperatur um mehr als 2,5 Grad bis 2100;

– ein Anstieg des Meeresspiegels um mindestens dreißig Zentimeter, infolgedessen ein wachsendes Risiko von Überschwemmungen bei Stürmen;

– eine Vergrößerung der Zahl, der Dauer und der Intensität der Trockenperioden;

– eine erhebliche Verringerung der durchschnittlichen Regenmenge (zwischen 5 und 25 Prozent), verbunden mit der Wahrscheinlichkeit extremer Niederschläge.

Mit den Konsequenzen:

– ein beinahe allgemeiner Wassermangel;

– vorhersehbare Konflikte (zwischen Verbrauchern, zwischen Regionen, zwischen Ländern);

– ein Rückgang der landwirtschaftlichen Produktion, örtlich möglicherweise bis zu fünfzig Prozent.

Der Schluss drängt sich auf: Das südliche Ufer des Mittelmeers wird eine der Regionen des Planeten sein, die am stärksten unter der globalen Klimaerwärmung leiden wird.

Und diese klimatische Zuspitzung wird Länder treffen, die besonders anfällig sind, vor allem wegen des demografischen Drucks (von Tanger bis Kairo wird es noch vor 2025 100 Millionen zusätzliche Einwohner geben) und wegen der galoppierenden Urbanisierung.

Ich werde mich also auf einen doppelten Blickwinkel einstellen. Ich werde mich dazu zwingen, jede Realität, die mir begegnet, zweimal zu betrachten: so, wie sie sich heute darstellt, und so, wie sie später, ja bald sein wird, wenn die verhängnisvollen Entwicklungen nicht rechtzeitig bekämpft werden.

Letzte (schlechte) Neuigkeiten von den Tiefenwassern

Vor mehr als 10 000 Jahren gab es einmal eine feuchte Zone. Später wurde eine Wüste daraus, die den Namen Sahara annahm. Aber damals fiel Regen auf sie und drang in den Boden ein. Da die Erde in diesem Bereich gleichzeitig porös und wasserdurchlässig war, hielt sie das Wasser. Man nennt diesen Typ geologischer Schichten *Aquifere*, etymologisch «Wasserträger».

Auf diese Weise haben sich von Algerien bis Libyen gigantische Reserven gebildet: 31 Billionen Kubikmeter, das heißt fast hundert Mal die Grundwassermenge der Île-de-France.

Dieses Grundwasser der Sahara ist in Gefahr. Denn unzählige Bohrungen pumpen dort jährlich 2,5 Milliarden Kubikmeter ab.

Bis vor kurzem glaubten die Wissenschaftler, dass dieses Wasser Ähnlichkeit mit Öl habe: dass es eine *fossile* Ressource sei. In Wirklichkeit erneuert es sich. Der Regen, der auf den Atlas fällt, füllt es auf, aber langsam, sehr langsam: kaum eine Milliarde Kubikmeter pro Jahr.

Der Abstand zwischen Entnahme und Auffüllung wird größer, der Fehlbetrag summiert sich. Eines Tages könnte die Sahara in der Tiefe ebenso trocken werden wie an der Oberfläche.

Die drei betroffenen Länder (Algerien, Tunesien, Libyen) beginnen einzusehen, dass man handeln, und gemeinsam handeln muss. An hoher Stelle wurde beschlossen … sich regelmäßig zu treffen und … Maßnahmen zu erwägen.

Währenddessen beschleunigt Muammar al-Gaddafi, der Führer der libyschen Revolution, die Arbeiten des GMMR (*Great Man-Made River*)-Projekts. Es geht darum, mitten in der Wüste aus einem der Grundwasserreservoire Wasser hochzupumpen. Dieses Wasser ist fossil. Aber was macht das schon! In fünfzig, in hundert Jahren, wenn das Reservoir ausgetrocknet ist, ist immer noch Zeit, darüber nachzudenken. Über die Kosten des Unternehmens macht sich der Führer, der im Übrigen ein großer Ölmagnat ist, keine Sorgen. Stellen Sie sich das Glück der Kanalisationsunternehmen vor: 30 Milliarden Dollar für viertausend Kilometer Pipelines!

Algier. Die Große Not

Das Viertel heißt Mohammed Saidoun, nach einem vergessenen Kämpfer. Aber die Bevölkerung hat es aus unerklärlichen Gründen in Dallas umgetauft. Vielleicht, weil sich dort neureiche Militärs in eher großzügigen Häusern mit Gärten niedergelassen haben? Bougainvilleas leuchten an den Mauern. Durch ein Torgitter sehe ich Rosen. Man sagt, islamistische Terroristen hätten sich hier während des «schwarzen Jahrzehnts» versteckt. Nahezu bukolische Ruhe und Schrecken: Algier hat ein unnachahmliches Talent für diese Art von Cocktails.

«Martyrium!»

Frau Fetta Nehar geht auf die Sechzig zu. Eine schmale, schwarzgekleidete Dame, erst seit kurzem in Rente. Vom Balkon ihrer kleinen Wohnung aus kann sie die Schule sehen, an der sie 32 Jahre lang unterrichtet hat. Der Mann von Frau Nehar ist früh verstorben. Sie musste ihren Sohn und ihre Tochter Samira (Medizinerin und, unter dem Namen Samira Negrouche, Dichterin, eine gute Dichterin) allein großziehen. Sie klagt nicht. Man muss die Ohren spitzen, wenn sie redet. Es ist eher ein Seufzer, wenn sie wiederholt:

«Martyrium ...»

«Beruhige dich, Mama!»

Frau Nehar hört nicht auf Samira. Sie steht immer wieder auf. Um Tee zu machen. Dann, um Kaffee zu machen («falls Sie es sich anders überlegen»). Dann, um Bimo-Eiswaffeln (Vanille- und Schokoladegeschmack) zu bringen. Frau Nehar ist Kabylin, also die Gastfreundschaft in Person. An den Wänden auf beiden Seiten des Buffets hängen Fotos von italienischen Bergen, den Dolomiten.

Frau Nehar errötet etwas, als sie bekennt, dass sie die Gipfel liebt. Sie bedauert, dass es in Algerien keinc höheren Berge gibt. Noch einmal steht sie auf, trotz der zunehmenden Gereiztheit ihrer Tochter. Sie kommt in Begleitung einer Nachbarin, Samia, zurück.

«Ich hatte Angst, Sie würden mir nicht glauben. Sie wird auch mit Ihnen reden.»

Die Nachbarin ist jünger, kaum vierzig. Ein helles Kopftuch verbirgt ihr Haar. Kaum sitzt sie, sprudelt sie los:

«Die große Not! Das Wasser ist die große Not!»

Die beiden Frauen erzählen, mal die eine, mal die andere. Sie erzählen vom Mangel: zwei, drei, manchmal zehn Tage ohne Wasser. Sie erzählen, die Nachbarin verbitterter, Frau Nehar resignierter. «Andere haben ein schwierigeres Leben gehabt.»

Sie erzählen davon, wie die ohnehin schon engen Wohnungen mit Kanistern, Kannen, Tonkrügen, Wannen und Gallonen zugestellt sind ... Sie erzählen vom Warten. Niemand weiß, wann das Wasser wiederkommen wird. Also wartet man.

Häufig die ganze Nacht. Sobald in den Leitungen das erste Gurgeln ertönt, hektisches Durcheinander. Die Familien stürzen los. Wenn das neue Wasser ankommt, wenn sicher ist, dass es fließen wird, werden die Behältnisse, in denen noch altes Wasser ist, so schnell wie möglich geleert. Und man füllt. Man füllt wie besessen alles, was Wasser halten kann, selbst Kaffeekannen und Gläser ...

Manchmal hört man das Wasser, aber es kommt nicht. Man hört, wie die Nachbarn unter einem Wasser abfüllen, aber man selbst wohnt eine Etage zu hoch, der Druck reicht nicht aus, das Wasser steigt nicht bis zu einem herauf. Dann geht man hinunter, klopft an die Tür, bittet inständig. Es gibt großzügige Leute. Es gibt auch Raufereien.

Und am nächsten Morgen, selbst wenn man wegen des Wassers kein Auge zugetan hat, muss man aufstehen, das Frühstück machen, die Kinder begleiten, zur Arbeit gehen, sein Leben führen.

Und das Warten beginnt von neuem.

Wenn das Wasser nicht kommt, ist man gezwungen, zu ihm zu gehen. Man organisiert Wasserkommandos zu den Tankwagen und den Brunnen. Selbst Kinder müssen häufig zweimal am Tag zwei Zehn-Liter-Eimer, in jeder Hand einen, nach Hause tragen. Zwangsläufig gehen die Rücken kaputt. Muskelrisse. Bandscheibenvorfälle. Das Wasser ist schuld daran, dass in Algier so viele Menschen Rückenschmerzen haben!

Man lässt es sich etwas kosten. Man kauft weitere Behältnisse für den Moment, in dem das Wasser wiederkommen wird. Und es ist nicht so schlimm, wenn die Neuankömmlinge zusammen mit den anderen Wannen und Gallonen den Platz in der engen Wohnung vollends besetzen; man wird zusammenrücken. Man befördert Zisternen auf die Dächer. Man schiebt sie zwischen die Satellitenschüsseln.

«Und die Hochzeit von Nassim, erinnerst du dich? Plötzlich, gegen Mittag, kein Wasser mehr. Die Gäste kamen. Ein Onkel ist zum Brunnenverwalter gerannt.»

«Er musste ihn schmieren ...»

«Jedenfalls ist das Wasser wiedergekommen. Wie willst du ohne Wasser eine Hochzeit veranstalten?»

«Und das Opferfest? Versuch, dir das Fest ohne Wasser vorzustellen. Wie willst du ein Schaf ohne Wasser schlachten? Und eine Million Schafe? Wie willst du das Blut wegwaschen, das in Algier so reichlich fließt, dass das Meer davon rot wird?»

★

Eine sehr kleine alte Dame, in einem roten Kleid mit einem bestickten weißen Kragen, geizt ihre Tomatenpflanzen aus. Sie richtet sich immer wieder auf, hält sich den Rücken und murmelt zwei oder drei Worte, bestimmt ein Murren über das Alter. Dann arbeitet sie gebückt weiter. Als wir uns nähern, leuchten ihre Augen. Samira und die sehr kleine alte Dame liegen einander lange in den Armen. Samira hätte es gerne gehabt, dass mir ihre Großmutter, Gida Nehar, auch von der algerischen Not erzählte. Aber beim ersten Blick ahnt man, dass noch nie irgendjemand Gida dazu gebracht hat, etwas zu tun, was sie nicht will.

So kann Samira an diesem Tag in sie dringen, solange sie will, sie ein wenig schütteln, ihr immer wieder sagen, dass ich extra deshalb aus Paris gekommen bin, Gida Nehar weigert sich, über Wasser zu reden. Samira stellt ihr jedoch eine Falle:

«Sag uns, was du von dem neuen Stausee von Taksebt hältst ...»

Samira hatte mich vorher informiert: Die Großmutter hasste diesen Stausee, der ihr Dorf Taourit Moussa Ouamar, in der Nähe von Beni Douala, verschlungen hat. Es war das Dorf von Matoub Lounes, der 2001 entführt und ermordet wurde. Eines Tages hat ein Beauftragter des Stauwerks Gida gefragt, warum sie sich beklage: Dank der Entschädigung werde sie sich ihre Brust (dort bewahren die alten kabylischen Frauen ihre Reichtümer auf) mit Geld füllen können. Sie antwortete, dass sie nur *tamourth* – die Erde, die Wurzeln – interessierte.

Ihr Vater hatte sie im Alter von drei Jahren allein zurückgelassen. Gegen den Rest der Familie hatte sie vierzig Jahre lang ihre Rechte auf ihr Land verteidigt ... Und nun nimmt ihr der Stausee dieses Land. Sie fährt häufiger dorthin. Sie sieht, wie die Olivenbäume verschwinden. Sie hat den Eindruck, die Stadt verschlinge sie, diese Stadt Algier, für die das Stauwerk gebaut worden ist. Samira zuckt mit den Schultern.

«Na und? Was willst du dagegen machen? Wirst du den Stausee eigenhändig mit einem Löffel ausschöpfen?»

Das Wasser hat schon zu viel Unheil angerichtet. Die Großmutter will nicht, dass man immer wieder von all dem spricht. Sie hat einen anderen Plan. Sie will mir ihren Garten zeigen.

«Ein Garten, selbst ein so bescheidener wie unserer, wissen Sie, was das in Algier bedeutet?»

Ich beteure, dass ich es weiß. Sie glaubt mir nicht, aber sie lächelt mir zu. In Algier gibt es zu viele Menschen. Und wenn es irgendwo zu viele Menschen gibt, gibt es dort keine Gärten mehr. Die Menschen töten die Gärten.

Die Großmutter zeigt, Samira übersetzt. Und auf diese Weise erhalte ich anstelle von mehr Informationen über das Wasser meinen ersten Unterricht in Kabylisch. «Zahror» heißt Mispel, «khrass» Zitrone, «tfghoua» Artischocke, «ward» Rose.

Ich erhalte mehr als die Wörter. Denn während die Großmutter zeigt, pflückt sie.

Am Ende sind meine Arme voll beladen. Wie soll man eine sehr kleine kabylische Großmutter umarmen, ohne die Mispeln («zahror»), die Zitronen («khrass»), die Artischocken («tfghoua») und vor allem ohne die Rosen («ward») zu zerdrücken?

Wenn man von einem Liebesrendezvous heimfährt, bleibt die Liebe noch eine Weile da. Im Wagen schweigt Samira. Sie sendet ihrer Großmutter noch einmal ein Lächeln zu, die unter ihrem Mispelbaum zurückgeblieben ist.

«Sie ist dickköpfiger als ein Esel!»

«Sie hat mir trotzdem vom Wasser erzählt. Ein Garten erzählt immer vom Wasser …»

«Ich beneide meine Großmutter: Sie klammert sich ans Glück. Ich bin mir sicher, dass sie in diesem Moment weiß, dass ich Ihnen von ihrem Mann erzählen werde. Mein Großvater war Buchhändler, der größte Buchhändler des Kouba-Viertels. Er arbeitete hart. Ihm verdanken wir, dass unsere Familie in diesem Haus wohnt. Und dass wir einen Garten haben.»

Der Wagen kurvt bergauf und bergab.

In Algier vermischen sich wie in wenigen Städten und ohne jede Vorankündigung das Schäbige und das Feine, überbevölkerte Hochhäuser und kleine Villen, das Glück, das Unglück, der Gestank einer wilden Müllhalde und ein Schwall Jasminduft. Wir kommen an der so schönen Villa Susini vorbei, in der die Franzosen folterten.

Samira fährt fort, verliebt in ihrer Familiengeschichte zu graben.

«Mein Großvater hieß Mohammed Nehar. Jedermann in Kouba kennt noch Monsieur Nehar. Niemand liebte die Bücher so wie er.»

«Das ist im Allgemeinen so bei Buchhändlern …»

«Ja, aber er war Analphabet. Und er wollte nie lesen lernen. Er zog es vor, dass man ihm erzählte. Er liebte das Buch um des Buches willen, den Gegenstand, verstehst du?»

«Auch er klammerte sich an das Glück …»

«Das muss man, um Algier zu ertragen.»

*

«In welchem Alter gehen die Leute aus dem Wassermanagement in Frankreich in den Ruhestand?»

«Ich weiß nicht.»

«Für wie alt halten Sie mich?»

Slimane hat Runzeln und eine graue Haut. Er ist erschöpft. Wir essen in der Rue Bab Azzoun mit einem Team der SEAL. Die SEAL ist die Gesellschaft für Wasserwirtschaft von Algier. Alle essen schweigend ihren Fisch und lassen Slimane reden. Slimane hat nicht eine einzige Schlacht ausgelassen. Wenn das Wasser für die Bevölkerung die große Not ist, ist es für die Vertreter der SEAL der Krieg.

«Mit welcher Katastrophe soll ich beginnen?»

«Wie Sie wollen.»

«Gut. Mit den Überschwemmungen vom November 2001. Die Leute haben gesagt, wir seien schuld daran gewesen. Ich habe das nie akzeptiert. Die Abwasserkanäle waren zu klein, gewiss, ich hatte seit langem davor gewarnt! Obendrein waren sie verstopft. Mit welchem Personal hätte ich sie reinigen sollen? Und es war immerhin auch nicht ich, der die gestohlenen Autos hineingeworfen hat! Und viele andere große Gegenstände ... Und wer hatte mich damit beauftragt, die Öffnungen der Gullys zuzuschweißen? Die Armee. Angeblich um zu verhindern, dass die Terroristen den Kreislauf vergiften oder in die Kanäle flüchten. Als man sie hätte öffnen müssen, und schnell öffnen müssen, war dies unmöglich! Ergebnis: siebenhundert Tote. Ich sage, wie es ist. In Algier hängt alles miteinander zusammen ...»

«Wo wir gerade davon reden: Ist noch nie ein Anschlag auf das Wasser verübt worden?»

«Bringen Sie sie nicht auf die Idee!»

«Ich stelle die Frage andersherum: Haben die dauernden Wasserausfälle nicht den Islamismus begünstigt?»

«Werdet ihr Franzosen, wenn ihr verzweifelt seid, etwa zu Terroristen?»

«Vielleicht hängt alles vom Grad der Verzweiflung ab ...»

«Ein Franzose hat leicht reden!»

Ich beugte mich tief über meine Dorade. Eine lange Pause folgte. Slimane beendete sie. Er versuchte, das gute Klima wiederherzustellen, indem er auf das Erdbeben (21. Mai 2003: 2217 Tote) zu sprechen kam:

«Ich konnte mir nicht vorstellen, dass man es so lange ohne Schlaf aushalten kann. Zehn Tage, zwölf Tage? Sie kennen das nicht, weil sie beruflich mit Schreiben und nicht mit Erdbeben beschäftigt sind. Nun, bei einem Erdbeben ist das Trinkwasser die dringendste Sorge. So wie bei Überschwemmungen. Wenn man nicht schnell, sehr schnell für Trinkwasser sorgt, trinken die Leute, was sie bekommen, und Epidemien brechen aus. Wir hatten Gebäude, die ganz nahe an der Erdbebenzone lagen und die standhielten. Dort hat sich eine Menge von Menschen eingerichtet. Ganze Familien. Sie weigerten sich, die Zelte der Armee und die Behelfsbauten zu beziehen. Sie warteten auf richtige Häuser, sie glaubten nicht an die Versprechungen. Sie sehen, die SEAL ist zu etwas gut! Zugegeben, sie schaltet das Wasser ab, aber sie verhilft den Leuten zu Wohnungen! Nun, das alles ist Vergangenheit …»

Der Wirt ist mit der Rechnung gekommen. Seit dem Beginn des Vormittags hatte ich mich zurückgehalten. War es nun, in Anwesenheit der SEAL, nicht der richtige Moment *die* Frage zu stellen?

«Haben Sie zum Beispiel jetzt, wo die Wasserversorgung besser funktioniert, ihre Kanister abgeschafft?»

In Lachen ausbrechend, ruft der Wirt seine Frau.

«Thaidelt! Hier sind Gäste, die wissen wollen, ob wir unsere Kanister verkauft haben …»

Die Frau eilt herbei. Sie trocknet sich gerade noch die Hände an einem Lappen ab.

«Und warum sollte ich meine Kanister abschaffen?»

«Weil die Versorgung besser ist, sagte Slimane. Wir gehen in großen Schritten auf H24 zu …»

«Man wird sehen, man wird sehen. Ich warte noch, bis ich es glaube.»

«Man muss Vertrauen haben.»

«Ich pfeife drauf!»

Heute Morgen kannte ich den Ausdruck H24 noch nicht. Man musste ihn mir erklären. H24, das ist für uns in Frankreich eine Selbstverständlichkeit. Man denkt nicht daran, so natürlich ist es. H24 heißt, einen Hahn öffnen, und es fließt Wasser. Mit ausreichendem Druck und zu jeder Tages- und Nachtzeit, 24 Stunden, rund um die Uhr: H24.

*

Eines schönen Tages Ende 2003 (oder Anfang 2004: wie soll man den genauen Augenblick kennen, in dem eine gute Idee im Gehirn eines allmächtigen Herrschers keimt?) beschloss Präsident Bouteflika in seiner großen Weisheit, dass die Bevölkerung von Algier genug gelitten habe. Er rief die Verantwortlichen zusammen. Er verkündete ihnen, dass die Zeit der ineffizienten Planungsbüros (ein Pleonasmus) von jetzt an vorbei sei. Er setzte ihnen ein einfaches Ziel: H24 für jedermann bis September 2009. Das einfache Ziel war verbunden mit Drohungen im Falle der Nichterfüllung. Er ließ den Bau von Entsalzungsanlagen ausschreiben: Es war offensichtlich, dass man die Ressourcen vergrößern musste. Beträchtliche Geldmittel wurden bereitgestellt. Mit täglich 1,5 Millionen Kubikmetern entsalztem Wasser ist Algerien der zweitgrößte Produzent des Mittelmeerraums. Gleich nach Spanien.

Aber gleichzeitig mussten auch die vorhandenen Leitungsnetze verbessert werden; der algerische Präsident autorisierte die SEAL, ein ausländisches Unternehmen zur Verstärkung heranzuziehen, in diesem Fall ein französisches. So landeten im März 2006 29 Experten der Firma Suez in Algerien.

Selbst wenn die Skeptiker ihre Kanister aufbewahren, kann niemand den Fortschritt bestreiten. Das Wasser läuft jeden Tag länger und in immer mehr Stadtvierteln. In zwei Jahren hat sich die Zahl der reparierten undichten Stellen verdoppelt, und die Abschaltzeiten sind auf ein Drittel zurückgegangen. Dennoch ... SEAL kann rechnen, soviel es will, in der Summe seiner Rechnungen findet sich nur die Hälfte des gelieferten Wassers wieder. Der (große) Rest verflüchtigt sich.

Ist das Alter des Netzes dafür verantwortlich, trotz der deutlichen Verbesserung? Zweifellos, sagen wir, für zwanzig bis dreißig Prozent. Und der Rest? Mehr als 200 000 Haushalte (von 650 000) erliegen nicht dem verführerischen Charme des «Zählers». Das große Spiel zwischen den Polizisten und den (Wasser-)Dieben geht weiter.

Als ich Algier verlasse, nehme ich eine Bestätigung mit nach Hause: Wasserknappheit und die Leiden, die sie begleiten, sind sehr viel häufiger Töchter der Inkompetenz und der politischen Trägheit als eines tatsächlichen Ressourcenmangels.

Die Tadla-Ebene

150 Kilometer nördlich von Marrakesch, im Südosten des großen Plateaus der Phosphate, befindet sich, überragt vom Mittleren Atlas, die weite Tadla-Ebene mit ihren sehr guten Böden. 100 000 Hektar Obstbäume, Getreide, Zuckerrüben … Fuhrwerke kommen vorbei, hoch beladen mit großen grünen Bündeln: Luzerne, das bevorzugte Futter der Milchkühe. Olivenbäume von einer riesigen Art begnügten sich früher damit, die einzelnen Grundstücke voneinander abzugrenzen. Doch sie haben an Fläche gewonnen, seit der Preis für Öl einen Höchststand erreicht hat.

Fkih-Ben-Salah, Dar ould Zidouh, Béni-Mellal … die Städte prosperieren. Da die Arbeit auf den Feldern immer weniger Arme erfordert, sind viele Leute nach Spanien oder Italien aufgebrochen. Das in Europa verdiente Geld wird in der Heimat in Immobilien oder in die Landwirtschaft investiert.

Das Wasser kommt von einem Fluss mit dem wie für ihn geschaffenen Namen Oued el Abid, der Fluss der Sklaven. Eines Tages, als sich der Oued wie gewöhnlich anschickte, vom Gebirge herabzufließen, hielten ihn Ingenieure an, fingen ihn in einem Stausee und leiteten ihn mit Gewalt in einen Kanal. Seitdem bewässert der Oued el Abid die Tadla-Ebene.

Früher feierten die Bauern den Oued als eine göttliche Macht von unendlicher Wohltätigkeit. Sie wussten, dass sie ihm alles verdankten. Jetzt schmähen sie ihn, ihn und den verdammten Stausee Bin-el-Ouidane, den er ernährt: Von Jahr zu Jahr wird die Wassermenge weniger. Diese Verknappung ist für die Trockenheit eines großen Gebiets verantwortlich. Was tun?

Unweit von Fkih-Ben-Salah hielten es hundert Erzeuger nicht länger in ihrer Kooperative aus: eine zu undurchsichtige Leitung, fehlende Dynamik, keine Zukunftsstrategien. Sie beschlossen auszutreten, und es gelang ihnen, trotz lebhafter Feindseligkeit vor Ort, ihre eigene Organisation zu gründen. Die neue Kooperative entstand 2001. Ihre Mitglieder nannten sie Badre, «Vollmond», um ihr Ziel der klaren Verhältnisse zu bekräftigen.

Badre ist nicht untätig gewesen. Neben der gewöhnlichen Arbeit des Einsammelns und Verarbeitens der Milch hat die Kooperative eine kleine Fabrik, versehen mit den modernsten Einrichtungen, gebaut, eine Krankenstation eröffnet, einen Krankenwagen gekauft, Schulungsreihen veranstaltet, mit einer Einwanderervereinigung verhandelt, um von dort finanzielle Hilfe zu erhalten ... Und vor allem bereitet Badre seine Mitglieder auf die Tropfenbewässerung vor.

Im Durchschnitt erlaubt die Tropfenbewässerung, je nach dem Stück Land und seiner Bebauung, den Wasserverbrauch zu halbieren. Die Behörden, sehr darauf bedacht, die Ressourcen zu schonen, haben die staatliche Unterstützung für neue Installationen nach und nach von vierzig auf fünfzig und dann auf sechzig Prozent erhöht.

Trotz dieser wachsenden Anreize bebauen die tugendhaften Bewässerer erst 10 000 Hektar, das heißt ein Zehntel der Tadla-Ebene.

Auch nur einen Hektar Tropfen für Tropfen zu bewässern, ist nicht nur teuer (annähernd tausend Euro), der Landwirt muss auch seine Gewohnheiten ändern. Anstatt eine große Menge Wasser auf das Feld zu gießen und dann die Pflanze und den Boden sich selbst zu überlassen, muss er seine Pflanzen tränken und nähren, muss sie wie Babys Löffel für Löffel aufpäppeln. Anstatt nach Hause zu gehen, wenn die Bewässerung erst einmal erfolgt ist, muss der Bauer ständig den Druck in seinen Leitungen überwachen, sich vergewissern, dass die kleinen Löcher der Röhren nicht verstopft sind, seine Filter und seine Dosierungen prüfen.

Die Modernisierung der marokkanischen Landwirtschaft ist zu langsam und zu sporadisch, um auf die zunehmende Wasserknappheit zu antworten.

Seit dem Morgen wunderte ich mich über kleine Menschenansammlungen entlang der Straße von Casablanca. Jedesmal etwa zehn Personen, versammelt auf einem Feldstück, einmal mittendrin, einmal am Rand oder in einer Ecke, beschäftigt mit einer Tätigkeit, die nicht direkt etwas mit Landwirtschaft zu tun zu haben schien. Noch merkwürdiger, ein Stapel blauer Gallonen wartete auf dem Boden auf einen mir unbekannten Gebrauch. Schließlich fragte ich meine beiden agronomischen Begleiter, Marcel Kuper und Hassane Kemmoun. Sie lächelten sich an.

«Endlich! Du hast lange gebraucht!»

Warum hatten sie mich nicht früher informiert, wenn diese Zusammenrottungen so wichtig waren?

«Wir wollten, dass du es selbst entdeckst. Das ist eines der zentralen Probleme Marokkos ...»

Bei der nächsten kleinen Versammlung hielten wir das Auto an und gingen zu den Beschäftigten hin, die uns keinerlei Aufmerksamkeit schenkten.

Ein Automotor lief auf Hochtouren, der einen horizontalen Riemen antrieb, der wiederum ein Rohr antrieb, das sich nach und nach in den Boden grub.

«Eine Bohrung?»

«Natürlich, eine Bohrung!»

Man konnte einander nicht verstehen. Man musste brüllen.

«Wozu sind diese Gallonen da?»

«Sie versorgen den Motor. Butan wird subventioniert. Es ist billiger als Dieselöl.»

Plötzlich fließt Wasser aus einem Rohr. Ein Mann stoppt den Motor. Die anderen richten sich plötzlich ganz fröhlich auf.

«Welche Tiefe?», fragt Marcel.

«180 Meter.»

Sie diskutierten einen Augenblick lang. Dann fuhren wir weiter.

«Sind diese Bohrungen erlaubt?»

«Ganz bestimmt nicht! Ihretwegen sinkt das Grundwasser zwei bis drei Meter pro Jahr.»

«Diese Leute schienen sich nicht sehr vor uns zu fürchten ... Wenn wir nun von der Verwaltung oder von der Polizei gewesen wären?»

«Keine Gefahr! Die Behörden lassen alles geschehen. Wie soll man alle Felder kontrollieren? Sie fürchten vor allem Gewalttätigkeiten. Um Wasser zu erhalten, sind die Bauern zu allem fähig.»

«Ist ihnen klar, dass sie die Ressourcen aufbrauchen ...?»

«Wenn du dich in einer Notlage befindest, vergisst du die längerfristigen Folgen. Außerdem pachten viele dieser Bauern das Land nur für kurze Zeit, manchmal nur für ein Jahr. Das heißt, der Respekt vor der Ressource … Weißt du übrigens, warum die Regierung das Butan subventioniert?»

Noch einmal passe ich.

«Um das Abholzen zu verhindern. Wenn du einen Gaskocher hast, bist du weniger versucht, einen Baum zu fällen!»

«Aber indem man den Wald schützt, trocknet man das Grundwasser aus …»

«C'est la vie!»

*

Meine marokkanischen Landwirtschaftslehrer ließen mich nicht gehen, ehe ich nicht den Fluss der Sklaven besucht hatte. Ihm sei Dank! Ohne ihn wäre die Tadla-Ebene eine Hirtengegend …

Gleich hinter Alfour steigt die Straße an. Die Fahrt könnte Stunden dauern, so groß ist die Versuchung, an jeder Kurve anzuhalten, um zu schauen. Bis zum Horizont, bis zu dem hellen Fleck des großen Plateaus der Phosphate, folgt ein vollkommenes Rechteck auf das andere. Früher, als die Behörde die Fruchtfolgen festlegte, wechselten diese Rechtecke alle gleichzeitig die Farbe. Heute gestattet sich der Boden einige Freiheiten. Das Gelb des Getreides mischt sich unter die Vielfalt des Grüns: Luzerne, Mais, Zuckerrüben … Die Obstbaumwiesen sind schaumbedeckt. Und die Olivenbäume wachsen folgsam nur an den Rändern der Parzellen: Sie bilden die Grenzen, dies ist die Aufgabe, die ihnen zugewiesen worden ist. Zwei große, graue Streifen durchziehen diese stumme Armee: Es sind die beiden Kanäle, die das gefangene Wasser des Flusses der Sklaven nach Süden und nach Norden bringen.

Ich denke an die Ingenieure, die die Welt wie ein Zeichenbrett betrachten. Ich denke an die Bauern, die sich seit so vielen Jahren darum bemüht haben, dass die Welt mit der Zeichnung des Bretts übereinstimmt.

Genau vor dem Pass durchquert die Straße einen Steineichenwald. Hassane verspricht uns Tauben zum Abendessen. Wir überholen eine Gruppe tapferer Radfahrer auf sehr edlen und sehr unpassenden Holland-Velos. Die Straße geht bergab. Vor uns, in einer Schlucht, die zu tief ist, als dass man den Fluss hätte sehen können, fließt der Oued el Abid. Plötzlich eine Betonmauer, der Stausee von Bin-el-Ouidane. Wie soll man mit heiterem Herzen den Anblick gefangenen Wassers ertragen? Es wird *zurückgehalten*. Zudem ist hier etwas Beunruhigendes zu beobachten: Der Wasserstand scheint niedrig. Große rote Flächen breiten sich vor den Villen aus. Ein Jet-Ski kreist und kreist, blöde, mit dem sirrenden Geräusch eines Insekts. Man sagt, die Mediziner seien einem Impfstoff gegen die Malaria auf der Spur. Danach werden sie sich mit den Mücken befassen müssen, die von beinahe ähnlicher Schädlichkeit sind wie die Jet-Skis.

Der Hotelier am Fuß des Stauwehrs machte nicht auf. Ein Wandererpaar teilte uns mit, er sei gestorben. Die Elektrizitätsgesellschaft, Besitzerin des Gebäudes, wies einen nach dem anderen alle Kandidaten ab, die das Hotel weiterführen wollten. Zweifellos hielten sie sie, kulinarisch gesprochen, für keine guten Taubenzubereiter.

Zum großen Kummer Hassanes musste man sich mit einem benachbarten Haus begnügen, das Gästezimmer hatte und als einzige Beköstigung eine Tasse Tee anbot.

Dort, über dem Oued el Abid, setzten meine beiden Lehrer ihre Vorlesung fort.

Australien kann vielleicht ohne große Einbußen einen Rückgang seiner Landwirtschaft (nicht mehr als zwei Prozent seines Bruttoinlandsprodukts) ertragen, aber Marokko befindet sich in einer sehr viel dramatischeren Lage. Die Landwirtschaft, das bedeutet ein Fünftel des produzierten nationalen Reichtums und 4 Millionen Arbeitsplätze, die 18 Millionen Landbewohnern (die Hälfte einer Bevölkerung von 30 Millionen, die im Übrigen ernährt werden muss, nicht wahr?) den Lebensunterhalt sichern und deren Exodus in die Städte verhindern soll. Eine Krise in diesem Bereich würde unverzüglich das fragile soziale und politische Gleichgewicht des Landes zerstören. Mit vorhersehbaren Auswirkungen auf den gesamten Maghreb.

Man hat die amerikanische Unternehmensberatung McKinsey um eine Studie gebeten. Der Landwirtschaftsminister machte daraus einen

Aktionsplan, einen «Plan für ein grünes Marokko», den er am 22. April 2008 vorstellte. Über die Diagnose herrscht Einigkeit, man brauchte dazu keine Experten von jenseits des Atlantiks. Die marokkanische Landwirtschaft stagniert seit zwanzig Jahren, hauptsächlich wegen ihrer Zerstückelung (siebzig Prozent der Betriebe haben eine Fläche unter zwei Hektar). Über die Strategie wird man ebenfalls eine Verständigungsbasis finden: Zusammenführung der Kräfte um Informationszentren (die Kooperativen). Und massive Investitionen (mindestens 10 Milliarden Euro pro Jahr).

Das Geld wird man aufbringen. Und die Landwirte wissen genau, dass ihnen nur eine Möglichkeit bleibt, wenn sie überleben wollen: Sie müssen sich zusammentun. Aber das Wasser? Wo Wasser finden? Einige Gemüsegärtner sehen die einzige Hoffnung in der Entsalzung des Atlantiks.

Wie zur Unterstützung dieser alarmierenden Feststellung rinnt der unglückliche Oued vor unseren Augen dahin. Seine Wasserführung ist so schwach, dass er zwischen den Sandbänken stillsteht, anstatt zu strömen. Wer würde dem Plakat Glauben schenken: «Schwimmen verboten. Gefährliche Flutungen»?[19]

Als wir wieder zur Tadla-Ebene hinunterfahren, ist zwischen uns dreien eine schöne Freundschaft entstanden, wir wollen am liebsten nicht mehr auseinandergehen. Um meine Fortbildung weiterzuführen, schmieden Hassane und Marcel Reisepläne.

«Das nächste Mal werden wir nach Algerien fahren. Du kennst nur die Artischocken der Bretagne, wir werden dir die violetten von Oranais vorsetzen …»

«Aber noch davor werden wir dir den Souss im Osten von Agadir zeigen. Offensichtlich ein voller Erfolg. Das Schmuckstück unserer landwirtschaftlichen Anlagen!»

«Du vergisst Copar!»

«Hassane! Du eilst mit deinen Geschichten so schnell voran, wie du langsam fährst. Wer könnte Copar vergessen? Natürlich werden wir Erik das Team von Copar zeigen! Das Muster einer Kooperative! 17 000 Mitglieder! Zwanzig Prozent Anteil am Milchmarkt …»

Nach so viel Enttäuschungen und so viel Beunruhigendem bereitet es Vergnügen, ihre Begeisterung zu vernehmen. Aber wie könnte ich dem Wiegen der Kurven widerstehen?

Ehe ich ganz einschlafe, schnappe ich noch auf, dass die größten Betriebe des Souss das Wasser unkontrolliert pumpen. Offensichtlich bezahlen sie es auch nicht. Man könnte auf den Gedanken kommen, dass sie von einflussreicher Seite protegiert werden …

Die katalanische Wüste

Angesichts der tiefgreifenden Veränderungen der Welt ist die bevorzugte Waffe des alten Europa magischer Art: Man klammert sich an die Idee der Kontinuität und wiederholt unablässig, dass sich im Grunde nichts verändere.

Wirtschaftliche Kontinuität: Unsere Wirtschaftskraft ist unerreicht.

Kulturelle Kontinuität: Wir sind die Wiege der Moderne und bleiben ihr Leuchtturm.

Klimatische Kontinuität: Wetterkatastrophen finden anderswo statt, unser Klima ist von Natur aus gemäßigt. Daher das Erstaunen unserer Mitbürger angesichts der gegenwärtigen Unregelmäßigkeiten. Daher die Verblüffung Spaniens angesichts der Entdeckung, dass es nicht genug Wasser hat: Die Wüste hat nicht das Recht, das Mittelmeer zu überspringen, die Wüste ist für die unterentwickelten Länder!

Nicht nur Andalusien muss sich den Tatsachen beugen. Die Trockenheit hat die Straße von Gibraltar überschritten und bedroht ganz Spanien, eine Halbinsel, auf der die Verteilung der Ressource Wasser ohnehin schon sehr ungleich ist: vierzig Prozent des Wassers befindet sich auf fünfzehn Prozent des Gebiets. Und die regionalen Vorhersagen der GIEC für den Maghreb gelten mehr oder weniger auch für Andalusien.

Fast 5 Millionen Menschen leben im Ballungsgebiet Barcelona. Wie sie mit Wasser versorgen, wenn der Regen von Jahr zu Jahr abnimmt und der Fluss der Gegend, der Llobregat, zum Bach wird? Welche Lösungen legen sich nahe, neben den traditionellen Maßnahmen der Wiederaufbereitung und der Sparsamkeit?

1. Die Umleitung bestimmter Wasserläufe an die Mittelmeerküste. Barcelona dachte an den Segre, einen Zufluss des Ebro. Wenn er dem armen Llobregat zu Hilfe käme, wären alle Probleme beseitigt, und der Bedarf der Wasserspiele des Montjuich wäre wieder reichlich gedeckt. Leider hat die Nachbarregion Aragonien dies rundweg abgelehnt. Ihre bewässernden Landwirte würden unter Wasserknappheit leiden. Und welche Ressourcen sollten die zukünftige Stadt der Vergnügungen versorgen, die in der Nähe von Saragossa geplant ist? Hotels und Casinos brauchen Wasser, nicht gerechnet die Golfplätze. Barcelona hat in Madrid interveniert, es möge zur … spanischen Solidarität aufrufen. Ironie der Situation: Die so sehr auf ihre Unabhängigkeit erpichten Katalanen entdecken plötzlich, vermittelt durch das Wasser, die Tugenden der spanischen Nation!

Valencia und Murcia weiter im Süden befinden sich in derselben knappen Lage wie Barcelona. Diese beiden Städte haben die Regionen Innerspaniens gebeten, ob sie ihnen ein wenig Wasser aus dem Tajo abgeben könnten. Dieselbe Weigerung seitens Kastiliens und der Mancha: Tut uns leid, unser Wasser ist schon vergeben!

2. Der Kauf. Um der Not zu steuern, läuft ein Tankschiff nach dem anderen im Hafen von Barcelona ein. Die Schiffe kommen aus Marseille, aus Tarragona (dem Süden Kataloniens) und Carboneras (Andalusien), wo die Entsalzungsanlage mit Überkapazitäten läuft. Eine teure Antwort (22 Millionen Euro im Monat, mehr als zehn Euro pro Kubikmeter), wenig praktisch und zwangsläufig provisorisch.

3. Die Entsalzung. Mit sechs betriebsbereiten Anlagen und etwa zwanzig weiteren, deren Planung fortgeschritten ist oder die sich schon im Bau befinden, hat Spanien sich eindeutig auf eine Strategie festgelegt: das Mittelmeer zu entsalzen. Katalonien wird seinen Rückstand in diesem Programm rasch aufholen. Eine Anlage ist im Juli 2009 eröffnet worden. Drei andere werden später folgen. Man kennt die Effizienz der Technik. Ihre Nachteile sind unübersehbar: die Kosten, der Energieverbrauch, die salzigen Abwässer.

4. Die Zuhilfenahme der Rhône. Ein Aquädukt ist geplant. Er würde sein Wasser in der Umgebung von Arles schöpfen.[20]

Spanien ist der Punkt, von dem aus die globale Erwärmung den alten Kontinent erreicht. Europa glaubte sich sicher. Es irrte sich. Auch die Pyrenäen werden die Trockenheit nicht aufhalten.

X. Einige afrikanische Fragen

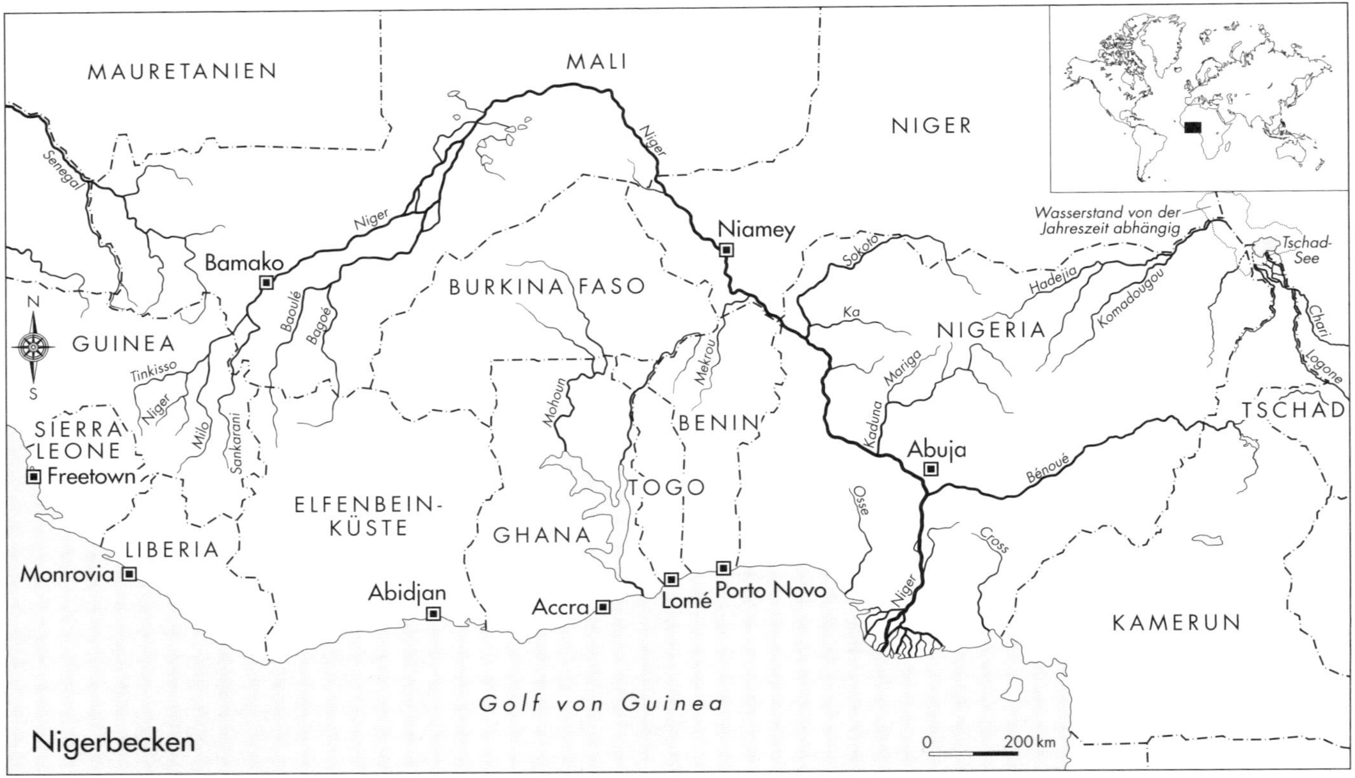
Nigerbecken
MAURETANIEN
MALI
NIGER
BURKINA FASO
GUINEA
SIERRA LEONE
LIBERIA
ELFENBEIN-KÜSTE
GHANA
TOGO
BENIN
NIGERIA
TSCHAD
KAMERUN
Golf von Guinea
Bamako
Niamey
Freetown
Monrovia
Abidjan
Accra
Lomé
Porto Novo
Abuja
Senegal
Niger
Tinkisso
Milo
Sankarani
Baoulé
Bagoé
Mohoun
Mekrou
Sokoto
Ka
Kaduna
Mariga
Hadejia
Komadougou
Bénoué
Osse
Cross
Chari
Logone
Tschad-See
Wasserstand von der Jahreszeit abhängig
N
S
0
200 km

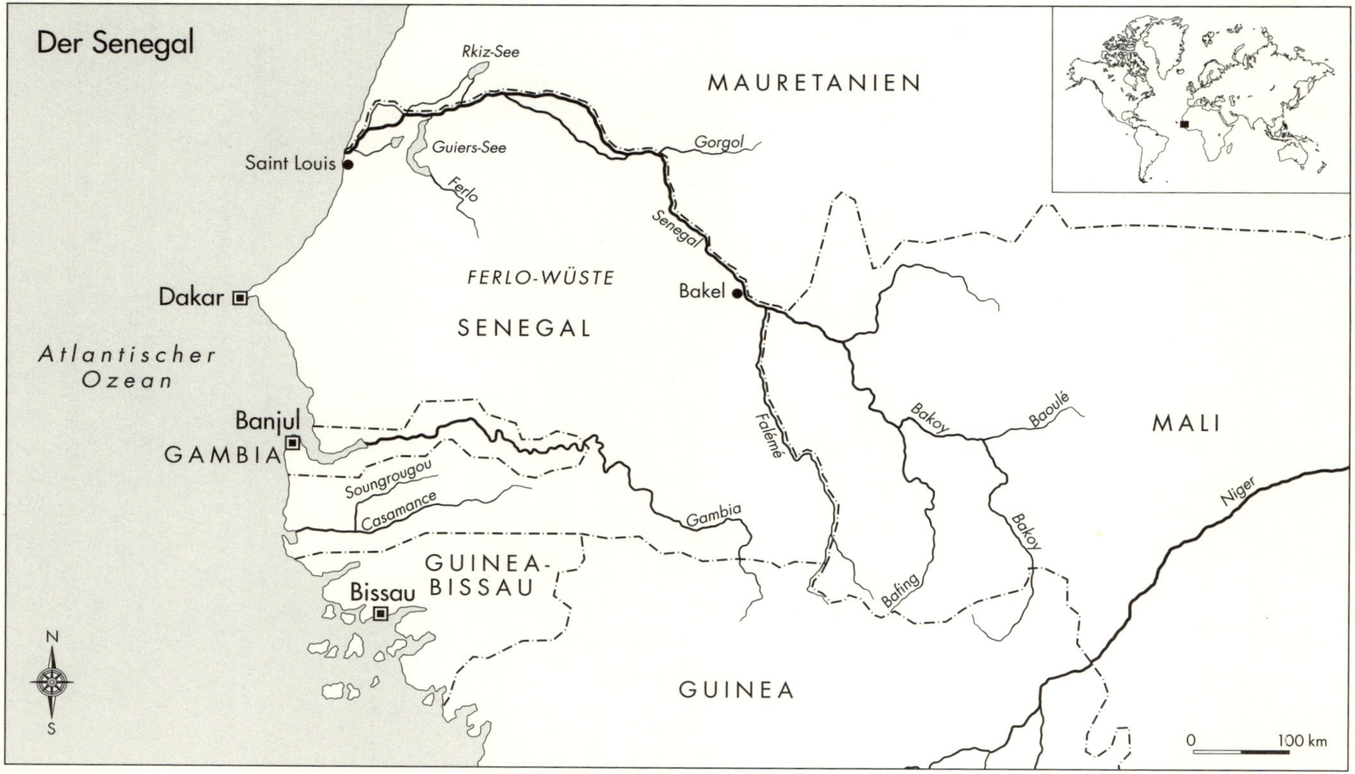
Der Senegal
MAURETANIEN
Rkiz-See
Guiers-See
Gorgol
Saint Louis
Ferlo
Senegal
FERLO-WÜSTE
Bakel
Dakar
SENEGAL
Atlantischer Ozean
Banjul
GAMBIA
Soungrougou
Casamance
Gambia
Falémé
Bakoy
Baoulé
MALI
Niger
Bafing
GUINEA-BISSAU
Bissau
GUINEA
N
S
0
100 km

Was wird aus dem Tschad-See?

Die Kouri-Kühe, auch Boudouma genannt, sind beunruhigt. Sie haben Darwin gelesen und wissen daher, dass sich die Arten an veränderte Lebensbedingungen anpassen. Aber was wird aus ihren Hörnern, dem Hauptattribut ihrer Schönheit, wenn der Tschad-See austrocknet? Denn diese Hörner, imposante Wunder (Durchmesser: fünfzehn Zentimeter, Länge: ein Meter), dienen ihnen als Schwimmhilfen.

Was nützt es, schwimmen zu können, wenn das Wasser verschwindet?

Die Kühe sind nicht untätig. Sie informieren sich. Wenn Sie auf die Weide kommen, wette ich hundert zu eins, dass eine von ihnen auf Sie zukommen und eine Unterhaltung beginnen wird:

«Hat unser Tschad-See schon einmal ein solches Elend gekannt?»

«Gewiss. Im 15. Jahrhundert war kein Tropfen mehr übrig von ihm. Beim Tauchen hat man an Stellen, die heute überschwemmt sind, Spuren von Dörfern gefunden.»

«Ist unser See denn größer gewesen als heute?»

«Vor 5 oder 6 Millionen Jahren erstreckte sich der See wahrscheinlich über mehr als 30 000 Quadratkilometer … Seit 1900 hat er ständig zwischen drei Größen geschwankt: groß (25 000 Quadratkilometer, zwischen 1950 und 1960, zum Beispiel), normal (22 000 Quadratkilometer, die meiste Zeit) und klein (2500 Quadratkilometer offenes Wasser, umgeben von Sumpfgebieten mit einer Fläche von etwa 10 000 Quadratkilometern).

Sein gegenwärtiger Zustand zeigt diese letzte Gestalt des ‹kleinen Tschad›, die nichts Neues ist. Die Einmaligkeit liegt in der Dauer dieser Kleinheit. Im Gegensatz zu den vorangegangenen Perioden nimmt die Seeoberfläche nicht wieder zu.»

Diese letzte Bemerkung hat die Kouri-Kuh nicht beruhigt. Ich weiche zurück. Bei der Länge ihrer Hörner wirbelt sie mit einem bloßen Schütteln ihres Kopfes mindestens zwei Kubikmeter heiße Luft auf.

Ich verstehe die Bestürzung des Tieres. In bestimmten Mythen der Fulbe, eines westafrikanischen Volkes, lebten die Kühe ursprünglich die meiste Zeit nach Art der Nilpferde im Wasser und in Gesellschaft der Dschinns, der Geister des Sees. Eines Tages sah ein Dschinn zufällig eine Frau am Ufer entlanggehen. Sie gefiel ihm, und er schwängerte sie. Aber wie das Kind ernähren? Der Dschinn jagte eine Kuh aus dem Wasser und zeigte den versammelten Menschen, wie man melkt. Beunruhigt verließen die anderen Kühe den See. So entstand die allererste Herde.

Plötzlich vergisst sich die Kouri. Ein hübscher brauner Strahl klatscht auf den Sand und bildet dort einen Fladen. Mit befreitem Geist kann die Kuh ihre letzte Frage, die beklemmendste, formulieren:

«Ist unser See das Opfer der globalen Erwärmung? In diesem Fall hätten wir nichts mehr zu hoffen.»

«So viel steht fest: Der Tschad-See ist nur geringfügig vom Regen abhängig (höchstens zu zehn Prozent). Sein Wasser kommt fast ausschließlich von zwei Flüssen, dem Logone und dem Chari. Alle beide haben ihre Quellen in feuchten Regionen, der erste in Kamerun, der andere in der Zentralafrikanischen Republik. Die gute Gesundheit des Sees hängt also von der Wassermenge dieser Flüsse ab, die durch komplexe klimatische und noch wenig bekannte Mechanismen gesteuert wird. Die «globale Erwärmung» ist eine viel zu vage und allgemeine Formel, um auch nur die geringste Klarheit zu schaffen. Die Wissenschaftler schlagen nur Hypothesen vor …»

Die Kouri-Kuh zieht enttäuscht und verächtlich ab: Wer sind diese Menschen, die unfähig sind, klare Antworten zu geben? Sie bleibt mit ihrer Ungewissheit allein zurück.

Die großen Spiele der Natur sind weniger einfach, als man glaubt. Vor allem, wenn die Menschen mitspielen wollen.

Ich denke an den Grundwasserspiegel der Stadt Niamey am Niger. Alle Messungen sind amtlich: Er ist unablässig angestiegen, selbst während der schlimmsten Trockenjahre (1968–1973). Die einzige Erklärung für dieses merkwürdige Phänomen, das in völligem Widerspruch zu den klimatischen Veränderungen steht, sind die landwirtschaftlichen Praktiken. Um sich mit Holz zu versorgen und auch um ihre Hirse bequemer anbauen zu können, haben die Bauern die Buschsavanne gerodet – oder abgebrannt. Die kleinen Gerinnsel haben zugenommen. Das Wasser hat sich in Mulden und Teichen gesammelt, ehe es in die Tiefen sickerte. Niemand bestreitet, dass die Erwärmung den Wasserkreislauf beeinflusst. Aber häufig spielt die Veränderung des Bodens durch den Menschen (Landwirtschaft und Urbanisierung) eine entscheidendere Rolle.

Werden wir bald dem Beispiel des Skarabäus aus Namibia folgen?

Von der namibischen Wüste wird gesagt, sie sei die älteste des Planeten. 100 Millionen Jahre vor unserer Zeitrechnung sei sie entstanden. Sie erstreckt sich über 2000 Kilometer zwischen dem 19. und dem 27. südlichen Längengrad, entlang einer Küste, die so gefährlich ist, dass man sie Skeleton Coast genannt hat: Hunderte von Schiffswracks geben Zeugnis von der Tücke des Orts. Einzige Annehmlichkeit dieser Landschaft: der aus der Antarktis kommende Benguelastrom. Sein Wasser bietet nicht nur vielen Fischen eine Heimat, es bringt auch Kühle mit. Wenn er auf die trockenen und (sehr) heißen Winde trifft, die vom Kontinent her wehen, entsteht ein dichter Nebel, dem Flora und Fauna der Region ihr Leben verdanken.

Denn hier darf man sich keinerlei Hilfe vom Regen erwarten: Manchmal fallen weniger als zwanzig Millimeter pro Jahr und niemals mehr als hundert.

In dieser Welt, die man sich nicht feindlicher vorstellen kann, waren die Pflanzen und Tiere gezwungen, und sie hatten die Zeit, mustergültige Strategien der Anpassung zu entwickeln.

Im Gegensatz zu den Versprechungen, die das Adjektiv macht, welches dem Namen folgt, bietet die *Welwitschia mirabilis* einen hässlichen Anblick: Man könnte sie für einen Haufen Pflanzenabfälle halten, der mitten in der Wüste darauf wartet, verbrannt zu werden. Treten wir näher. Die Dame verdient Respekt, und sei es nur ihres Alters wegen: Sie kann zweitausend Jahre erreichen! Obwohl sie nur eine Wurzel hat und vor allem nur zwei Blätter, die jedoch wachsen und wachsen, unaufhörlich. Die Wissenschaftler sind dabei, die Struktur dieser magischen Blätter zu erforschen. Wie stellen diese es an, dass sie noch die geringste Feuchtigkeit aus der Luft auffangen und dadurch so lange unter diesen grausamen Bedingungen überleben können?

★

Der hier heimische Skarabäus hat sich vor kurzem bereitgefunden, sein Geheimnis preiszugeben. Zwei englische Forscher, Andrew Parker und Chris Laurence, Zoologen aus Oxford, untersuchten 2001 den Panzer des kleinen Tieres. Sie stellten einen Wechsel von Höckern und Vertiefungen fest. Die Höcker sind hydrophil (Wasserfreunde), die Vertiefungen hydrophob (Wasserfeinde). Wenn der Nebel aufsteigt, richtet sich der Skarabäus gegen den Wind. Der Wasserdampf sammelt sich auf seinen Höckern. Dort bilden sich Tröpfchen, die nach und nach über die Vertiefungen bis in die Mundöffnung des Durstigen gelangen!

Fünf Jahre später gelang es Robert Cohen und Michael Rubner vom Massachusetts Institute of Technology, angeregt durch dieses Vorbild, das Wunder nachzumachen. Sie fanden heraus, welche Oberfläche am aufnahmefähigsten für Wasser ist.

Diese Nachbildung des Skarabäus muss nur noch wachsen, um zu einer Fabrikanlage zu werden und die Wüsten zu bewässern.

★

In Chile verhüllt fast immer dichter Nebel den Himmel über einem Teil der Küste. Das ist die Feuchtigkeit, die vom Pazifik kommt und die sich über den Bergen mittlerer Höhe (fünf- bis achthundert Meter) verdichtet. Diese Regionen leiden unter entsetzlichem Wassermangel. Aller Wahrscheinlichkeit nach ohne jemals vom Skarabäus der namibischen Wüste gehört zu haben, sind die Bewohner auf die Idee gekommen, seine Technik nachzuahmen. Sie fingen damit an, Netze zu spannen, um das Wasser, das im Nebel in Tröpfchen vorhanden ist, aufzufangen. Die Anlagen sind allmählich raffinierter geworden. Padre Hurtado ist ein Fischerdorf. Eine Reihe von Gittern aus Plastik, vier Meter hoch und zwölf Meter lang, ermöglichen es, durchschnittlich 11 000 Liter Wasser pro Tag zu sammeln! Fast überall in den Anden und vor allem in Peru (Arequipa) sind ähnliche Anlagen errichtet worden. Oft leisten sie einen entscheidenden Beitrag zur Wasserversorgung.

★

Wissenschaftler haben errechnet, dass unsere Atmosphäre 12 900 Kubikkilometer Süßwasser enthält: 98 Prozent Wasserdampf, zwei Prozent Kondenswasser (Wolken). Diese beeindruckende Menge ist der Menge flüssiger und erneuerbarer Wasserressourcen in der bewohnten Welt vergleichbar: 12 500 Kubikkilometer.

Der Schluss legt sich nahe: Wenn es gelänge, der Luft, die uns umgibt, das Wasser zu entziehen, würde niemand auf der Welt mehr Durst leiden müssen.

Die Jagd nach dem Nebel ist eine erste, leider begrenzte Antwort. Die wenigsten wasserarmen Länder haben das Glück, im Nebel zu leben!

Ein anderer Weg muss gefunden werden. Welche Art von Feuchtigkeit ist zu einer bestimmten Tageszeit (am frühen Morgen) auf der ganzen Erdoberfläche anzutreffen? Es ist der Tau.

Um den Präsidenten der Taujäger (der in der ganzen Welt bekannt ist) anzutreffen, genügt es, sich in die Hauptstadt Frankreichs zu begeben, in einen Bus der Linie 21 einzusteigen, an der Haltestelle Berthollet auszusteigen und in die Rue Vauquelin zu gehen. Die Nummer 10 beherbergt die berühmte École nationale de physique et de chimie industrielle von Paris.

Hier erfanden an einem bestimmten Tag des Jahres 1898 Pierre und Marie Curie das Radium.

«Das Gebäude T?»

Ein alter Concierge zeigt Ihnen die Richtung.

Mit Herzklopfen betreten Sie diesen heiligen Ort des Wissens. Zuerst finden Sie sich in dieser Art Dorf leicht zurecht. Gebäude F, Gebäude M … Offensichtlich sind Sie auf dem richtigen Weg.

Doch dann wird es beängstigend. Und verzweiflungsvoll …

Denn Sie sehen sich schon unverrichteter Dinge umkehren. Wo befindet sich nur das Gebäude T? Sie irren zwischen alten containerartigen Baubaracken herum.

Da Sie das Gebäude T nicht finden, klopfen Sie an der Tür von R. Man bestätigt Ihnen, was Sie schon ahnten, ohne dass Sie gewagt hätten, es sich einzugestehen: Das berühmte «Gebäude T» ist tatsächlich eine der Baracken.

Sie klopfen an. Niemand antwortet. Sie treten ein. Man könnte es für ein besetztes Haus halten. Drei junge Leute, mehr schlecht als recht auf einem eingesunkenen Sofa sitzend, kommentieren auf Englisch die ausgesprochen komplexen Kurven, die vor ihnen auf dem Bildschirm eines Laptops erscheinen. Ich werde später erfahren, dass es um Sandhaufen geht (Physik der körnigen Masse).

Eine Tür geht auf. Der Papst des Taus erscheint. Ein Papst und Forschungsdirektor im Kommissariat für Atomenergie, spezialisiert auf das Studium der kondensierten Materie und im Besonderen auf die «Phasenübergänge in den einfachen und komplexen Flüssigkeiten» (Kondensation, Verdunstung, spezifische Besonderheiten des Umwandlungspunkts …). Ein oben auf dem Schädel kahler Papst, mit einem zerzausten Haarkranz. Und ansonsten ein doppeltes Konzentrat von guter Laune und Begeisterung.

«Willkommen in meinem Büro, das so klein wie legendär ist!»

Ohne mir Zeit zu geben, nach dem Ursprung der Legende zu fragen (denn für die Größe des Orts drängt sich das Adjektiv «klein» von selbst auf: Unsere beiden Stühle berühren sich, eine dritte Person müsste sich auf unseren Schoß setzen), kommt Daniel Beysens direkt zum Kern der Sache:

«Sie sind eine Null in physikalischen und chemischen Dingen? Kein Problem. Ich werde vereinfachen. Die Luft, die mehrheitlich aus Stickstoff (78 Prozent) und Sauerstoff (21 Prozent) besteht, kann in Form von Dampf mehr oder weniger Wasser enthalten, je nach ihrer Temperatur und ihrem Druck. Wenn sich die Temperatur (oder der Druck) der Luft erhöht, kann sie eine größere Wassermenge aufnehmen. Bei gegebenem Druck kann man leicht die Temperatur berechnen, bei der der Wasserdampf kondensiert: Das ist der *Taupunkt*. Seit altersher …»

Und wir sind im Reich der Legenden angelangt. Ich beginne die magische Kraft des kleinen Büros zu verstehen.

Daniel Beysens erinnert an die Skythengräber, die durch den ewigen Schnee kühl gehalten wurden. Er entführt mich ins England des Mittelalters, an das Ufer von Tau-Seen …

Während ich ihm zuhöre, gebe ich mich Träumen hin. Ich träume von jenen geheimnisvollen Bauten. Ich träume von der Vermehrung solcher Taufallen, die überall auf der Erde entstehen könnten. Sie würden tagsüber schlafen und mit der Arbeit beginnen, sobald der Abend hereinbräche. Den Durst durch die Nacht gestillt zu bekommen, gibt es einen sanfteren Traum?

Daniel Beysens führt mich in die Wirklichkeit zurück, das heißt: zur Bescheidenheit. Die modernen Anlagen sind weniger poetisch: einfache Tafeln, aufgestellt auf dem Boden oder auf den Dächern. Sie müssen dünn sein, damit sie in der Nacht rasch abkühlen können. Die Forscher haben ihre günstigste Neigung errechnet (ein Winkel von 30 Grad erlaubt, die Erwärmung durch den Wind so weit wie möglich zu beschränken und zugleich das Abfließen der Tropfen zu erleichtern) und ihre beste Ausrichtung (Westen, um möglichst spät von der aufgehenden Sonne tangiert zu werden).

«Der Ertrag? Theoretisch könnten wir jede Nacht auf einem Feld von einem Quadratmeter einen Liter erwarten …»

Zweifellos habe ich meine Enttäuschung nicht verbergen können, da ich inzwischen gewöhnt bin, mit Hunderttausenden von Kubikmetern zu jonglieren.

Daniel Beysens sieht mich an:

«Ich werde Ihnen ein Beispiel geben. Ein Dorf in Indien, Sayarat, im Staat Gujarat, in der Nähe von Kutch. Dort regnet es nur ein oder zwei Monate im Jahr. Wir haben das Dach der Schule (350 Quadratmeter) mit einer Spezialfolie aus Plastik ausgerüstet, die auf einem thermischen Dämmstoff aufliegt. Je nach den atmosphärischen Bedingungen schwankt der Ertrag am Morgen zwischen fünfzehn und 110 Litern. Glauben Sie mir, diese Liter verändern das Leben der Menschen!»

So ging meine erste Unterrichtsstunde über den Tau zu Ende. Daniel Beysens machte nicht den Eindruck, als hätte er mir meine Enttäuschung verübelt. Als er mich hinausbegleitete, zeigte mir der Spezialist für «Phasenübergänge» seine Tür:

«Können Sie es lesen?»

Ich beugte mich vor, und unter dem Namensschild von Daniel Beysens erkannte ich den Namen Georges Charpak. Ehe Daniel Beysens über den Tau nachzudenken begann, hatte Georges Charpak hier seine Untersuchungen über die Teilchendetektoren durchgeführt, für die er den Nobelpreis für Physik (1992) erhielt. Hatten mir Monsieur Charpak und Monsieur Beysens unerwartet das Geschenk eines Teils ihrer Intelligenz gemacht? Als ich das Gebäude T, nicht besonders stolz auf mich, verließ, erkannte ich, dass es ein Irrtum gewesen war, den Tau gering zu achten. Rieseninstallationen sind längst nicht überall realistisch, geschweige denn passend. Das Wasser ist ein lokal bedingtes Bedürfnis, auf das man mit allen möglichen Mitteln lokal antworten muss. Etwas später, als ich auf den Bus 21 wartete, verstand ich auch, dass die Zeit der eindimensionalen (und bequemen) Lösungen, wie etwa des Öls, vorüber ist. Man wird die Maßnahmen vervielfachen müssen, von denen einige dummen und blinden Geistern dilettantisch vorkommen werden.[21]

Warum haben die Senegalesen nicht genug Reis?

Der Reis hat sich erst auf Beschluss der Kolonialmacht über Schwarzafrika ergossen. In den 1920er Jahren wollte die Französische Republik Ordnung in ihrem Reich schaffen. Der Erste Weltkrieg hatte die Finanzen erschöpft. Frankreich musste die Rentabilität seiner fernen Besitzungen erhöhen. Daher der Gedanke, jeder eine bestimmte Rolle zuzuteilen.

Auf diese Weise bekam der Senegal die Aufgabe, Erdnüsse zu produzieren, viele Erdnüsse. Auf Kosten anderer Lebensmittelkulturen, Hirse oder Sorgho. Die Senegalesen brauchten etwas zu essen? Kein Problem: Man würde ihnen Bruchreis aus einer anderen fernen Besitzung, aus Indochina, liefern. Man hatte ihnen natürlich nicht gesagt, dass dieser Reis dort den Tieren vorbehalten war. Und wenn die Afrikaner tatsächlich Reis anbauen wollten, war der Ort auch schon gefunden: im Herzen Malis, im inneren Delta des Niger.

Dieser Bruchreis veränderte die heimischen Essgewohnheiten von Grund auf. Man gewöhnte sich daran. Noch mehr, man liebte ihn. Das Produkt aus der Ferne galt als Luxus. Man wusch sich nur ungern die Hände, um das leichte Fett, das sich von allen anderen Fetten unterschied, so lange wie möglich an den Fingerspitzen zu behalten: Es bewies, dass man sich etwas leisten konnte. Außerdem war es überflüssig, den Reis lange zu stampfen, er war leicht zuzubereiten.

Unabhängig geworden, überlegte der Senegal:

«Wahrhaftig, ich liebe den Reis. Warum baue ich ihn nicht selbst an?»

Eine rasche Prüfung seiner Böden brachte ihn zu dem Ergebnis, dass die günstigste Gegend sein nördliches Grenzgebiet entlang des Flusses Senegal, zwischen Saint-Louis und Bakel, sei. Dreitausend Sonnenstunden im Jahr und fast unerschöpfliche Wasserreserven in Reichweite: Man musste nur genügend Bewässerungskanäle anlegen. Für diese pharaonischen Arbeiten fehlte jedoch das Geld. Die Weltbank, darum angegangen, stimmte ihren gewöhnlichen Refrain an:

«Gegenüber Asien werdet ihr nie wettbewerbsfähig sein!»

Zu jener Zeit neigten die Senegalesen dazu zu glauben, was die weißen Experten ihnen sagten. Da diese die Reisidee schlecht fanden, war die Reisidee nicht gut. Die Senegalesen wagten daraufhin, die weißen Experten nach einer Ersatzlösung zu fragen.

«Wie sollen wir das wissen? Vielleicht Blumen?», antwortete einer der Experten.

Die anderen Experten lachten laut:

«Glaubst du, die Blumen dieser Unglücklichen wären wettbewerbsfähig?»

Die Senegalesen waren beharrlich, auf senegalesische Weise, sanft und freundlich.

«Aber was können wir dann mit unserem Fluss anfangen?»

«Versucht es ... ja, das ist es, versucht es mit Krokodilen, mit der Zucht von Krokodilen!»

«Ah, ah, ah ...»

Diese Möglichkeit der Krokodilzucht erheiterte die Experten bis zum Ende ihres Aufenthalts. Aber als sie wieder in Washington waren und zu ihrem Ernst zurückgefunden hatten, schlossen sie ihren Bericht mit einem Zweifel: Selbst was die Krokodile angehe, sei es nicht sicher, dass die Senegalesen eines Tages wettbewerbsfähig würden.

So kehrte Präsident Senghor zur Reisidee zurück. Er fand woanders Unterstützung als bei der Weltbank. Um die Flussregion zu bewirtschaften, schuf er ein staatliches Unternehmen, das alles in die Hand nahm: das Ausheben der Kanäle, die Elektrifizierung, die Installation der Pumpen, den Bau der Straßen und der Dämme (häufig dienten die Straßen als Dämme), die Fortbildung und die Gesundheit der Bauern, die Vermarktung ihrer Produkte ... Kurz, eine jener Riesenkolchosen, in denen Afrika eine Zeitlang Meister war, natürliche Kinder Colberts und Lenins, des französischen Staatssozialismus und des sowjetischen Kollektivismus.

Auf meiner Reise durch die Baumwollländer konnte ich die Moral dieser großen Tiere gut kennenlernen und beobachten. Schwerfälligkeit, Verschwendung, Korruption. Aber auch unverkennbare Entwicklungsarbeit: Organisation des Raums und unermüdliche Begleitung der Bevölkerung.

Dieses große Tier hier heißt SAED, ein sehr kurzes Akronym für einen viel gesprächigeren Namen: **S**ociété nationale d'**a**ménagement et d'**e**xploitation des terres du **d**elta du fleuve Sénégal et des vallées du fleuve Sénégal et de la Falémé (Nationale Gesellschaft für Bewirtschaftung und Nutzung der Böden des Deltas des Flusses Senegal und der Täler des Flusses Senegal und der Faleme). Der Generaldirektor empfängt mich: Mamoudou Dème. Er ist einer jener Männer, die die Institution verkörpern, die sie leiten. Er denkt SAED, er lebt SAED, er schlägt sich, er begeistert sich, er erregt sich SAED, offensichtlich träumt er SAED, denn jeden Morgen versammelt er seine schon erschöpften Mitarbeiter, um ihnen neue, in der Nacht geborene Projekte zu verkünden.

Man muss zugeben, sein Königreich ist riesig: 34 Prozent des Staatsgebiets, mehr als eine Million Bewohner, davon 75 Prozent Bauern. Auf dem Weg zum Fluss erzählt er mir redselig das Epos seiner geliebten SAED. Gründung 1965. Zwei Jahrzehnte lang kümmert sie sich um alles. Sie plant, bewirtschaftet, organisiert. Der Bauer führt aus. Dann kommt das Ende der 80er Jahre mit der Parole: Privatisierung. Die SAED zieht sich aus allen produktiven Funktionen zurück. Sie behält nur noch ihre doppelte Aufgabe als öffentliche Einrichtung: Verwaltung der Ländereien und Beratung. Nach einer Zeit der Instabilität treten private Gesellschaften die Nachfolge an. Nicht ohne Schwierigkeiten: Die Geldentwertung, die CFA (Communauté financière africaine), hat die Kosten erhöht (Düngemittel, Geräte, Saatgut ...). Aber die Mehrzahl der Gebiete wird heute von dörflichen Gemeinschaften verwaltet.

Zwei Worte kehren in der Rede von Mamoudou Dème immer wieder, zwei rätselhafte Worte. Was sind die *Spekulationen*, von denen er spricht? «Die Erdnussspekulationen haben uns im vergangenen Jahr enttäuscht.» «Ich bin zuversichtlich hinsichtlich der Tomatenspekulationen.» Und wer ist dieser *Emissär*, dem er große Bedeutung beizumessen scheint? Ich wage nicht, seine Wortflut, ein wahres Epos der Bewässerung, zu unterbrechen, und behalte meine Fragen für mich. Ich muss auch zugeben, dass ich meine Unwissenheit nicht eingestehen möchte. Schließlich bin ich ein Akademiker, das heißt, ich habe ein Wörterbuch. Erst am Abend erfahre ich aus dem Mund eines Mitarbeiters, dass «Emissär» der Name eines Abwasserkanals ist. Was «Spekulation» anbelangt, so bezeichnet das Wort einfach eine Produktionsmenge (von Reis, Tomaten ...). Spekulation! Welcher Scharfsinn! Welcher Realismus! Wer könnte bei der naturbedingten Unsicherheit des Wetters den Wert einer Ernte für gesichert halten? Was würde die französische Sprache ohne die französische Sprachgemeinschaft machen, dieses unerschöpfliche Reservoir an Humor und konkreter Verankerung, an Poesie, das heißt an Wissen?

In der Zwischenzeit spricht Mamoudou Dème vom Anbaukalender: «Wir haben drei Jahreszeiten, die sich etwas überschneiden: den Winter, von Juni bis Dezember; die kalte Trockenzeit, von Oktober bis März; und die warme Trockenzeit, von Februar bis Juni.»

«Wie viele Ernten ergibt das?»

«Wie? Das wissen Sie nicht? Zwei für den Reis, die Tomate, den Mais, die Zwiebel. Aber drei für die Erdnuss. Drei Ernten pro Jahr, machen Sie sich das einmal klar! Wenn ich an die denke, die sagen, Afrika sei verflucht!»

Mit diesem Gruß an den Allerhöchsten, begleitet von einer Schimpfkanonade auf seine Mitbürger wegen ihres Mangels an Ehrgeiz, gelangen wir nach Mboundoum.

«Riechen Sie den Fluss?»

Ich öffne das Fenster.

«Sie werden ihn noch kennenlernen. Glücklicherweise haben wir ihn, diesen Fluss! Wissen Sie, wieviel Wasser ein Hektar Reis verschlingt?»

Einmal mehr bekenne ich mein Unwissen.

«16 000 Kubikmeter im Winter, fast 20 000 in der warmen Jahreszeit. Nur das Zuckerrohr braucht noch mehr: 29 000 Kubikmeter!»

*

Es ist einer jener Orte, an denen der Reisende zur Gewissheit seiner ältesten Vorfahren zurückfindet: Offensichtlich ist die Erde flach, gleichmäßig flach von einem Horizont zum anderen. Nicht die geringste Andeutung eines beginnenden Hügels. Und nicht die geringste Talbildung. Welcher Riesenhobel war hier am Werk? Die Häuser der Dörfer scheinen sich dafür entschuldigen zu wollen, dass sie sich ein wenig, so wenig, über den Boden erheben. Und erst die Hütten der Saisonarbeiter aus Guinea oder Sierra Leone! Sie sind nicht höher als ein Bündel geschnittener Binsen. Kein Baum, nur in der Ferne die Silhouette der Eukalyptusbäume an der Autostraße Saint-Louis-Richard Toll. Ein Gewimmel von Vögeln jeder Größe, jeder Farbe, jedes Gezwitschers. Man könnte meinen, alle gefiederten Tiere der Welt hätten sich hier versammelt, um die Menschen arbeiten zu sehen. Von Zeit zu Zeit, ohne dass sie irgendeine Gefahr bedrohte, schwingen sie sich in die Lüfte. Wer wird je die Launen der Vögel verstehen? Vielleicht wollen sie, und sei es nur für einen Augenblick, dem unheilvollen Charme dieser Flussregion entkommen: dem Bann der Horizontale? Vielleicht langweilt sie zu viel Horizontalität?

Der andere starke Eindruck ist die Arbeit. Die Bauern haben, wie man weiß, nicht die Muße wegzufliegen. Sie sind an den Boden geschmiedet und arbeiten. Selten habe ich so wie hier das Bedürfnis verspürt, der menschlichen Arbeit zu huldigen. Für gewöhnlich zeigt sich die Menge der Arbeit an den Feldern: Abgesehen vom Säen, dem Jäten, dem Ernten ... ahnt man, wie viel gerodet, Steine aufgesammelt, eingeebnet werden mussten, um eine nutzbare Fläche zu gewinnen. Hier gilt die erste Bewunderung den Anlagen, die um die Felder herum gebaut worden sind und die ihnen das Leben schenken: den Bewässerungsnetzen.

Mamoudou Dème lehrt mich, zwischen den Linien, die die Landschaft durchweben, zu unterscheiden. Die Hauptkanäle, lange grün-gelbe Striche, von kleinen Wellen gekräuselt, bringen das Wasser des Senegal heran. Sie fließen in Bodenhöhe. Die Pumpen werden nur einmal gebraucht: um das Wasser anzusaugen. Dann kommt die Gravitation ins Spiel. Ihr sei Dank. Jedesmal, wenn wir fluchen, weil wir straucheln oder stürzen, sollten wir uns an die Energie erinnern, die die Schwerkraft uns einsparen lässt!

Von diesen Kanälen gehen kleinere Kanäle ab, die selbst Wassergräben entlassen, die ihrerseits ... Überall Schleusen, die sich je nach Bedarf öffnen und schließen.

Etwas tiefer als der Boden ist ein anderes Netz gelegt, weniger fein als das gerade geschilderte, aber genauso notwendig: Es sind die Entwässerungsgräben, andere Kanäle, die das gebrauchte Wasser auffangen und abführen. Ohne diese Entsorgung würden die Insektizide und Pestizide im Boden zurückbleiben.

Ich habe das Salz vergessen: Aber seine Spuren sind gut sichtbar, halb graue und halb weiße Flecken auf den verlassenen Parzellen. Der Kampf zwischen Wasser und Salz endet nie. Die Erde ist das Schlachtfeld. Das Wasser löst das Salz auf. Aber das Salz wartet, bis seine Stunde gekommen ist. Sobald sich das Wasser zurückzieht, erscheint das Salz wieder, es steigt aus den Tiefen auf, und die Erde stirbt.

Der letzte Tag im Dezember: Die Ernte ist in vollem Gang. Auf den Feldern arbeitet man mit allen Kräften. In Wirklichkeit würde man gerne noch effektiver arbeiten, aber es fehlt an Maschinen. Wenige und alte Erntemaschinen ziehen von Parzelle zu Parzelle. Und die Dreschmaschinen gleichen Spielzeugen. Sie sehen aus, als wären sie einem philippinischen Modell nachgebildet.

Die Bauern betrachten traurig ihre Reispflanzen. Sie beginnen zu vertrocknen, und die Erntemaschinen kommen und kommen nicht! Auch dieses Jahr werden die Erträge wieder nicht so hoch sein, wie sie sein könnten. Die Silberreiher und die Störche scheinen die Enttäuschung zu teilen. Und auch die Habgier ihrer kleineren Kollegen zu missbilligen: Webervögel, Sperlinge und andere Turteltauben futtern sich hemmungslos voll. Was nützen eigentlich die Tausenden von Vogelscheuchen? Es sind allerdings nur kleine weiße Fahnen, die im Wind der Ebene flattern. Als ob die Dorfbewohner das Volk der Vögel bitten würden, in einen Waffenstillstand einzuwilligen, der ihrer Plünderung ein Ende setzte. Um diese Art Fluch zu bekämpfen, hatte der große Steuermann Mao Massen von Chinesen mobilisiert: Sie erhielten den Auftrag, Tag und Nacht zu schreien, zu singen und auf Trommeln und Töpfe einzuschlagen. Um diese Vielfraße von Vögeln daran zu hindern, sich am Boden auszuruhen. Gezwungen zu fliegen, bis ihnen der Atem ausging, starben viele. Die toten Vögel fielen wie Hagelkörner vom Himmel. Die Afrikaner kennen diese Art von Grausamkeit nicht, und die kleinen Biester profitieren davon.

Fuhrwerke kommen langsam vorbei, gezogen von Eseln. Sie transportieren die Säcke mit den Körnern, die man den Räubern am Ende hat entreißen können.

Wenn der Ortsvorsteher nicht geglaubt hätte, seine Bitte in diesem Moment vorbringen zu müssen, hätte er einen schönen Wutanfall von Mamoudou Dème, Monsieur SAED, vermieden.

Wir besichtigten eine kleine, ganz neue Wasseraufbereitungsanlage. Seit ein paar Monaten lieferte sie Trinkwasser für einige hundert Familien. Ein beachtlicher Fortschritt. Leider stellte Monsieur Dème während seiner Inspektion erstens fest, dass ein italienischer automatischer

Dosierapparat nicht mehr funktionierte, und zweitens, dass eine Platte, die eigentlich die Pumpen schützen sollte, zerbrochen war.

Fragen an den Verantwortlichen. Dieser antwortet mit einem breiten Lächeln und einer ebenso weit ausholenden fatalistischen Handbewegung:

«Wir haben zur Zeit keinen einzigen ernsthaften Fall von Diarrhö zu beklagen …»

Monsieur Dème schweigt. Als der Ortsvorsteher sich jedoch über den Mangel an Maschinen beschwert, bezieht er Dresche.

«Was würden sie dir nützen? Du wirst sie kaputt machen und verkommen lassen wie alle anderen!»

Auf dem Rückweg im Wagen unterhalten wir uns über diese Krankheit: die Unfähigkeit, die Maschinen in Gang zu halten und zu reparieren, die tiefverwurzelte Abneigung, die Dinge zu warten. Ich teile sein Unverständnis. Die Afrikaner sind Genies im Improvisieren, Künstler im Wiederverwerten, Meister im Basteln: Ihre Taxis sind die reinsten Tinguelys, die mehr schlecht als recht ihren Dienst tun. Warum also beim ersten Zwischenfall diese Ablehnung bestimmter Maschinen? Maschinen, die ihnen doch das Leben erleichtern … Man könnte meinen, eine Panne sei das Zeichen des bösen Blicks. Oder aber, die modernen Dinge würden nur geduldet. Da man ahnt, dass sie, erst einmal installiert, die sozialen Netze zerstören werden, ist man nicht böse, sie loszuwerden. Man schiebt das Unvermeidliche hinaus …

Vorsicht! Wir befinden uns auf einer abschüssigen Bahn. Afrika, die Afrikaner … Je besser man Afrika und die Afrikaner kennt, umso unausstehlicher werden solche Verallgemeinerungen. Die Psychologie der Völker oder, noch schlimmer, der Kontinente («die Schwarzen», «die Gelben») ist eine verschwommene Disziplin, in der Irrtümer häufig sind und rasch unerträglich werden. Monsieur Dème und ich ziehen es vor, unsere uferlosen Überlegungen hier abzubrechen. Umso mehr, als wir in Ross Béthio angekommen sind. Die wichtigsten Reisproduzenten haben sich in einem Schulungszentrum versammelt. Unter dem riesigen spitzen Dach, in einer betonierten und stark vergrößerten Version der traditionellen Speicher sind die männlichen Bauern in der Überzahl. Aber ihre Präsidentin ist eine kleine Dame, hoch in den Fünfzigern, Peinda

Guéye Cissé. Sie ist gerade aus Israel zurückgekommen, und sie nimmt kein Blatt vor den Mund:

«Wir sind schlecht», skandiert sie auf Französisch. (Der Rest ihres Beitrags ist in der Sprache der Toucouleur, die ich nicht verstehe). «Wir sind schlecht. Zu schlecht in der Kenntnis der Pflanzen. Zu schlecht in der Organisation des Netzwerks. Unser Land ruiniert sich, um Reis aus Asien zu kaufen, und wir, wir geben uns mit schlechten Erträgen zufrieden: sieben, manchmal acht Tonnen pro Hektar, wo wir leicht zehn Tonnen und mehr ernten könnten!»

Ihre Kollegen nicken mit dem Kopf:

«Die Präsidentin hat recht! Die Präsidentin ist streng, aber ihr Zorn ist berechtigt ...»

Die tüchtige Frau fährt in demselben Ton fort; der Direktor der SAED wirft ihr einen bewundernden, ich möchte fast sagen, einen erleichterten Blick zu: Endlich jemand, der seine Dynamik teilt.

«Ich verlange keine Zerknirschung von euch. Ich will euren Einsatz!»

Die Bauern versprechen: Die Flussregion soll ganz Afrika als Beispiel dienen.

Am Ende der Versammlung erzählt mir Madame Guéye ihren Plan: einen israelischen Bauern einzuladen, «um die Afrikaner wachzurütteln».

Sie berichtet mir von ihrer Studienreise. Als sie in der Universität Ben Gurion ankam, empfing sie ein Mitglied des Lehrkörpers schonungslos:

«Haben Sie Sonne?»

«Natürlich!»

«Wie viel? Seien Sie genau!»

«Dreitausend Stunden im Jahr.»

«Haben Sie Wasser?»

«Wir brauchen es nur aus dem Fluss zu holen ...»

Der Professor zeigte spöttisch durch das offene Fenster auf die Wüste Negev.

«Und Sie produzieren nicht genug? Das heißt, dass man bei Ihnen faul ist. Oder dumm.»

Diese Demütigung hat Madame Guéye nicht vergessen. Sie hat die

«Selbstversorgung des Senegal durch seine Reisproduktion» zu ihrer eigenen Sache gemacht.

«Wir haben schon viel Land bewässert. Wenn wir die Fläche verdoppeln und die Erträge um nur zwei Tonnen erhöhen ..., werden wir von niemandem mehr abhängig sein. Stimmen Sie mir zu? Wollen Sie, dass ich fortfahre?»

Ich wollte das leichte, ganz leichte Nachlassen meiner Aufmerksamkeit nicht zugeben. Seit Anfang der Woche hatte ich zu viele Zahlen gehört und notiert. Mein Geist ging auf Wanderschaft. Ich sah die Hundertschaften menschlicher Silhouetten vor mir, die sich zum Boden niederbeugten. Und in meinen Ohren klang das Gespött der Vögel nach.

Auf dem Rückweg im Wagen fuhr Mamoudou Dème mit seinem Unterricht fort:

«Madame Guéye hat recht, gewiss. Aber es genügt nicht, die Erträge zu erhöhen. Ein Netzwerk muss entwickelt werden. Was nützt es zu produzieren, selbst viel zu produzieren, wenn die Ernten am Rand der Felder liegen bleiben und verfaulen? Wenn kein Lastwagen sie abtransportiert, wenn kein Lager sie im erforderlichen Moment kühl hält? Und wenn die Bauern sich nicht fortbilden?»

Ich berichte ihm kurz von unserer Gründung FARM[22] und der «Universität der Baumwolle», die wir gerade aufbauen. Sie hilft den Landwirten Westafrikas, in Netzwerken und bäuerlichen Syndikaten zu denken. Der Erfolg der französischen Landwirtschaft beruht auf soliden Strukturen.

Wir nähern uns Saint Louis. Und wieder eine Menschenmenge. Ich war vor weniger als zwei Jahren dort gewesen. Zeit genug für neue Stadtviertel, die recht und schlecht, ungeordnet und gutgelaunt aus dem Boden schießen. Besessen von meinem Thema frage ich mich, ob die Wasserversorgung und die Kanalisation folgen werden. Ich sehe zwei kleine Mädchen, jede zwei große Kanister schleppend, die ziemlich schwer zu sein scheinen. Ich weiß, dass ein kleines Mädchen, das man so Wasser holen schickt, ein kleines Mädchen ist, das für die Alphabetisierung verloren ist. Aus einem einfachen Grund: Man kann nicht alles machen, vor allem nicht, wenn man außerdem noch Holz suchen soll.

In den 1950er Jahren fuhr das kleine Frachtschiff *Bou el Mogdad* bis nach Bakel hinauf und sogar bis zur Stadt Kayes, um Post, Waren und ein paar Passagiere dorthin zu bringen. Nach vielen Abenteuern und Jahren des Rostens legt es, wieder ganz weiß und neu, direkt vor unserer Nase an. Wie sollte man in der untergehenden Sonne und unter dem doppelten verständnisvollen Blick des Pont Faidherbe und des Hôtel de la Poste (wo sich Mermoz ausruhte, ehe er zu seiner Atlantiküberquerung ansetzte) nicht einmal mehr dem Charme von Saint Louis verfallen? Kaum vorstellbar, dass nicht weit von dieser Insel der Vergangenheit Tag für Tag eine harte landwirtschaftliche Schlacht stattfindet. Die Ruhe der Städte im Hinterland ist eine der Perversitäten des Krieges.

Und wenn wir die Wolken impfen?

Jedes Jahr von Anfang Mai an erwartet ihn der Senegal. Er erwartet ihn hoffnungsvoll und dann angstvoll, je mehr Tage verstreichen, ohne dass er kommt.

Jeder erwartet ihn, vom Bauern, dem Hauptbetroffenen, bis zum Minister, der weiß, dass seine Gunst beim Präsidenten von dem Kommen abhängt.

Warum sollte man jemanden in der Regierung behalten, den der Allmächtige nicht wohlgefällig betrachtet oder erhört?

Der Mann auf der Straße in den Städten erwartet ihn ebenfalls. Ohne ihn werden die Lebensmittelpreise steigen. Wie soll er seine Familie ernähren?

Die Gebiete im Norden und Süden, die von Flüssen durchflossen werden, können ihre Felder durch Bewässerungskanäle versorgen, das Zentrum des Landes hängt völlig vom Regen ab.

Man darf sich nicht täuschen. Vor allem nicht voreilig anbauen, wenn der erste Regenguss niedergeht. Man stelle sich vor, es folgte kein weiterer: Die Saat wäre in Gefahr zu vertrocknen, anstatt zu keimen. Der

Senegal beobachtet den Himmel, der Senegal zählt, unter Zuhilfenahme der Finger.

Erst wenn die Wetterstationen nach dem 1. Mai an drei aufeinanderfolgenden Tagen zwanzig Millimeter messen, erst wenn in den dreißig Tagen, die folgen, keine Trockenperiode länger als sieben Tage dauert, kann man einigermaßen sicher sein, dass die Regenzeit begonnen hat.

Die Aufforderung zur Aussaat ergeht. Der Senegal feiert, und der Minister lächelt: Der Präsident hat gerade angerufen, um ihn zu beglückwünschen.

Im September beginnt die Angst erneut. Wann wird er wieder gehen? Man kennt ihn, den Regen. Wenn sich der senegalesische Regen entschließt, einen Ort zu verlassen, kehrt er nicht so bald wieder dorthin zurück. Das Land und der Minister beginnen wieder, den Himmel zu beobachten, unter Zuhilfenahme der Finger zu zählen; wenn man nach dem 1. September zwanzig Tage lang keinen Regenguss mehr feststellt, muss man sich damit abfinden: Die Regenzeit ist vorbei.

So lebte der Senegal, philosophisch, von Winterzeit zu Winterzeit, die einen Jahre reichlich, die anderen spärlich mit Wasser begossen.

Dann das Drama: die große Dürre der 1970er Jahre. Und seitdem scheint die Welt nicht mehr dieselbe zu sein. Der Mechanismus der Jahreszeiten ist gestört. Der Senegal würde sich so gerne in seinen Berechnungen getäuscht haben! Von neuem betrachtet er den Himmel; von neuem zählt er unter Zuhilfenahme der Finger. Er muss sich den Tatsachen beugen: Die Regengüsse kommen später und hören früher auf; sie sind heftiger, aber seltener. Die Regenzeit wird von Jahr zu Jahr kürzer, wie das schrumpfende Chagrinleder.

Bei Strafe des Todes, das heißt, der Versteppung des Zentrums des Landes, muss gehandelt werden.

★

Alarm! Sobald die Beobachtungsposten, die in der sensiblen Zone (entlang der süd-östlichen Grenze) verteilt sind, das Zielobjekt gesichtet haben, wird ein Verfahren in Gang gesetzt, das durch nichts mehr gebremst werden kann.

Auf dem Boden werden Generatoren angeworfen, während Flugzeuge den Befehl erhalten aufzusteigen.

Sie haben richtig verstanden: Es handelt sich um einen Krieg.

Einen besonderen Krieg, der keine Eroberung bezweckt, sondern ein Lächeln. Ja, es ist ein Krieg, bestätigt mir Mactar Ndiaye, «aber es ist ein Krieg, der dazu bestimmt ist, den Bauern ihr Lächeln zurückzugeben». Er ist der Leiter des staatlichen meteorologischen Instituts von Senegal, das sich, wie er mir in kämpferischen Tönen erklärt, nicht mehr damit begnügt, zu beobachten und Vorhersagen zu machen. Auf allerhöchste Veranlassung des Staatschefs Maître Abdoulaye Wade hat es beschlossen, die Wolken zu impfen.

Schauen Sie diese Wolke an, eine dicke Wolke, eine Wasserträgerin. Schauen Sie, wie sie, von Südosten kommend, in den senegalesischen Luftraum eindringt. Wenn sie sich für Wetterkunde interessieren würden, was ich bezweifle, könnten die letzten Löwen des Tierreservats von Niokolokoba sie vorbeiziehen sehen. Die Wolke zieht in Richtung der Städte Dialakoto, Missira, Tambacounda … Die Satelliten bestätigen die Beobachtungen der Posten.

Die Operation beginnt. Ihr Ziel ist einfach: alles Wasser, das in der Wolke ist, zum Abregnen zu bringen. Wolken sind launenhaft, viele sind Egoisten: Die durstenden Felder sind ihnen egal, sie behalten ihren Regen für sich, ziehen weiter und pinkeln überflüssigerweise anderswo, häufig ins Meer.

Damit Regen fällt, müssen sich in den Wolken Tropfen bilden, die groß genug und schwer genug sind. Deshalb *impft* man die Wolken mit Silberjodid. Diese kleinen Partikel helfen den Tröpfchen, sich zusammenzutun, zusammenzulaufen. Nach und nach gewinnen sie an Gewicht und prasseln schließlich auf den Boden, wo sie sehnlichst erwartet werden.

Die Impfung kann vom Boden aus geschehen. Wenn eine verheißungsvolle Wolke angekündigt wird, zündet man Batterien von Kondensatoren an. Die heiße Luft, die zu den Wolken aufsteigt, nimmt die Partikel mit nach oben.

Man kann auch ein Flugzeug aufsteigen lassen und es beauftragen, den Kumulus mit Jodid zu bestreuen.

Der Senegal setzt große Hoffnungen in diese Technik. Aber auch Russland und viele andere Länder.

Sorry!

Die Experten der ganzen Welt, die sich am 22. und 23. Oktober 2007 in Antalya in der Türkei trafen, haben diesem Optimismus eine kalte Dusche verpasst.

In der Theorie gibt es nichts Einfacheres, als eine Wolke zu impfen. In der Realität sind Wolken Tiere, die aus Gründen regnen oder nicht regnen, die der Verstand noch nicht kennt ...

Warum muss man dem Wasser immer die Wahrheit sagen? (Eine Geschichte aus dem Nieder-Kongo)

Zwei Männer beschuldigen sich gegenseitig des Diebstahls. Der Ortsvorsteher bestellt die Kläger an den Tümpel.

«Und nun sagt dem Wasser die Wahrheit.»

«Warum dem Wasser?», fragt der eine.

«Bist du sicher, dass es die Wahrheit erkennen kann?», fragt der andere.

Der Ortsvorsteher betrachtet sie bestürzt.

«Ihr seid Dummköpfe. Ihr trinkt, ihr weint, ihr pinkelt. Der Regen fällt. Wenn die Sonne wieder scheint, verdunstet er. Er steigt zum Himmel auf.»

«Na und?»

«Ihr Esel, habt ihr nicht verstanden? Es gibt nur *ein* Wasser, und dieses Wasser ist überall. Es sieht alles, es hört alles, es weiß alles. Versucht also nicht, ihm etwas vorzulügen.»

XI. Erholung und Mitleid

Huldigung an den Grand Cru

Zwischen 80 und 85 Prozent.

Da sein Wasseranteil so hoch ist, mache ich mich keiner zusätzlichen Abschweifung schuldig, wenn ich meine Wasserreise mit einigen Seiten über den Wein unterbreche.

Diese Begründung ist durch und durch unaufrichtig und nicht viel wert. Falls Sie ihr nicht folgen können, wofür ich Verständnis habe, schwenke ich um, verstelle mich nicht länger und gestehe frei und offen die skandalöse Wahrheit: Ich hatte das Wasser satt. Nach so vielen Wochen ausschließlicher Beschäftigung mit dem Wasser, nach so vielen Kilometern, umgeben von Wasser, nach so viel Lektüre, die nur dem Wasser galt, hatte ich das Wasser plötzlich satt, seinen Ernst, seine Schalheit, seine Reinheit und vor allem seine *Wichtigkeit*. Ein unabweisliches Bedürfnis nach *Genuss* hatte mich plötzlich erfasst. Die Art Verlockung, der ich nie zu widerstehen verstand, und heute noch weniger, wo das Alter naht.

Kurz, ich hatte Lust auf Erholung.

Und deshalb nahm ich am 17. Januar 2008, in der gelehrten Gesellschaft meiner Freunde des Büros der Académie du vin de France, den Zug nach Dijon, für eine jener «Studienreisen», die das Leben sehr verschönen. Bernard Pivot hatte sich entschuldigen lassen. Eine schlimme Bronchitis! Oh, wie wir ihn bedauerten.

In Burgund nennt man ein geografisches Gebilde – Zusammensetzung, Textur und Tiefe des Bodens – «climat»; aber ebenfalls die Lage der Parzelle, deren Höhe und Neigungsgrad ... Das Wort «climat» sagt mehr aus als das Wort «Region».

Das *climat*, das ich grüßen möchte, befindet sich, wie alle Grands Crus, auf halber Höhe in den Côtes de Nuits. Weiter oben fließt das Wasser zu rasch ab, die Erde trocknet zu schnell aus. Weiter unten staut sich das Wasser.

Das *climat* misst 1,8 Hektar und bringt nur sechstausend Flaschen

Ertrag (in guten Jahren, denn in schlechten, wie 1968, wird kein Wein erzeugt ...).

Der Vorname dieses *climat* ist Romanée, in Erinnerung an die römische Invasion ... Sein Nachname ist Conti: Er geht auf die Familie zurück, die die Ländereien lange Zeit besaß.

Unter der Führung des Besitzers, Aubert de Villaine, haben wir die Weinberge besucht. Danach, im Keller bei Kerzenschein, den Wein andächtig verkostet. Unser genialer Chemiker, Jacques Puisais, hat wie gewöhnlich sein Pendel über die Jahrgänge gehalten, um hinter deren Geheimnis zu kommen.

Andere Weine unterstreichen den Geschmack oder den Duft, die sie einem bieten. Sie biedern sich an. Sie plaudern, kommentieren, präzisieren: Ich dufte jetzt nach Veilchen; haben Sie diesen Sauerkirschengeschmack erkannt? Und was sagen Sie zu diesem Himbeergeruch? Seien Sie ehrlich, mögen Sie dieses kurze Aufleuchten von geröstetem Brot, von altem Leder?

Der Romanée Conti vereint. Sehr raffiniert – oder trügerisch – dasjenige, was Finesse ausmacht. Jede seiner Komponenten ist eng mit den anderen verbunden. Man gelangt unmerklich von der einen zur anderen, die Schlagbäume der Grenzen sind geöffnet. Man qualifiziert den Romanée Conti als «komplexen Wein». Gewiss. Aber was ist Komplexität ohne Harmonie? Und was ist Vielfalt ohne Gleichgewicht?

Andere Weine erschöpfen sich, selbst die reichsten. Es kommt ein Augenblick, wo man am Ende des Geschmacks ankommt. Schluss der Vorstellung.

Der Romanée Conti hat einen langen Abgang. Gerade spazierten wir noch zwischen Früchten, jetzt sind wir im Wald und atmen den Geruch des Unterholzes ein. Das Wild ist nicht fern. Bald werden wir in die Erde eintauchen und uns den Trüffeln nähern. Und schon brechen wir zu einem neuen Zwischenaufenthalt auf: dem Süßholz. Andere Aufenthalte werden folgen. Zum Glück ist unser Planet rund, sonst würden wir nie zurückkehren.

Und dann, plötzlich, wenn Sie glauben, alle bekannten Genüsse erschöpft zu haben, erfahren Sie ein Wunder, eine Liebkosung, eine Süße, den Hauch eines Rosenblütenblatts, unmittelbar ehe es welkt.

Von ganzem Herzen wünsche ich Ihnen diese Reise, einmal, nur ein einziges Mal in Ihrem Leben.

Bedauern wir die Potomanen!

Man wird es erraten haben: H_2O ist nicht mein bevorzugtes Getränk. Das heißt, ich bedaure die weiblichen und männlichen (vor allem die weiblichen) Potomanen, die von der Leidenschaft für Mineralwasser gequält werden. Diese armen Leute können nicht ohne ihre kleine Plastikflasche leben. Sie tragen sie überall mit sich herum, sie geben sie nicht aus der Hand, und jede Viertelstunde setzen sie sie an den Mund, mit geschlossenen Augen und mit jener Mischung aus Ekstase und Schmerz auf dem Gesicht, die, da ist kein Irrtum möglich, die Verzückung erkennen lässt.

Bedauern wir die Unglücklichen (in der Mehrzahl sind es Frauen). Eines Tages hielten sie den werbewirksamen Slogan der Firmen, die die berühmten kleinen Flaschen herstellen, für medizinisch begründet: «Trinken Sie mindestens eineinhalb Liter Wasser pro Tag». Und schon war das Unglück geschehen.

Eilig suchte ich einen unserer besten Urologen, Professor Guy Vallancien, auf. Mehr geängstigt durch diese Erscheinung als durch den Zustand meiner Prostata fragte ich ihn, ob ich mich so schnell wie möglich der Sekte der kleinen Flaschen anschließen müsse.

«Unfug!», antwortete er mir mit schallendem Gelächter. «Ein Marketingtrick! Kein Wasserexzess wird die Haut weicher, den Teint strahlender, die Schenkel strammer, den Bauch flacher, die Harnwegsinfektionen seltener machen … Die einzige Regel, die gilt, ist einfach: Man soll trinken, wenn man Durst hat. Das Übrige reguliert die Niere. Alles, was darüber hinausgeht, hat nur eine Folge: den Urin heller zu machen. Und die Umwelt zu belasten.»

«Wie bitte?»

«Ich rede nicht von dem Amazonasstrom all dieser überflüssigen Pisse, sondern von dem Plastik der kleinen Flaschen. Wie soll man sie loswerden? Und all die Lastwagen, die sie transportieren? Verschmutzen sie nicht die Luft, verschwenden sie nicht Energie?»

Um meine Nachforschungen zu vervollständigen, traf ich Pascale Briand, die Generaldirektorin der Agence française de la sécurité sanitaire des aliments (der französischen Behörde für die gesundheitliche Sicherheit von Lebensmitteln). Ich brauchte meine Fragen gar nicht erst zu stellen. Ihr Zorn kam mir zuvor. Eben jene Firmen hatten gerade eine große Werbekampagne für das Mineralwasser, den bevorzugten Verbündeten unserer Gesundheit, lanciert. Dahinter stand unausgesprochen: Das Wasser aus dem Hahn bedroht die Bevölkerung. Pascale Briand zeigte mir ihre Dossiers. Ich sah die Berichte der Laboratorien ein, lernte die Kontrollsysteme kennen. Ich kann Sie beruhigen.

Sie haben selbstverständlich das Recht, des Geschmacks wegen dieses oder jenes Mineralwasser vorzuziehen. Und vorzuziehen, klar zu pinkeln, wenn dies Ihre ästhetische Wahl ist. Aber wenn Ihnen nur das gute Funktionieren Ihres Körpers wichtig ist, dann vertrauen Sie unserer kommunalen Wasserversorgung!

XII. Öffentliche Regie oder privates Nutzungsrecht?

Die Lektionen aus Lateinamerika

Buenos Aires

Im Zuge des Falls der Berliner Mauer sind die liberalen Glaubenssätze Gewissheiten geworden. Sie breiten sich über den gesamten Planeten aus und beginnen, überall und in allen Bereichen die Politik zu diktieren. In diesem Klima der beginnenden 1990er Jahre gibt die Weltbank, der unbestrittene Spezialist für Wunderrezepte, eine Parole aus, begleitet von der Androhung finanzieller Sanktionen, falls sich jemand weigern sollte, dem Kommando zu folgen: Privatisierung der öffentlichen Dienstleistungen!

Man muss zugeben, dass die *öffentlichen* Einrichtungen in vielen Städten die wesentlichen *Dienstleistungen*, die man von ihnen erwartet, gar nicht oder nur schlecht erfüllen.

Am 1. Januar 1992 übernimmt die Privatgesellschaft Aguas Argentinas, die mehrheitlich im Besitz der Compagnie française Lyonnaise des eaux ist und von dieser betrieben wird, die öffentliche Einrichtung OSN (Obras Sanitorias de la Nación). Ein Konzessionsvertrag für dreißig Jahre mit einem klaren Auftrag wird unterzeichnet: endlich Wasser, und zwar gutes Wasser, an 11 Millionen Menschen zu liefern.

Die Aufgabe erweist sich als schwierig. Auch wenn der Rio de la Plata ganz in der Nähe und höchst ergiebig fließt (22 000 Kubikmeter in der Sekunde), produzieren die Anlagen nicht genug, Unterbrechungen sind häufig. Der zu versorgende Raum ist riesig, zerteilt, ungeordnet. Das Netz ist verrottet: sechzig Prozent Wasserverlust. Die Illegalität regiert: Korruption, Vetternwirtschaft, unrechtmäßige Nutzung, weitverbreitetes wildes Abzapfen. Die Angestellten sind völlig uninteressiert: Die OSN, zu der sie gehörten, war eine überbesetzte, verschlafene Pseudoverwaltung. Über den heillosen Zustand der Lage im Jahr 1992 sind sich alle ehrlichen Leute einig. Eine heftige Debatte beginnt, als die Bilanz von Aguas Argentinas bekannt wird und die Gründe, derentwegen die argentinische Regierung den Vertrag vierzehn Jahre später, im Jahr 2006, aufkündigt.

Weit jenseits der konkreten Lebensbedingungen der Bevölkerung von Buenos Aires handelt es sich hier um einen ideologischen Krieg, in dem sich Globalisierungskritiker und Befürworter der Liberalisierung bekämpfen.

Ich kann die Behauptungen weder der einen noch der anderen Seite beurteilen. Ein Prozess läuft. Er wird Licht in die Angelegenheit bringen. Ich weiß nur, dass sich die Qualität des gelieferten Wassers verbessert hat, dass die Unterbrechungen abgenommen haben und dass die Netze erneuert worden sind. Diesseits oder jenseits der unterschriebenen Verträge? Das Gericht wird darüber entscheiden.

Ich weiß auch, dass heute zusätzlich 2 Millionen Menschen Trinkwasser ins Haus geliefert bekommen.

Alexandre Brailowski, Arzt im Entwicklungsdienst, ist einer jener *french doctors*, die sich weltweit bei humanitären Einsätzen engagieren. Im Bestreben, seiner Arbeit mehr Kontinuität zu geben, und im Wissen um die Priorität des Wassers, hat er sich mit Aguas Argentinas verbündet. In ihrem Auftrag hat er sich um die neuen Kunden gekümmert. Sie wohnen in der Mehrzahl in *carenciados*, Elendsvierteln, die unter den verschiedensten Mängeln leiden, angefangen beim Versagen der öffentlichen Dienstleistungen. Es sind große, überbevölkerte Siedlungen, die immer weiter wachsen, notdürftig ausgestattet sind und nie wirklich renoviert werden. Oder auch Slums, riesige Ansammlungen von Baracken, die mehr schlecht als recht und ohne Genehmigung errichtet wurden. Die Besitzer des Baugrunds, Privatleute wie juristische Personen (der Staat, die Stadtgemeinden), widersetzen sich hartnäckig jedem Fortschritt. Ihrer Meinung nach würde eine Wasserleitung oder der Bau von Abwasserkanälen die Gefahr mit sich bringen, die wilden Besetzungen zu legitimieren, die zu verhindern ihr einziger Wunsch ist. Aguas Argentinas stören, indem sie in diese sensiblen Bereiche eingreifen. Sie behindern die großen Immobilienprojekte, Synonyme für Spekulationen. Noch schlimmer: Sie dringen ins Herz der Vetternwirtschaft ein, diesen entsetzlichen Klüngel nationaler oder lokaler «Patenschaften». Die multinationalen Konzerne sind gewiss keine Engel. Aber ich bin genug in

Lateinamerika herumgekommen und habe genug gesehen, um zu wissen, dass die Politiker dort, obwohl gewählt – oder auch gerade deswegen –, häufig nichts anderes als Gangster sind. Ohne das wachsame Auge des Rechts verkommt die Demokratie zu einer Komödie, in der die Gewählten und die Mafia unter einer Decke stecken und sich gegenseitig helfen, sich zu bereichern.

Außerdem muss dieses Recht von einem gesunden Parlament verabschiedet und von einer unabhängigen Justiz gesprochen werden.

Schließlich weiß ich von Buenos Aires, dass dort die Schlacht um die Einführung von Wasserzählern heftig war.

Ehe ich meine Reise ins Reich des Wassers antrat, hatte ich, ich bekenne es, nur Verachtung, verbunden mit latenter Wut, für diese kleinen verglasten Kästen übrig, in deren Innerem die Ziffern mehr oder weniger schnell vorbeirasen. Sie zeigen nicht nur an, dass deine Rechnung immer höher wird, nein, besagte Kästen haben auch noch die Eigenart, sich an den unmöglichsten Orten zu verstecken, unter dem Spülbecken, genau über einem Haufen nasser alter Scheuerlappen und über Waschmittelpackungen, die von der Feuchtigkeit aufgequollen sind, oder in dem unerreichbarsten Wandschrank, hinter Pasteten- und Ölsardinenvorräten …

Ich bin von dieser kindischen Haltung abgekommen. Der Wasserzähler ist – niemand möge Anstoß daran nehmen – der beste Freund des Menschen:

1. Er zeigt ihm an, dass das Wasser bis in seine Wohnung kommt. Diejenigen, die von klein auf zum Trinken und Sich-Waschen nur einen Hahn zu öffnen brauchten, können nicht verstehen, welche Freude diese Information auslöst.

2. Gleich, ob der Mensch in der Stadt oder auf dem Land wohnt, dieser Zähler erinnert ihn daran, wie kostbar das Gut Wasser ist und wie viel Respekt es verdient.

3. Da er alle Bewegungen festhält, kann er jedem, der ihn danach fragt, alles erzählen. Der Zähler ist der ideale Zeuge, der Zeuge, den das Gericht jederzeit einberufen kann, um sich über die üblen gängigen Praktiken zu informieren.

N. B. Der Zähler ist nicht für die Tarife verantwortlich. Er begnügt sich damit, eine Wassermenge anzuzeigen, deren Preis durch Autoritäten festgelegt wird, die viel mächtiger sind als er. Der arme Zähler hat keinen Einfluss darauf, ob diese Autoritäten den Verbraucher von den Kosten befreien oder ob sie ihn belasten. Ebensogut könnte man das Thermometer der Komplizenschaft mit dem Fieber beschuldigen.

Im März 2006 beschließt Argentinien, den Vertrag aufzukündigen. Suez, inzwischen zum Haupteigentümer von Aguas Argentinas geworden, hätte eine Milliarde Dollar bei diesem Abenteuer verloren (vor allem infolge der unerwarteten und ohne Entschädigung erfolgten Abwertung des Peso). Es bringt die Angelegenheit vor das ICSID (International Centre for Settlement of Investment Disputes). Dieses internationale Zentrum zur Schlichtung von Differenzen in Verbindung mit Investitionen ist ein Schiedsgericht, das zur Weltbank gehört.

Im Moment – Sommer 2009 – läuft das Verfahren. Wenn ihnen eine Verschleppung lohnend erscheint, verstehen die Rechtsanwälte sich darauf, sie zu organisieren.

Einer der großen Träume des unverfälschten und harten Liberalismus war, auch das Wasser zu entpolitisieren, das Wasser als eine Ware wie jede andere zu betrachten, die man herstellen und vertreiben kann, ohne sich um etwas anderes als die Effizienz zu kümmern. Wie immer die argentinische Streitsache auch ausgehen wird, der Beweis ist erbracht, dass dieser Traum töricht ist und niemals Wirklichkeit werden kann. Wasser ist durch seine doppelte Natur, seine eminente Wichtigkeit für das Leben und seine symbolische Kraft, *immer* politisch. Welche Optionen die Regierenden auch wählen, sie werden immer die Hoheit über das Wasser behalten.

Cochabamba

Widerstandskämpferin.

Widerstandskämpferin mit sechzehn Jahren. Immer und noch mit 83 Jahren Widerstandskämpferin.

Wenn sie die Welt nicht mehr erträgt, die sie umgibt, wenn sie keine Menschlichkeit mehr in ihr sieht, greift Danielle Mitterrand zu den

Waffen. Der Widerstand liegt in ihrer Natur, der Natur des kleinen Mädchens aus dem Morvan.

Und da der Widerstand sich einst gegen die Nationalsozialisten bewährt hat, sieht Danielle nicht ein, warum er nicht in unseren Tagen das neue Übel besiegen sollte: die Herrschaft des Geldes. Und überhaupt, warum Geld und Reichtum anhäufen? Es gibt sehr viele andere Realitäten, die man in Rechnung stellen muss, um den wahren Fortschritt zu messen. So hat der indische Nobelpreisträger Amartya Sen einen Index der menschlichen Entwicklung vorgeschlagen.

Wenn sich die Kritik der Globalisierung in einer Person verkörpern müsste, würde sie ohne jeden Zweifel Danielle wählen.

Für sie wie für ihre Freunde ist eine «andere Welt» möglich. Mehr noch, deren Ankunft steht kurz bevor. Alle Zeichen deuten darauf hin: Krisen des Systems, Zunahme der Revolten, Entwicklung alternativer Lösungen auf der ganzen Welt ...

Daher die leidenschaftliche Aufmerksamkeit für Lateinamerika, das unerschöpfliche Laboratorium für soziale Proteste und politische Utopien. Danielle glaubt felsenfest daran, dass es nichts Wirklicheres gibt als diese Utopien: Sie formen eine nach der anderen das Gesicht der Zukunft.

Aus diesem Blickwinkel gewinnen Cochabamba und sein «Wasserkrieg» ihre wahre Dimension: als Gründungsgeschichte und konkretes Modell.

Bolivien, Ende der 1990er Jahre.

Um dem Land aus seiner Wirtschaftskrise zu helfen (Mindereinnahmen der öffentlichen Hand, starke Inflation und Wachstumsschwäche), stimmt der Internationale Währungsfonds zu, einen Kredit zu bewilligen ... unter der Bedingung, dass grundlegende strukturelle Reformen durchgeführt werden. Als erstes die Privatisierung der staatlichen Unternehmen.

So wird die SEMAPA, die örtliche Agentur für Wasserversorgung in Cochabamba, im September 1999 durch ein internationales Konsortium ersetzt, an dessen Spitze die amerikanische Firma Bechtel steht. Es hat eine Konzession für vierzig Jahre zur Produktion und Verteilung des Wassers und gleichzeitig zur Abwasserbeseitigung erhalten.

Kaum am Ruder, erhöht das Konsortium die Preise, mit der Begründung, enorme Investitionen seien erforderlich, um die Dienstleistungen zu verbessern und zu erweitern.

Für die allerärmsten Bevölkerungsgruppen ist diese Maßnahme nicht hinnehmbar. Die neue Wasserrechnung beträgt mehr als ein Drittel ihres Einkommens.

Es kommt zu Demonstrationen. Als die Regierung von Präsident Hugo Banzer nicht reagiert, bildet sich ein Bürgerbündnis, *La Coordinadora*, das die Revolte anführen wird.

Am 4. Februar 2000 wird ein friedlicher Protestmarsch von der Polizei brutal aufgelöst: 175 Schwerverwundete, zwei Jugendliche verlieren das Augenlicht. Die Protestbewegung breitet sich im ganzen Land aus. Am 8. April erklärt Präsident Banzer den «Belagerungszustand». Ein junger Mann wird von einer Kugel getötet. Die Demonstrationen greifen um sich. Am 10. April gibt die Regierung nach. Sie unterzeichnet eine Vereinbarung mit *La Coordinadora*, die den Rückzug des Konsortiums und die Rückkehr zur öffentlichen Wasserversorgung vorsieht.

Am 6. August 2001 tritt Hugo Banzer zurück.

Gegründet im Jahre 1986, hat sich die Stiftung *France Libertés* von Danielle Mitterrand in einer ersten Etappe vor allem der Verteidigung der Rechte unterdrückter Völker gewidmet: Tschetschenen, Kurden, Tuareg, Roma, Tibetaner … Diese Unterstützung war begleitet von konkreten Maßnahmen, insbesondere zur Förderung von Bildung. Und immer und überall stieß man auf die Wasserfrage. Sie hat absoluten Vorrang bekommen und ist auch emblematisch für die «andere Welt», die Danielle und ihre Freunde erbaut sehen wollen.

Der *Mouvement des porteurs d'eau*, die Bewegung der Wasserboten, in der sich Nichtregierungsorganisationen und Privatpersonen zusammenfinden, unterstützt Dutzende von Projekten, die ihre Charta anerkennen müssen:

I

Wasser ist keine Ware, Wasser ist ein Gut, das allen gehört, nicht nur den Menschen, sondern allem, was lebt.

2

Um die Ressource für die kommenden Generationen zu erhalten, sind wir verpflichtet, der Natur das Wasser in seiner ursprünglichen Reinheit zurückzugeben.

3

Der Zugang zu Wasser ist ein menschliches Grundrecht, das nur durch eine öffentliche, demokratische und transparente Versorgung garantiert werden kann, die gesetzlich festgeschrieben ist.

Über Artikel 2 wird man sich rasch einigen können. Heute weiß jeder, dass man die Ressource achten und immer wieder ergänzen muss.

Das Gewicht des ersten Artikels ergibt sich aus dem Gebrauch des einen Wortes: «Ware». Ist das Wasser eine Ware wie jede andere? Nein, gewiss nicht. Nur, der Gedanke, der hier mitschwingt, ist, dass das Wasser ein Geschenk der Mutter Natur an alle Lebewesen sei, ein Geschenk, das sich, auf welche Weise auch immer, anzueignen niemand das Recht habe. Aber das Wasser ist kein Geschenk. Meistens ist es ein *Produkt*, ein *industrielles* Produkt (mit ganz seltenen Ausnahmen muss das Wasser behandelt werden, ehe es benutzt wird), das *verteilt* werden muss (Gott hat vielleicht das Wasser gemacht, aber nicht die Leitungen). Von *kostenlosem* Wasser zu sprechen, heißt, dem Wasser keinen Dienst zu erweisen.

Artikel 3 der Charta beginnt mit einem Grundsatz, den niemand bestreiten kann. Ja, das Wasser ist ein gemeinschaftliches Gut, ja, der Zugang zu Wasser ist ein Grundrecht. Aber warum sollte dieses Recht nur durch eine öffentliche Versorgung garantiert werden können? Da das Wasser für die Bevölkerung unentbehrlich ist, sind die Kommunen oder die Staaten dafür verantwortlich. Ob diese Verantwortung sich in größerer Wachsamkeit niederschlägt? Das sei dahingestellt! In größerer Transparenz und der Achtung vor der Demokratie? Ich klatsche mit beiden Händen Beifall. Aber warum sollte man von vornherein die Hilfe der Privatwirtschaft verbieten, wo es sich doch nur um die Verwaltung des Wassers handelt?

Es gibt ebenso viele skandalöse private Konzessionen, die unvertretbare Profite abwerfen, wie überbesetzte, uninteressierte und letztlich ineffektive öffentliche Verwaltungen. Wenn die Privatwirtschaft zu Hilfe gerufen wird, hat das öffentliche System meistens versagt.

Was die Korruption betrifft, ist es naiv zu glauben, der private Sektor hätte darauf ein Monopol.

Kurzum, mit Artikel 3 habe ich meine Schwierigkeiten.

Schade, denn ich würde mich auch als einen Wasserboten bezeichnen.

Hat sich die Wasserversorgung in der inzwischen legendären Stadt Cochabamba verbessert? An diesen fernen Orten der Welt steht nicht alles zum Besten. Etwas zu viele «Wasserkrieger» wollten in der öffentlichen Regie mitmischen. Wie hätte man es ihnen verweigern können? Die Belegschaft verdreifachte sich. Ein Glück für den Arbeitsmarkt, ein Unglück für die Kosten. Die Wasserrechnungen blieben vernünftig. Aber die Knappheit nahm nicht ab. Die Wasserhähne laufen selten. Zum großen Vorteil der privaten Anbieter von Mineralwasser.

In La Paz hat die sozialistische Partei unter Evo Morales, die, ohne es vorhergesehen zu haben, an die Macht kam, in der Tat Mühe, in die Gänge zu kommen. Das erste Ministerium für Wasserwirtschaft ist rasch gescheitert, sowohl an seiner Unerfahrenheit wie an der Korruption.

In Cochabamba macht sich der Mangel an kompetenten Führungskräften noch grausamer bemerkbar. Die *Coordinadora* müht sich mit den vorhandenen Mitteln ab. Immerhin hat die Stiftung *France Libertés* erreicht, dass ihr verschiedene französische Städte (Paris, Grenoble, Nanterre) zu Hilfe kommen. Die Schweizer Kooperationspartner haben sich zurückgezogen, weil sie kein Vertrauen in die Effizienz der vorgeschlagenen Projekte hatten. Aber die Europäische Union engagiert sich jetzt ...

Man kann sich nur schwer die Zerrissenheit der Gesellschaft in den Anden vorstellen, die sich in eingeborene Stämme, Abkömmlinge der spanischen Eroberer und die großen ausländischen Firmen aufspaltet. Man kann sich nur schwer die Geringschätzung vorstellen, mit der man die Ärmsten der Armen behandelt, vor allem, wenn sich die Farbe ihrer Haut von weiß entfernt. Der Rassismus vergrößert die Ungleichheit und rechtfertigt sie.

In dieser Welt extremer Kämpfe, in der der kleinste Fortschritt in Richtung Demokratie eine Schlacht ist, eine wirkliche Schlacht mit Toten, ist die Rückeroberung des Wassers durch die Gesellschaft gleichzeitig eine praktische Notwendigkeit (zu trinken), die Verteidigung ihrer Würde und ein Lehrstück für die Verwaltung.

Das Beispiel einer verschuldeten Stadt: Berlin

Wenn man den Franzosen glaubt, an deren Grenze er entlangfließt, dann ist der Rhein das einzige deutsche Gewässer und die einzige Wassergestalt der germanischen Mythologie. Irrtum! Man hat Berlin und seine Umgebung vergessen.

Überall Seen zwischen den Wäldern, überall ausgedehnte Sumpfgebiete, Flüsse, die sich dahinschlängeln ... Dieser Norden Deutschlands hat nur wenig festes Land. Die Gletscher reichten bis hier herunter: Man könnte meinen, sie würden immer noch schmelzen. Berlin ruht auf Wasser und Sand wie Venedig. Das Herz des Reichs ist auf Pfählen erbaut.

Man sagt, «Berlin» komme vom Schlamm. Ein Geschenk des ersten Volksstamms, der hier wohnte, der Slawen. Sie gebrauchten das komische Wort «Brlo» für dieses Sumpfgebiet, diese weiche, graue Ebene, die alles verschlingt wie ein langsamer Menschenfresser.

Von so viel Wasser umgeben, war Berlin die Lieblingsstadt der Cholera. Alle zwanzig bis dreißig Jahre brach eine Epidemie aus, die jedesmal mehrere tausend Menschen töten konnte.

Hegel war Rektor der Universität. Während alle anderen bedeutenden Persönlichkeiten aufs Land geflohen waren, um der Ansteckung zu entgehen, war er geblieben. Der Legende nach wollte er seinen Posten nicht vor Ende der Examina verlassen. Er steckte sich an und starb am 14. November 1831 in seinem Haus an der Spree, gegenüber der Museumsinsel.

Bevor es eine Kanalisation gab, das heißt bis Ende des 19. Jahrhunderts, war die Beseitigung des Unrats die Sache von Personen, die man für Gestalten aus der Hölle hätte halten können, den Nachtemmas. Es war ein Trupp von Frauen, die nach Einbruch der Dunkelheit in jedes Haus kamen, um den in Eimern gesammelten Kot abzuholen und in Bottiche zu schütten, die sie auf den Rieselfeldern außerhalb der Stadt auskippten.

In der Wilhelmstraße waren die Organe der Repression versammelt: SS, SD, Gestapo, RSHA. Hier fanden sich Himmler, Heydrich, Kaltenbrunner jeden Tag zur Arbeit ein … Auf dem Gelände, das immer noch ein Trümmergrundstück ist, wurde ein Museum eingerichtet: *Topographie des Terrors.* An dieser Stelle war 1856 ein großer unterirdischer Wasserspeicher ausgehoben worden. Die Nazis nutzten den Ort von 1933 an, um Regimegegner zu foltern. Heute nutzt man ihn für musikalische oder wissenschaftliche Experimente: Die Akustik hat eine ganz besondere Qualität.

⋆

Das Wasser von Berlin ist durch andere Bande mit der Freiheit verknüpft. Am 13. August 1961 wird in wenigen Stunden eine Mauer, *die* Mauer, hochgezogen, sie zerschneidet die Stadt. Und die Familien. Frauen und Männer, die das Pech haben, im Osten zu wohnen, sitzen in der Falle. Viele wollen flüchten. Und da man nicht mehr über der Erde fliehen kann, sucht man andere, unterirdische Wege. Im kühlen Morgengrauen eines Oktobertags bin ich an der Ecke Invalidenstraße/Scharnhorststraße, unweit des riesigen Krankenhauskomplexes der Charité, in die Unterwelt abgetaucht. Ein städtischer Beamter führte mich durch die perfekt gewölbten Backsteingänge. Zu unserer Rechten zwei Kanäle: einer für Trinkwasser, der andere für Abwasser.

«Sie wollten die Gitter sehen? Hier ist eines!»

Das Licht der Laterne fällt auf dicke, rostige Stangen. Man hätte sie für die Fallgatter einer Festung halten können.

«In den ersten Stunden der Mauer sind viele Menschen durch die Abwasserkanäle geflüchtet. So auch die ganze Klasse eines Gymnasiums aus dem Osten. Aber die Behörden haben rasch reagiert. Eine

Woche später waren Hunderte von Gittern, ähnlich diesem hier, angebracht ...»

★

Seit Fertigstellung der großen Bauprojekte, seit man das Bett des kleinen Flusses Spree verlegt hat, steht die Schweizer Botschaft nicht mehr mit den Füßen im Wasser. Sie verbringt ihre ruhigen Tage inmitten eines Rasens, damit beschäftigt, die Aktivitäten des Nachbargebäudes zu beobachten. Es ist das Kanzleramt der Bundesrepublik Deutschland, jenes Gebäude, das jedermann – ohne jede Spur von Bosheit oder die geringste Anspielung auf Geldwäsche, nur wegen der architektonischen Ähnlichkeit – die «Waschmaschine» nennt. Als die Zeiten schwieriger waren, war dieser Wasserlauf die andere Mauer, ein flüssiges Stück des Eisernen Vorhangs. Um den Westen zu erreichen, stürzten sich Männer und Frauen des Ostteils in den Fluss, und die Soldaten zielten auf die Köpfe der Schwimmenden. Am Ufer, gegenüber dem Parlamentsgebäude, kann man Kreuze und Namen sehen. Marinetta Jirkowsky (22.11.80), Udo Dullick (5.10.61), Klaus Schröter (4.11.63), Günter Litfin (24.8.61). Damals ließ die Schweizer Botschaft Taue im Wasser treiben, damit Flüchtlinge, die das Glück hatten, den Gewehrsalven zu entkommen, sich daran festklammern konnten.

★

Weder der Bau der Mauer noch die Anbringung der Gitter in den Kanälen haben die Zirkulation des Wassers jemals unterbrochen. Auch weil West-Berlin als kleine, verlorene Enklave mitten im Osten keine ausreichenden Kläranlagen hatte. Gegen (teure) Bezahlung wurden die kapitalistischen Abwässer zur Behandlung zu den Kommunisten geschickt.

Die Stadt hing am Tropf. Das Geld, wie alles Übrige, kam aus der «freien Welt». Als die Mauer gefallen und die Wiedervereinigung beschlossen war, versiegten diese Quellen, während die Bedürfnisse und somit die Kosten explodierten. Kurz, die Stadt ist heute bankrott. Wie soll sie all die großen Arbeiten in Angriff nehmen, die, vor allem für die Zusammenführung und Modernisierung der Wassernetze, dringend notwendig sind?

In diesem Kontext leerer Kassen erfolgte eine Ausschreibung zur Privatisierung der Wasserwirtschaft. Sie führte zu einem interessanten Vertrag, einem schönen Beispiel eines gemischtwirtschaftlichen Systems. An der neuen Gesellschaft wird die Stadt mit 50,1 Prozent beteiligt sein, bei einer (geringfügigen) Minorität (49,9 Prozent) der beiden privaten Partner, der französischen Veolia und der deutschen RWE.

Ein kurioser *public-private* Cocktail.

Wie werden die beiden Logiken, das Streben nach Gewinn und die Zufriedenstellung der Wähler, zueinander finden?

Wie will man akzeptable Preise für die Bevölkerung festsetzen und gleichzeitig investieren und den Aktionären die Dividenden auszahlen, die sie erwarten?

Die Berliner scheinen es ohne weiteres zu akzeptieren, dass das Wasser etwas anderes finanziert als Wasser. Die Stadt zieht aus ihrem Wasserverkauf den Gewinn, mit dem sie ihren Haushalt entlastet. Es steht ihr frei, dieses Manna für andere Zwecke einzusetzen. Sollte das Wasser in Deutschland nicht mehr das öffentliche Gut par excellence sein, die Priorität, der man alles opfern muss?

★

In Gegenwart eines Flusses oder eines Sees fordert der gesunde Menschenverstand (und die Bequemlichkeit), das Wasser direkt dort zu schöpfen. Der gesunde Menschenverstand hat unrecht. Es wäre besser, Löcher in der Nähe des Flusses oder des Sees zu graben. Das Wasser, das sich darin sammeln würde, wäre sehr viel sauberer. Denn der Boden – die Schichtenfolge des Geländes, die Kies- und Sandlagen – würden ihre Filteraufgabe erfüllen. Von 1810 an hat man in Glasgow entlang des Flusses Clyde Brunnen gegraben. Doch jenes wohltätige Werk der Natur hat man bisher nur konstatieren können. Niemand wusste genau, wie sich die Reinigung vollzog. 2001 ist dann ein «Kompetenzzentrum» eröffnet worden. In ihm arbeiten Wissenschaftler von vier Universitäten gemeinsam an der Erforschung der Mechanismen jenes segensreichen Wunders. Die Aufgabe ist nicht leicht: Das menschliche Auge ist nicht in der Lage, in die tieferen Schichten des Geländes vorzudringen. Die

Hydrogeologie, eine faszinierende Disziplin, ist Blindenarbeit. Man muss Bohrungen vornehmen, immer wieder. Und die Grundmuster erahnen. Und Hypothesen aufstellen. Und versuchen, nach und nach ein Modell zu entwickeln. Ein Modell erlaubt, verschiedene Hypothesen zu überprüfen, zum Beispiel die Folgen der Klimaerwärmung: Würde der Anstieg der Wassertemperatur (in Flüssen und Seen) die Vertrauenswürdigkeit der natürlichen Filterung in Frage stellen?

Das Chlor steht im Mittelpunkt einer ausgedehnten Debatte unter Wasseraufbereitern. Viele von ihnen und vor allem die Forscher des großen Zentrums in Indianapolis sind der Ansicht, dass man nicht mit der Gesundheit der Menschen spielen darf: Um die Keime möglichst vollständig abzutöten und um zu vermeiden, dass sie sich wieder vermehren, empfiehlt sich das Hinzufügen des besten Desinfektionsmittels, des Chlors. Für die Deutschen dagegen spielt die Erde hinreichend die Rolle der Reinigerin.

Ein Wechsel in Paris

Als Bertrand Delanoë im März 2001 Bürgermeister von Paris wird, tritt er das Erbe eines merkwürdigen und einigermaßen komplexen Systems an. Die Produktion des Wassers wird durch eine öffentliche Einrichtung gesichert, während seine Verteilung von zwei privaten Unternehmen übernommen wird: Veolia ist für das rechte Seine-Ufer verantwortlich; Suez hat das linke Ufer zugeteilt bekommen. So wollte es der frühere Bürgermeister, Jacques Chirac, in dessen Natur es liegt, dass er niemals jemandem wehtun will.

Eingeschüchtert geht man die monumentale Treppe hinauf, und voll Erstaunen betritt man das gigantische Büro des Bürgermeisters von Paris. Offensichtlich muss derjenige, der diesen Ort besetzt hält, jeden Tag erneut kämpfen, um sich nicht ein nationales Schicksal zu erträumen.

«Wie haben Sie dieses ‹bizarre System› bei Ihrem Amtsantritt im Jahr 2001 beurteilt?»

«Wir haben sehr schnell festgestellt, dass die Delegierung an die Privatunternehmen sehr unausgewogen war. Wir haben also neue Verträge ausgehandelt und einen echten finanziellen Ausgleich erreicht. Und 2008, bei der Eröffnung des Wahlkampfes, habe ich meine Absicht publik gemacht: Im Falle meiner Wiederwahl wird die Stadt die Kontrolle über den gesamten Sektor zurückerhalten. Ich habe mein Versprechen gehalten.»

«Aber warum wollte man diese Struktur verändern, die doch, auch wenn sie bizarr ist, den Parisern Wasser von guter Qualität zu eher niedrigen Preisen lieferte?»

«Zunächst einmal aus Pragmatismus! Die Verträge mit den privaten Gesellschaften enden 2009. Das ist der Moment, um zu rationalisieren, das heißt, einem einzigen Verantwortlichen den gesamten Sektor zu übertragen: Produktion *und* Verteilung. Jedermann erkennt, dass man an Produktivität gewinnt, wenn man diese Unterteilung aufgibt. Wissen Sie, dass ein Tropfen Wasser auf dem Weg vom Hersteller zum Verbraucher ein halbes Dutzend Verantwortliche passiert? In Zukunft werden durch die Anhebung der Normen für Qualität und Sicherheit hohe Investitionen erforderlich. Wenn wir das Management nicht verbessern, werden die Nutzer mehr zahlen müssen.»

«Sie hätten das Gegenteil tun können: die Produktion privatisieren …»

»Wir haben alles mit einer einzigen Frage im Kopf betrachtet: Was liegt im Interesse der Pariser? Das Wasser ist ein lebensnotwendiges Gut für die Bevölkerung. Die Verantwortung dafür gehört in die Hände der Repräsentanten dieser Bevölkerung. Wir schaffen eine ‹öffentliche industrielle und wirtschaftliche Einrichtung›. Eine perfekte Zusammenstellung. Eine öffentliche Einrichtung, aber unter industriellem und wirtschaftlichem Druck.»

«Und Sie hatten nicht die Absicht, mit dieser Maßnahme die Grünen oder die Ultralinken zu bestechen?»

Der Bürgermeister lächelt. Ein kurzes Aufleuchten von Hochmut.

«Sie kennen die Machtverhältnisse im Pariser Stadtrat, nicht wahr? Wir brauchen niemanden zu bestechen. Es ist lediglich eine Frage der Effizienz.»

Offensichtlich bietet das Thema Wasser Bertrand Delanoë die Gelegenheit, sein Verständnis von linker Politik unter Beweis zu stellen: Treue zu den Prinzipien, ohne jemals die Leistung aus dem Auge zu verlieren.

«Wissen Sie, ich habe nichts gegen den Privatsektor. Der Beweis? Wir haben den Betrieb verschiedener Schwimmbäder Privatunternehmen übergeben; das Einsammeln des Hausmülls wird in der Hälfte der Pariser Bezirke von Privaten durchgeführt. Aus welchem Grund? Weil die Unternehmen in gewissen Fällen bessere Resultate erzielen können. Die Pariser haben Anspruch auf eine hohe Qualität der Dienstleistungen. Es ist an uns, den besten Weg zu finden, der ihnen dies garantiert.»

«Die französischen Wasserunternehmen sind die besten der Welt. Das Ausscheiden aus dem Vertrag von Paris wird ihnen die Eroberung neuer Märkte nicht gerade erleichtern ...»

«Aber niemand vertreibt sie ja! Das wäre absurd. Wir brauchen ihre Kompetenz. Die Wasserwirtschaft ist ein riesiger Sektor, und es wird Ausschreibungen auf verschiedenen Ebenen geben. Sie werden sehen, dass ihr Engagement fortbestehen wird.»

Ich verließ das gigantische Büro. Es gelang mir, nicht auf dem Marmor der monumentalen Treppe auszugleiten. Und ich fand mich auf der Straße wieder. Wenn man das Rathaus von Paris verlässt, kommt einem Paris sehr klein vor.

Welcher Preis, welche Wasserpreise?

A priori gibt es nur ein Wasser.

Nichts in der Wirklichkeit ist so einzigartig wie das Wasser, weil allein aus dieser Materie alle Lebensformen hervorgegangen sind.

Auf den ersten Blick ist das Wasser die Gleichförmigkeit selbst. Gleichen sich Zwillinge nicht wie *zwei Tropfen Wasser*?

Tatsächlich ist das Wasser, paradox für ein Lösemittel, einer der Geburtsorte der Unterschiede.

Allen Bewohnern eines Gemeinwesens jederzeit Wasser von guter Qualität zu liefern und gleichzeitig die allgemeine Abwasserentsorgung zu sichern: Das doppelte Ziel ist überall dasselbe.

Man könnte auf den Gedanken kommen, dass alle europäischen Länder angesichts dieser beiden unabweisbaren Notwendigkeiten die gleichen Lösungen wählen.

Irrtum!

Was das Trinkwasser betrifft, vertrauen die Niederlande und Polen ausschließlich der öffentlichen Hand. Im Gegensatz dazu hat England eine völlige Privatisierung beschlossen. Zwischen diesen beiden Extremen hat Spanien sich entschieden, sich nicht zu entscheiden: 52 Prozent für den öffentlichen Sektor, 40 Prozent für den privaten Sektor. Deutschland seinerseits tendiert mit 67 Prozent deutlich zum öffentlichen Sektor.

Was ist besser zur Entsorgung der Abwässer? Der private Sektor? Eine öffentliche Einrichtung? Die Verantwortungsträger in Europa schwanken alle gleichermaßen.

Äußern sich die unterschiedlichen Strategien in einer Annäherung der Preise?

Keineswegs.

Der Däne zahlt für seinen Kubikmeter Wasser und die Entsorgung mehr als fünf Euro; der Italiener, der von Subventionen profitiert, muss kaum zwei Drittel eines Euro dafür ausgeben ... Frankreich liegt im Mittel: etwas weniger als drei Euro. Aber der beträchtliche Unterschied zwischen den Departements erstaunt: mehr als vier Euro im Morbihan, weniger als zwei in den Hautes-Alpes.

Warum diese Ungleichheit?

Die Antwort muss im jeweiligen Zustand des Wassers gesucht werden: Je verschmutzter das Wasser ist, das aus den Flüssen oder dem Grundwasser entnommen wird, umso teurer ist die erforderliche Behandlung, um es genießbar zu machen. Je zerstreuter die Bevölkerung wohnt, umso kostspieliger ist die Verteilung.

Verglichen mit anderen Ausgaben hält sich die Wasserrechnung des Franzosen in vernünftigen Grenzen: 180 Euro im Jahr. Rechnen Sie! Wie viel kostet Ihr Handy?

Wenn in unserem Land der Preiskampf tobt, dann deshalb, weil der private Sektor in Frankreich einen großen Teil des Markts beherrscht: 72 Prozent beim Trinkwasser, 55 Prozent bei der Entsorgung.

Muss man diese Delegierung der öffentlichsten aller öffentlichen Dienstleistungen an Gesellschaften, die von Natur aus auf Profit aus sind, hinnehmen?

Regelmäßig publizieren die Verbraucherverbände Studien, die den Mangel an Wettbewerb in Gebieten verurteilen, in denen zwei Gesellschaften, Veolia und Suez, das Feld beherrschen. Sie weisen auf die fehlende Transparenz und demokratische Kontrolle bei der Aushandlung der Verträge hin. Die Folge davon seien, versichern diese Verbände, unannehmbar hohe Preise, die ständig steigen (was nicht geduldet werden kann), und irrsinnige Profite (die ungerechtfertigt sind, weil sie auf der Ausbeutung eines gemeinschaftlichen Guts beruhen).

Ebenso regelmäßig antworten die beschuldigten Gesellschaften mit anderen Studien. Die Verhältnisse, sagen sie, sind vielschichtig. Wie wollen Sie Unvergleichbares miteinander vergleichen? Wir erben, wie zufällig, die schwierigsten Verhältnisse, die heruntergekommensten Gewässer, die gefährdetsten Gebiete … Die Städte wenden sich an uns, damit wir die Probleme lösen, die ihnen über den Kopf wachsen. Wer kann ehrlicherweise glauben, dass unser Sachverstand nichts kostet? Wollen Sie unsere Forschungszentren besichtigen? Und wenn unsere Rechnungen etwas (kaum) teurer sind, vergessen Sie in Ihren Berechnungen nicht die Steuern, die wir entrichten: Weltweit befinden sich die Bürger in derselben Lage.

XIII. Die Schule des Teilens

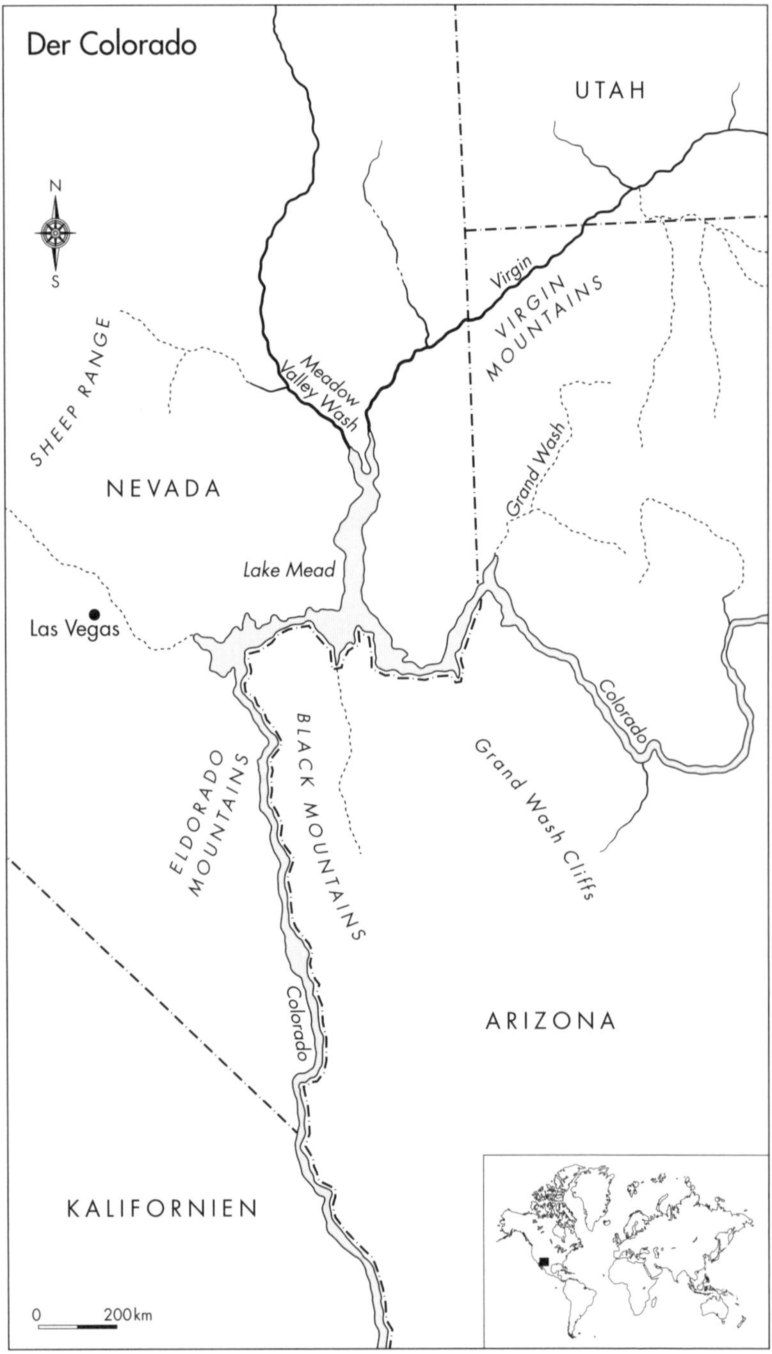
Der Colorado
UTAH
N
S
Virgin
VIRGIN MOUNTAINS
SHEEP RANGE
Meadow Valley Wash
NEVADA
Grand Wash
Lake Mead
Las Vegas
Colorado
BLACK MOUNTAINS
ELDORADO MOUNTAINS
Grand Wash Cliffs
ARIZONA
Colorado
KALIFORNIEN
0
200 km

1855 gegründet, durch die Meute der Kasinos seit den 1930er Jahren reich geworden, zählt Las Vegas heute fast 2 Millionen Einwohner und kann sich mehrerer Rekorde rühmen: Es ist die Stadt mit der größten Hoteldichte (2004: 37,4 Millionen Besucher) und mit dem höchsten Wasserverbrauch (tausend Liter pro Person und Tag; der Durchschnitt in den Vereinigten Staaten liegt unter siebenhundert Liter; in Europa sind es zweihundert).

In Las Vegas will man auf nichts verzichten, und vor allem nicht auf besonders grünen Rasen. Ein kostspieliger Wunsch mitten in der Mojave-Wüste, wo es selten regnet (hundert Millimeter Wasser pro Jahr) und wo die Temperatur häufig 45 Grad Celsius übersteigt.

Die Stadt wird zu neunzig Prozent mit Wasser vom Lake Mead versorgt, das von dem 1935 am Colorado erbauten Hoover-Damm aufgestaut wird. Die restlichen zehn Prozent stammen aus Bohrungen.

*

Armer Colorado!

Der mehr als 2250 Kilometer lange Fluss entwässert ein Gebiet, das größer als Frankreich ist und zwischen den Vereinigten Staaten (Arizona, Kalifornien, Colorado, Nevada, Neu-Mexiko, Utah, Wyoming) und Mexiko aufgeteilt ist. Der «natürliche» Oberflächenabfluss beträgt das Jahr über gerechnet 750 Kubikmeter pro Sekunde, aber wegen verschiedener Entnahmen ist der Colorado an seiner Mündung nur noch ein Bach: 35 Kubikmeter pro Sekunde.

Die Landwirtschaft verbraucht neunzig Prozent dieser Ressource. Ein Kanal, der größte der Welt, hochtrabend und irreführend All-American-Canal genannt, sorgt für die Bewässerung des Imperial Valley in Kalifornien (200 000 Hektar). Auch die Städte Los Angeles, San Diego, Phoenix und Tucson werden vom Colorado über Viadukte mit Wasser versorgt.

★

Die Reserven des Lake Mead erschöpfen sich. Sein Wasserspiegel fällt jedes Jahr um mehrere Meter. Wenn es so weitergeht, könnte er in zehn Jahren verschwunden sein. Nach Jahrzehnten der Unbekümmertheit wird nun Alarm geschlagen.

Da absehbar ist, dass weder die Bevölkerung noch die Hotels willens sind, ihren Verbrauch einzuschränken, suchten die Verantwortlichen in Las Vegas und im Staat Nevada nach Möglichkeiten, die Ressource zu vergrößern. So entwickelte man die *Wasserbanken.*

Arizona und Südkalifornien besitzen das Recht, Wasser aus dem Colorado zu entnehmen. Las Vegas und der Staat Nevada schlagen ihnen folgende Vereinbarung vor: Entnehmt die Menge Wasser, auf die ihr ein Anrecht habt. Sammelt dieses Wasser in einem Speicher. Wenn wir Wasser brauchen, können wir aus diesem Reservoir schöpfen. Speichert Arizona zum Beispiel jedes Jahr 25 Millionen Kubikmeter, dann werden ihm dafür 23 Millionen Dollar ausgezahlt.

Nevada hat auch vor, Entsalzungsanlagen an der kalifornischen Küste zu finanzieren. Dafür wird es einen zusätzlichen Rechtsanspruch auf Wasser aus dem Colorado erhalten.

Eine andere Methode: der Wassertransfer. Die Stadt Las Vegas hat sich das Recht ausgehandelt, 74 Millionen Kubikmeter aus dem Wasservorrat von Spring Valley, fünfhundert Kilometer nördlich von Las Vegas, abzupumpen. Leider nutzen auch zahlreiche Landwirte diese Ressource …

Zwei Entwicklungsmodelle, das städtische und das agrarische, machen sich auf diese Weise gegenseitig Konkurrenz – eine Konkurrenz, die immer härter wird. Zwei Modelle, die beide gleichermaßen ungeeignet sind, mit feindlichen Umweltbedingungen zurechtzukommen.

Die städtische Bevölkerung des Südwestens der Vereinigten Staaten versteht ihre Lebenswelt als eine Oase des Grüns mitten in der Wüste. Davon zeugen die Ortsnamen in der Umgebung von Las Vegas: Paseo Verde, Green Valley Ranch … Die Leute dort glauben nicht an den Wassermangel. Für einen echten Amerikaner – modern, positiv, fleißig – gibt es keinen Mangel, dem der technologische Fortschritt nicht abhelfen könnte.

Die Landwirte ihrerseits betrachten sich als alleinige Urheber des amerikanischen Wohlstands. Der wahre Reichtum eines Landes kommt vom Boden und von denen, die ihn bebauen, nicht wahr? Sie stellen eine mächtige Lobby dar und sind in keiner Weise dazu bereit, Praktiken in Frage zu stellen, die stark von der Bewässerung abhängen.

Dieser Gegensatz zwischen Stadt und Land ist nicht neu und hat auch schon früher zu dramatischen Auseinandersetzungen geführt. In den 1920er Jahren haben die Landwirte mehrmals den Aquädukt gesprengt, der das Wasser aus dem Owenstal nach Los Angeles transportiert.

Solche Nutzungskonflikte finden sich mehr oder weniger ausgeprägt überall auf der Welt.

Und überall auf der Welt versuchen die Verantwortlichen auf nationaler, regionaler und lokaler Ebene, Verfahren zu entwickeln, um die unzähligen Nutzer des Wassers dazu zu bringen zu teilen.

In Spanien haben es die *Wassertribunale* seit undenklichen Zeiten übernommen, dafür zu sorgen, dass die Regeln der Verteilung eingehalten werden. In den Niederlanden und in Flandern übernahmen die *wateringues* («Wasserzirkel») diese Rolle.

Bernard Barraqué, Wirtschaftsexperte und Direktor für Forschung am Centre national de la recherche scientifique (CNRS), arbeitet über die Verwaltung des Wassers. Er stützt seine Überlegungen und seine Vorschläge auf gründliche historische Kenntnisse. Für ihn ist das Wasser kein kostenloses Gut (weil seine Verteilung immer Kosten verursacht). Es ist auch kein öffentliches Gut (warum würde es sonst dem Staat gehören?). Es ist ein *gemeinschaftliches Gut*. Um dieses so besondere Gut zu verwalten, sind im Laufe der Zeit drei verschiedene Systeme angewandt worden:

1. der orientalische Despotismus: Die Bauern liefern die Nahrung, der Staat kümmert sich um die Infrastruktur der Wasserversorgung (Ägypten, Babylon, Zentralamerika, China);

2. das römische Recht: Fließgewässer sind ein gemeinschaftliches Gut, außer wenn sie schiffbar sind. In diesem Fall kümmert sich der Staat darum. Die unterirdischen Wässer bleiben Privateigentum. Dieses System ist von den romanischen Ländern angewandt worden, bis in jüngste Zeit auch von Frankreich;

3. die germanische Tradition: Wasser hat keinen Besitzer. Dieses letzte Konzept tritt, seit die Ressource immer rarer wird, überall mehr in den Vordergrund.

Der Alltag eines Wasserparlaments

Man nennt sie «Komitees». Jede der sechs Wasserregulierungsbehörden, die sich Frankreich seit dem Gesetz von 1964 teilen, hat ihr «Komitee». Die Bezeichnung untertreibt, aus übergroßer Bescheidenheit. Es sind wirkliche Wasserparlamente, politische Instanzen, deren Beschlüsse bindende Kraft haben.

Ein Komitee-Parlament zählt 190 Mitglieder. Die Hälfte von ihnen gewählt (Vertreter der Regionen, der Departements und der Kommunen). Ein reichliches Drittel Wassernutzer (alle Aktivitäten sind vertreten: Landwirtschaft, Fischerei, Fluss-Schifffahrt, Tourismus, Industrie, Elektrizitätserzeuger, Verbraucher, Naturschutzvereinigungen, sozioprofessionelle Kreise) sowie «kompetente Persönlichkeiten», eine die anderen etwas disqualifizierende Bezeichnung ...; aber wie könnte man zum Beispiel die Kompetenz von Pascale Briand bezweifeln, die in ihrer Eigenschaft als Generaldirektorin einer anderen Behörde, der Afssa, die für die Lebensmittelsicherheit zuständig ist, im Komitee der Wasserregulierungsbehörde Loire-Bretagne sitzt? Die übrigen Sitze haben Staatsbeamte inne: Nicht weniger als dreizehn Ministerien nehmen an den Debatten teil, nicht gezählt die Präfekten.

Die Originalität dieses Parlaments: das Kriterium für die Zugehörigkeit zu einer Gruppe ist nicht die politische Richtung, sondern das Tätigkeitsfeld. Wie man sich denken kann, divergieren die Interessen zumindest, häufig sind sie sogar entgegengesetzt.

Wie die Bedürfnisse der Bewässerung mit der Notwendigkeit in Einklang bringen, einen ausreichenden Wasserdurchfluss für die Fischerei, das Kanufahren, das Baden und ... die Kühlung der Atomanlagen zu erhalten? Wie die Erträge der Landwirtschaft erhöhen und die Industrie ausbauen, ohne die Sauberkeit der Wasserläufe zu sehr zu beeinträchtigen? Wie ehrgeizige Anlagen finanzieren, ohne die Rechnungen der Wasserverbraucher zu erhöhen?

Ein hübsches Resümee der Interessenvielfalt und der Solidarität im Kleinen, die eine Nation ausmachen. Ein schönes Lehrstück des Lebens in einer Gemeinschaft.

Das Dokument, das die 190 erarbeiten sollen, nennt sich Sdage (*Schéma directeur d'aménagement et de gestion des eaux*, Generalplan für die Entwicklung und Verwaltung der Wasserressourcen). Der Gleichklang mit «sage» (klug) ist nicht von ungefähr. Alle brauchen Klugheit und der Präsident vor allem diplomatisches Geschick, um einen Kompromiss zu erreichen, der von großer Bedeutung ist: Er wird für sechs Jahre die Wasserpolitik im gesamten Gebiet festlegen.

Seit Erlass der europäischen Direktive vom 23. Oktober 2000 sind die Diskussionen im Komitee-Parlament noch intensiver geworden. Schluss mit den Absichtserklärungen und Ausflüchten: Ein *Datum* (2015) wurde festgesetzt, mit genauen und messbaren *Zielen*. Die *Verpflichtung*, Ergebnisse zu erzielen («eine gute Qualität für alles Wasser»), ist an die Stelle der zu laschen und bequemen Sachzwänge getreten. An einem nicht allzu fernen Horizont zeichnet sich die Drohung schwerer finanzieller Sanktionen ab.

Im Wissen um die schlechte Verfassung des Grundwassers, der Flüsse und der Küstengewässer in meinen geliebten Departements Finistère und Côtes-d'Armor war ich neugierig zu erfahren, wie man sich dort auf dieses Datum vorbereitet.

Ich ignorierte tapfer einen Streik der SNCF und fuhr am 10. Juli 2008 zur Sitzung der Wasserregulierungsbehörde Loire-Bretagne.

Schon die Adresse wies auf eine um die Natur besorgte Geisteshaltung hin: Avenue de Buffon, Orléans-la-Source.

Und die Größe des Verantwortungsbereichs flößte Respekt ein: 155 000 Quadratkilometer, ein Drittel des nationalen Territoriums; 10 Regionen, 36 Departements, 7400 Gemeinden. Jährliches, durch Gebühren finanziertes Budget: mehr als 300 Millionen Euro.

Das neu erbaute Konferenzzentrum der guten Stadt Orléans liegt unweit der Kathedrale, die Jeanne d'Arc teuer war. Zehn Uhr morgens. Wände aus kostbarem Holz, butterblumengelbe Sessel, der Hörsaal

Maurice-Genevoix füllt sich. Da der ehemalige Minister und Diplomlandwirt Ambroise Guellec sich nach zwanzigjähriger erfolgreicher Präsidentschaft zurückzieht, wird das Komitee seinen Nachfolger wählen.

Ich lasse meinen Blick über die Gesichter der «Parlamentarier» wandern und versuche zu erraten, wer die Landwirtschaft, wer die Fischerei, wer die Fluss-Schifffahrt vertritt ...

Zwei Kandidaten erklären sich zur Kandidatur bereit: Serge Lepeltier, seinerseits ehemaliger Minister in einer Rechtsregierung (Jean-Pierre Raffarin); und Pascale Loget, eine «Grüne» und Vizepräsidentin der Region Bretagne.

Abstimmung in geheimer Wahl.

Ergebnis: Lepeltier 83, Loget 58 Stimmen. Dass ein von allen respektierter Exminister für Umwelt und nachhaltige Entwicklung siegt: eine gute Botschaft! Niemand hat den Grund seiner Entlassung aus der Regierung vergessen: Seine festen ökologischen Überzeugungen und seine Kompetenz störten.

Dass eine militante «Grüne» einen so hohen Stimmenanteil erhält: ein weiteres Zeichen eines neuen Bewusstseins, das immer noch sehr unzureichend ist ... aber wächst.

Der weitere Verlauf des Tages wird diesen Optimismus dämpfen. Der gewählte Vizepräsident ist ein Vertreter der Industrie, ein ehemaliger Papierfabrikant. Und bei der Wahl des Verwaltungsrats hindert ein subtiler und komplexer Mechanismus von Wählergruppen und Abstimmungen nach Listen die «bloßen» Verbraucher (diejenigen, die weder Landwirte noch Industrielle sind) daran, von einer ausschlaggebenden Rolle in naher Zukunft zu träumen. Um ihrer Stimme Gehör zu verschaffen, werden sie kämpfen, warnen, Zeugen anrufen müssen ... In dem Komitee hat jeder Rederecht. Aber wenn es um Entscheidungen geht, wiegen die Worte einiger Leute mehr, sehr viel mehr, als die der anderen.

Den neuen Präsidenten erwartet eine schwierige Aufgabe: sein imposantes und unruhiges Gespann im Gewaltmarsch den europäischen Zielen für 2015 entgegenzuführen.

Lob der Regenwürmer und der dezentralisierten Kooperation

Seit Frankreich Frankreich ist, will der Staat, das heißt Paris, alles verwalten. 1983 lockert Gaston Deferre, damals Innenminister, aber auch Bürgermeister von Marseille, diesen pathologischen Zentralismus. Die *Assemblée departementale*, die Departementsversammlung des Hérault, nutzt diese Gelegenheit und übernimmt die gesamte Wasserpolitik. Seit den Römern haben Montpellier und seine Umgebung, der Trockenheit des Mittelmeerklimas ausgesetzt, eine unvergleichliche Sachkenntnis angesammelt. Ein Forschungszentrum, einmalig in Europa, entsteht. Sehr früh beschließen die neuen Verantwortlichen, ihre Sachkenntnis anderen interessierten Ländern zugänglich zu machen.

Eines schönen Tages kommt eine Nachricht von der französischen Botschaft in Chile. Ein Mediziner arbeitet über den Nutzen der Regenwürmer für die Abwasserbehandlung. Um über das experimentelle Stadium hinauszukommen, braucht er Partner. Und da der Ruf von Montpellier bis in die Anden gelangt ist ...

Marcel Bouché, einer der Weltspezialisten für diese kleinen Tiere, wird um Rat gebeten. Er ist begeistert: Endlich wird man die Funktion der Lumbriciden erkennen.

«Wissen Sie, dass diese Würmer, wie Sie sie nennen, achtzig Prozent des Gewichts aller Tiere auf dem Planeten, die Menschen inbegriffen, ausmachen? Dass sie nach Belieben männlich oder weiblich sind? Dass in einer Parzelle von 25 Quadratmetern 25 000 Lumbriciden leben, dass sie in einem Jahr fünfzig Kilometer Gänge aushöhlen? Dass der Lumbricide da, wo der Maulwurf, um sich fortzubewegen, die Erde mit seinen Pfoten wegräumt, sie an einem Ende verschlingt und am anderen wieder von sich gibt?» Etc., etc. ...

Marcel Bouché kann ununterbrochen, tage- und nächtelang, von seinen langen, klebrigen Freunden reden ... Die Abgeordneten des Departements entdecken verblüfft ein Universum. Sie bewilligen ein Budget. VERSeau (Zusammensetzung aus «vers» = Wurm und «eau» = Wasser), eine Gesellschaft, die aus Wissenschaftlern und Industrieunternehmen besteht, findet sich um das Projekt zusammen.

Und eine Forschungsgruppe bricht zur anderen Erdhalbkugel auf. Professor Toha empfängt sie in der medizinischen Fakultät von Santiago. Sein Büro, eine Art Keller, ist ein Zentrum der Unordnung. Auf dem Boden, in der einzigen freien Ecke ohne Bücher, Akten und sonstige Materialien: ein großes Glasgefäß. Dort arbeiten die Lumbriciden.

Combaillaux, wörtlich «Schlucht der Aïlols» (eine Ahornart), ist ein hübscher ländlicher Ort im Norden von Montpellier. Heideland, Wälder, etwas Getreide, Olivenbäume, Weinberge, Pferde … Durch den Frieden der Gegend verführt, lassen sich immer mehr Städter dort nieder: 1960 waren es 150 Einwohner, vierzig Jahre später das Zehnfache. Eine Anlage zur Abwasserbehandlung ist unbedingt erforderlich. Die Gemeinde beschließt in wahrer Größe, die Methode Professor Tohas anzuwenden.

Und so kommt es, dass ich an einem schönen Märztag unter der Führung eines ebenso herzlichen wie militanten Bürgermeisters nähere Bekanntschaft mit dem Regenwürmervolk mache.

Über ein großes Becken gebeugt, sehe ich nichts als eine feuchte und wenig appetitliche Kloake, aber ich höre mit aufgesperrten Ohren sehr erstaunliche Geschichten.

«Die Filter haben die Aufgabe, die Verschmutzungen zurückzuhalten. Aber sie verstopfen am Ende. Mit den Regenwürmern: keine Gefahr. Sie hören nicht auf, Gänge auszuhöhlen. Das ist ihre Lieblingsbeschäftigung. Haben Sie schon einmal beobachtet, wie Regen auf Heideland fällt? Keinerlei Rinnsale. Das Wasser dringt durch die Gänge ein. Wenn es dagegen in den Weinbergen regnet, gibt es Legionen von Rinnsalen. Ahnen Sie, warum? Die Insektizide haben die Würmer getötet oder weggeekelt!»

Ich stelle fest, dass Marcel Bouché, der Papst der Lumbriciden, Schule gemacht hat, und ich beschließe, auf der Hut zu sein. Nach den Kängurus und den Skarabäen nun die Würmer … Offenbar zeigen uns diese Tiere den Weg.

Der Bürgermeister fährt mit seinen Erläuterungen fort.

Ich möchte diese Hymne auf die Lumbriciden nicht unterbrechen. Dennoch muss ich die banale Frage stellen:

«Aber im Vergleich zu anderen ... klassischeren Methoden?»

Der Bürgermeister verzieht schmerzlich das Gesicht. Wie kann ich es wagen zu vergleichen?

In verstimmtem Ton geruht er, mir zu antworten, dass 1. die Investitionskosten nur halb so hoch sind; 2. die Lumbriciden an Stelle des schmutzigen Schlamms, den die anderen Systeme, und zwar in riesigen Mengen, auswerfen, nur feine Erde ausscheiden; 3. daher mit Hilfe der Lumbriciden viel Fläche gespart werden kann.

«Und die anderen Becken nebenan?»

Der Bürgermeister zeigt sich belustigt.

«Vorsichtsmaßnahmen! Die Gesundheitsbehörden trauen uns nicht. Sie haben verlangt, dass wir parallel dazu traditionelle Filteranlagen installieren. Aber wir warten auf die Bestätigung unserer Methode. Analysen sind im Gange. Wir werden Sie zur offiziellen Einweihungsfeier einladen. Unsere chilenischen Freunde werden da sein! Lieben Sie den Pisco?»

Später, auf dem Rückflug, als ich die kleine Mappe aufschlug, die man mir mitgegeben hatte, entdeckte ich eine Dokumentation, die keine Überraschungen barg: die Geschichte von Combaillaux, Skizzen der Lumbricidenanlage, die Vorstellung einer erst kürzlich gegründeten franco-chilenischen Gesellschaft (Lombri Tek). Und ein Buch, dessen Verfasser mir nicht unbekannt war: *The Formation of Vegetable Mould through the Action of Worms* von Charles Darwin (1881).

★

Abgesehen vom Beispiel der Lumbriciden, wer wird jemals die Bilanz der dezentralisierten Kooperation ziehen?

Ich bin nicht naiv. Ich kenne die Vorbehalte gewisser Abgeordneter gegenüber dem Exotischen und den damit verbundenen Unkosten. Aber die Beziehungen zwischen Städten oder Regionen bieten viele Vorteile, angefangen bei geringeren Möglichkeiten zu Korruption.

Da die Wasserfragen *lokale* Antworten verlangen, jedesmal andere, erscheint die *dezentrale* Kooperation häufig die geeignetste. Wenn ein

Bürgermeister einem anderen Bürgermeister eine konkrete Lösung vorschlägt, teilen beide dieselbe ganz primitive Sorge, die sie täglich bedrängt: der Bevölkerung, für die sie verantwortlich sind, Wasser zu liefern. Und die Kommune, der geholfen wird, wird nicht das Gefühl haben, ihre Souveränität zu verlieren, denn es ist eine andere Kommune, die ihr hilft. Ein Gesetz vom 9. Februar 2005, Oudin-Santini-Gesetz genannt, erlaubt einer Stadt oder einem Wasserwirtschaftsamt, bis zu einem Prozent des Wasserbudgets zu verwenden, um öffentlichen Einrichtungen in Entwicklungsländern zu Hilfe zu kommen. Diesem Gesetz folgend, gibt die Stadt Paris jedes Jahr mehr als eine Million Euro aus und unterstützt sehr unterschiedliche Aktionen: ein Kanalisationsnetz in N'Djamena, Brunnenbohrungen in der Karibik, die Anleitung bei der Versorgung der städtischen Gebiete Afrikas, Asiens und Lateinamerikas. Das Ziel ist immer dasselbe: die selbständige Beherrschung der Wasserwirtschaft zu fördern.

Ich sage Ihnen, das Wasser macht Juristen und Abgeordnete klüger!

Die schöne Zukunft der Wasserkriege[23]

Der Blaue Nil, der in Äthiopien in den Bergen von Agaumdir entspringt, fließt bei Khartum in den Weißen Nil und macht mehr als achtzig Prozent des Nilwassers aus.

Nun verbraucht Äthiopien, eine Nation, die wahrhaftig viel Landwirtschaft betreibt, weniger als ein Prozent dieses Wassers. Seit jeher haben die Länder flussabwärts, der Sudan und Ägypten, gewaltsam zu verstehen gegeben, dass Äthiopien nicht mehr zu erwarten hat. Man muss dazusagen, dass dieses Wasser für sie lebensnotwendig ist. Ägypten erhält 98 Prozent seines Wassers aus dem Nil, und 95 Prozent seiner Bevölkerung lebt an dessen Ufern.

Aber Äthiopiens Bevölkerung wächst rasch, wie alle anderen afrikanischen Völker: 75 Millionen Einwohner heute, 120 Millionen im Jahr 2025. Wie soll man diese Menschenmenge mit Trinkwasser versorgen und wie Bewässerungsanlagen entwickeln, um sie zu ernähren, ohne dem Blauen Nil noch mehr Wasser zu entziehen? Es ist bekannt, dass Äthiopien für die Vereinigten Staaten ein strategischer Angelpunkt in Ostafrika ist (der Sudan liegt im Westen, Somalia im Südosten). Die Diplomaten in Washington und die der Afrikanischen Union fragen sich, wie ein neuer Krieg vermieden werden kann, bei dem das Wasser das Streitobjekt ist.

Wenn Sie mein Buch bis hierher gelesen haben, könnten Sie auf den Gedanken gekommen sein, ich hätte eine idyllische Vision von der Welt des Wassers. Das Wasser sei so lebensnotwendig für die Menschen, dass sie in ihrer großen Klugheit niemals so weit gehen würden, sich gegenseitig umzubringen, um in seinen Besitz zu gelangen. Sie würden es immer vorziehen zu verhandeln, um es unter sich zu verteilen. Ein wenig nach dem Muster der Atomwaffen: Sie können für alle so vernichtend sein, dass man übereinkommt, sie nicht einzusetzen.

Kurz, das Wasser sei die Schule des Teilens.

Lange Zeit wurde dieser Optimismus durch die Tatsachen gestützt. Die meisten der Konflikte, in denen das Wasser eine Rolle spielte, fanden eine friedliche Lösung. Man schnitt sich hier und da wegen eines Brunnens die Kehle durch, man setzte Truppen in Bewegung, um den Nachbarn einzuschüchtern, aber man ließ es nicht zum Krieg kommen.

Der demografische Druck hat die Situation verändert. An vielen Orten des Planeten ist die Notwendigkeit zum Gesetz des Handelns geworden, oder sie wird es werden. Und wo ich vom Gesetz des Handelns spreche, könnte es sich leicht um den Einsatz von Waffen handeln. Wie der Kriminologe Alain Bauer schreibt: «Die Probleme im Zusammenhang mit dem Wasser haben in den letzten Jahren zugenommen. Vor der Zeitenwende etwa zwanzig gezählte Fälle, von da an bis 1900 ebenso viele, bis 2000 einhundert, bis Ende 2007 fünfzig; die beschleunigte Zunahme an Drohungen und Spannungen ist spektakulär.» Geografen und Geopolitiker zählen «warme» oder schon «heiße» Zonen. Es gibt genug davon. Wir erinnern, ohne Anspruch auf Vollständigkeit, an die Becken von Ganges und Brahmaputra, an Südafrika (Okavango, Limpopo, Zambesi) und an die fernöstliche Grenze zwischen Russland und China.[24]

XIV. An Hunger sterben, an Durst zugrunde gehen?

Wie kann man heute Landwirt sein?

Wie das Unvereinbare vereinbaren: erzeugen und Rücksicht nehmen? Der Natur immer mehr abverlangen, ohne sie zu zerstören?

Der Landwirt ist der, der das meiste Wasser verbraucht.

Ihn beschuldigt man, das Grundwasser und die Flüsse zu verschmutzen.

Aber man erwartet von ihm jedes Jahr erneut Wunder: Nahrung, immer mehr Nahrung, immer gesünder, immer neue Arten, zu möglichst niedrigen Preisen …

Der Landwirt ist der, der auf die Hauptbedrohung, welche auf der Menschheit lastet, eine Antwort finden muss.

Denn fast überall wird die bebaubare Erde knapp, die Böden laugen aus, und die Investitionen geraten ins Stocken.

Die wirklichen Wasserkriege sind noch nicht ausgebrochen, während die Hungerrevolten sich mehren …

Eine Leidenschaft für das Grundwasser

Für all diejenigen, die Liebesgeschichten mögen, hier das Beispiel einer Leidenschaft. Einer seltenen Leidenschaft, einer physischen wie mentalen, einer täglichen, unermüdlichen Leidenschaft, einer stolzen und strengen, häufig kämpferischen Leidenschaft. Der Leidenschaft eines Mannes für das Grundwasser.

Manche leidenschaftlich Liebende begnügen sich mit der Faszination: Sie tun nichts, um den Gegenstand ihrer Leidenschaft wirklich kennenzulernen. Aber ich gestehe, dass ich sie für Faulpelze oder, schlimmer, für wenig vertrauensvolle Menschen halte. Irgendetwas sagt mir, dass sie befürchten, zu viel zu erfahren. Wie die, die im Dunkeln Liebe machen, befürchten, zu viel Licht könne ihre Flamme auslöschen.

Jean-François Robert, der Mann, von dem ich spreche, gehört nicht zu jenen, die freiwillig die Augen schließen. Sobald ihn sein Grundwasser behext hatte, wollte er alles, aber auch alles über es wissen. Zunächst geschmeichelt durch diese Aufmerksamkeit, dann jedoch zurückhaltend in der Preisgabe seiner Geheimnisse, leistete das Grundwasser Widerstand. Der Mann war beharrlich. Er war kein Wissenschaftler. Er hat gefragt, geforscht, gemessen. Heute versichert er mir lächelnd, ohne falsche Bescheidenheit, «alles darüber zu wissen». Seine Kompetenz ist anerkannt. Man lädt ihn überallhin ein. Je mehr sich das Klima erwärmt, umso mehr Aufmerksamkeit schenkt man dem Grundwasser und seinem Verhalten.

Aber kommen wir zum Ursprung dieser Leidenschaft zurück. Seit grauer Vorzeit sind alle Roberts Bauern gewesen und haben das Land zwischen Chartres und Orléans, mitten im Herzen der Beauce, bestellt.

Wenn sie gießen müssen, bohren sie ein Rohr in den Boden. Und das Wasser steigt auf. Keine Vorschriften behindern sie. Glückliche Tage des Überflusses und der Gleichgültigkeit der Behörden.

Das Grundwasser ist da. Man kann es unten im Brunnen jedes Bauernhofs glitzern sehen. Ein Vorfahre hat eine Messlatte hinabgelassen. Die Familie fährt andächtig fort, die Entwicklung des Wasserstands zu beobachten.

Was ist das Grundwasser?

Schlecht informierte Bevölkerungen stellen sich eine Art Grotte vor, die von einem großen See bewohnt wird. Die Wirklichkeit ist anders und gleicht, weniger romantisch, eher einem Schweizerkäse, der aus Erde und Kieselsteinen besteht und dessen Löcher mit Wasser gefüllt sind.

Kurz, von Vater zu Sohn bohren die Roberts nach Bedarf, ohne sich um irgendetwas zu kümmern.

Allmählich wachen die Behörden auf. Die Präfekten, die offensichtlich befürchten, dieser immer noch rätselhafte Schatz könne austrocknen, beginnen Verbote zu verhängen. Die Bauern schäumen vor Wut. Unmöglich, die Verwaltung über diese wichtige Angelegenheit entscheiden zu lassen! Man tut sich zusammen. Man fragt sich, wer die Fackel am besten tragen kann. Alle Blicke richten sich auf den noch jungen und dynamischen Jean-François Robert. Ein Bewässerungsverein wird gegründet, dessen Präsidentschaft er übernimmt.

Und so wird das Grundwasser, anstatt einfach nur da zu sein, zum Gegenstand der Forschung (um etwas zu verteidigen, muss man es kennen) und dann zum Gegenstand der Leidenschaft.

Jean-François Robert bewohnt einen Ort für Kreuzworträtsel-Fans: Ohé. Zwei Stunden lang wird er mir auf seinem Bauernhof von seiner Leidenschaft erzählen.

Ohne Umschweife werden mir, mit einer gewissen Bescheidenheit, die weltweiten Zahlen geliefert: 9000 Quadratkilometer, 20 Milliarden Kubikmeter ...

Wir nehmen das Auto und fahren ganz langsam, sicherlich um das Grundwasser nicht zu sehr zu stören. Von Ort zu Ort gelangen wir über Hügel, über Kuppen, ehe wir in Mulden versinken oder kleine Wälder durchqueren. Die Namen prägen sich ein: Beaumont-Cravant, Épieds-en-Beauce, Trancainville ... Ich lasse mich wie von einem Lied wiegen.

Plötzlich schrecke ich auf. Jean-François zeigt mir einen grauen Kasten am Rand eines Feldes. Er hat «Zähler» gesagt. Was soll der triviale Gegenstand auf diesem poetischen Ausflug? Zähler ... Ich denke an die Schlachten von Buenos Aires. Welch unpassende Erinnerung mitten in der schönen Beauce ...

Mein Gastgeber hat sich aufgerichtet. Ein neuer Glanz strahlt in seinen Augen.

«Die Zähler? Sie sind mein ganzer Stolz. Was nützt es, das Grundwasser so genau zu kennen, wenn wir nicht lernen, es besser gemeinsam zu verwenden?»

In Beachtung eines allseitigen Gleichgewichts hatte die Beauce so einige Jahre in Frieden, einem Grundwasser-Frieden, gelebt, bis das regionale Umweltamt beschloss, die Regeln zu ändern.

Um sich den europäischen Zielen anzupassen – ein gesunder Zustand aller Gewässer bis zum Jahr 2015 –, änderte es die Art und Weise, wie die Ressource gemessen wird. Man soll nicht mehr nur die Veränderungen in der Höhe des Grundwassers feststellen. Die Flüsse müssen in Zukunft Wasser führen.

Aber die Bauern schreien auf: Was ist eigentlich ein Fluss? Müssen ein seit langem toter Flussarm oder ein verlassener Kanal ebenfalls als «Flüsse» betrachtet werden und infolgedessen ihren Wasseranteil erhalten? Und sie schwingen uralte Postkarten, auf denen man zum Beispiel den Zustand des «Flusses» Conie im Jahr 1900 sieht: ein einfacher Graben, in dem nicht die geringste Feuchtigkeit, nicht einmal die Spur eines Schilfhalms zu sehen sind.

Gehen wir zu einer anderen Größenordnung über, zur Loire. Dieser riesige Fluss fließt fast am Rand der Felder entlang. Wer kann angesichts seiner Wasserfülle glauben, die Beauce könne einmal unter Trockenheit leiden?

Warum soll man, fragen die Bauern, eine solche Ressource vergeuden? Warum sie weglaufen und im Ozean aufgehen lassen? Warum nicht einen Teil davon abzweigen, um, wenn erforderlich, das Grundwasser damit aufzufüllen? Ich habe diese Frage der Wasserregulierungsbehörde bereits gestellt. Ich kenne ihre beiden Antworten. Die erste ist einfach und leicht verständlich: Die Kosten der Arbeiten wären unverhältnismäßig hoch. Die zweite Antwort ruft im Allgemeinen nur Achselzucken hervor: Die Überschwemmungen sind für die Vermehrung der Fische, vor allem der Hechte notwendig. Das Vorhandensein von Fischen im Wasser, so nebensächlich es scheinen mag, ist ein Zeichen für ein intaktes Gleichgewicht. Ist dieses Gleichgewicht erst gestört, dreht die große Maschine allen Lebens durch, und am Ende wird sie sich jeder Kontrolle entziehen. Wer sich für diese Störungen interessiert, braucht nur «Alexandrium» in die Tastatur seines Computers zu tippen. Er wird Bekanntschaft mit einer sehr wenig empfehlenswerten Pflanze machen – der Produzentin eines lähmenden Gifts –, die sich rasend schnell vermehrt und deren Entwicklung zu bremsen heute niemand in der Lage ist.

Ich habe Diskussionen vermieden, um diesen schönen Tag nicht zu verderben. Ich kenne die von Leidenschaft Besessenen: Der geringste Vorbehalt gegenüber dem Gegenstand ihrer Leidenschaft bringt sie auf.

★

Dieses Grundwasser der Beauce erregt ganz entschieden die Leidenschaften. Nach dem idyllischen Bild, das mir der Präsident des Bewässerungsvereins gemalt hat, stellt mir ein Physiker des CNRS eine völlig andere Vision vor Augen. Neben seinen Tätigkeiten als Forscher (er ist Spezialist für Karbonbremsen, wie sie zum Beispiel Flugzeuge benutzen) leitet Bernard Rousseau France Nature Environnement: einen Verband, der mehr als dreitausend über ganz Frankreich verteilte Organisationen vereint. Die Beauce ist eines seiner schwärzesten Schafe, ein Gegenstand ständigen Ärgers:

«Wollen Sie Zahlen? Ich werde Ihnen nur diese nennen: pro Liter Wasser ein Milligramm Nitrat. Das ist die *jährliche* Zunahme der Belastung in den letzten dreißig Jahren, seit man Messungen durchführt.»

«Niemand spricht davon!»

«Das Schweigen ist gut organisiert, viel besser als in der Bretagne, obwohl die Situation in Zentralfrankreich schlimmer ist. Schauen Sie diese Karte an. Sie sehen die roten Punkte. In einigen Gebieten überschreitet die Quote siebzig bis achtzig Milligramm ...»

«Wo wird das enden?»

«Ich weiß nicht. Anstatt endlich über eine Änderung ihrer Anbaugewohnheiten nachzudenken, versuchen die Bauernorganisationen, diese Zahlen in Frage zu stellen, obwohl sie wissenschaftlich unangreifbar sind. Sie falten die Hände, sie erwarten von der Forschung ein Wundermittel. Inzwischen fährt die Umwelt fort, in immer größerem Maße Schaden zu nehmen. Ich wünsche unseren Kindern guten Mut!»

Porträt eines Bewässerers

Er heißt Bernard Pujol. Groß und braungebrannt, stehen ihm seine rund fünfzig Jahre gut, und seine Baskenmütze ebenfalls. Er wohnt in einem großen Dorf im Süden von Toulouse am Ufer des Flusses Ariège: Saverdun. Er ist dort Stadtrat. 130 Hektar Land baut er an: Raps und

Mais. Seine beiden Söhne haben sich entschieden, mit ihm zu arbeiten. Er ist nicht reich, aber er lebt gut. Und er bewässert. Ehe man Wasser zu Hilfe nahm, beherrschten jahrhundertelang nur schlechte Weinberge und Schafherden die Gegend. Die Schafe weideten das Gras ab, das sich zwischen die Steinbrocken verirrt hatte. Bei schönem Wetter sieht man, über den Zentralpyrenäen thronend, den Gipfel des Saint-Barthélemy.

Bernard hat 1980 den Hof seiner Eltern übernommen und ihn dann vergrößert. Was ist ein Landwirt im Südwesten Frankreichs? Einer, der auf der Suche nach Wasser ist. Zehn Jahre zuvor war eine Genossenschaft gegründet worden, der 35 Gemeinden angehören: Bernard wurde Mitglied.

Im Sommer schöpft die Genossenschaft das Wasser, das sie an ihre Mitglieder verteilt, aus der Ariège. Wenn der Fluss versiegt, wenn man seinen Grund sieht, ruft man den Stausee von Montbel zu Hilfe. Dieses Staubecken ist relativ neu, kaum zwanzig Jahre alt. Durch die Bergbäche empfängt es im Winter 60 Millionen Kubikmeter, einen Schatz, den es eifersüchtig für die schlechten Tage, das heißt die Hundstage, aufbewahrt. Wenn Alarm geschlagen wird, öffnet sich ein Schleusentor. Der Fluss Ariège steigt an. Die Fische freuen sich, ebenso wie die Liebhaber des Kajakfahrens. Und auch die kommunale Verwaltung. Denn Dank zweier durch den Fluss betriebener Turbinen erzeugt sie Elektrizität (zwanzig Prozent ihres Bedarfs).

Bernard Pujol hängt nicht so sehr von dem Fluss ab. Er lebt auf einem Grundwasserkissen, einer «Badewanne», wie er sagt: 110 Millionen Kubikmeter direkt unter dem Boden. Dieses Grundwasser wird «sitzend» genannt, das heißt, sein Wasserspiegel steht über dem Fluss. Ein komisches Grundwasser! La Fontaine würde protestieren: Seit wann sitzt das Grundwasser oben, wie der Rabe in der Fabel?

Von Zeit zu Zeit öffnet Bernard einen Hahn, entsprechend der Befugnis, über die er verfügt, und das sitzende Grundwasser ergänzt das Flusswasser.

Das sitzende Grundwasser ist täglich nah und gegenwärtig: Es gehört zur Familie. Es fehlt nicht viel, dass man ihm einen Platz am Tisch bereithält.

«Wissen Sie, dass es hier von Krebsen wimmelt? Das beweist, dass man die Umwelt nicht zu sehr verschmutzt, oder nicht?»

Was ist ein Landwirt? Einer, der glaubt, er sei unbeliebt. Um mir zu beweisen, dass die Vorwürfe heute jeder Grundlage entbehren, schleppt mich Bernard auf ein Feld und erklärt mir die Methode «Irrinov».

«Siehst du diese grauen Stäbe? Das sind Sonden. Du steckst sie in den Boden. Sie messen den Druck oder, wenn du das vorziehst, den Ruf der Wurzeln, ihr Wasserbedürfnis. Der kleine Kasten in der Mitte hält die Daten fest. Zugegeben, früher bewässerte man zu viel, viel zu viel. Der Bauer reagierte reflexartig: Im Zweifelsfall bewässerte er. Jetzt spart man. Schau.»

Er zeigt mir eine Antenne, die aus der Ministation herausragt.

«Ich kann die Daten auf meinem Handy empfangen! Rate, wie viel Wasser wir innerhalb von zehn Jahren gespart haben, wir, die angeblich berufsmäßigen Verschwender: 14 Millionen Kubikmeter, und das bei erhöhter Produktion ...»

Eine Zahl, die im Lauf des Tages gutgelaunt – und mit Bestimmtheit – von einem Experten der CETIOM[25] bestritten wird: «Schon die Hälfte wäre ein gutes Ergebnis ...»

Was ist ein Landwirt? Jemand, den man sich einsam, von seinen Feldern umgeben, in Gesellschaft seines Hundes vorstellt. Stattdessen wachen viele Leute und Institutionen über ihn, von den Gewerkschaftsverbänden bis zu den Landwirtschaftskammern, dazu jede Menge Forschungszentren und Expertengremien aller Art, die das produktivste Spektrum für ihn entwickeln, die ausgeglichenste Fruchtfolge ermitteln, die für die Ländereien am besten geeigneten Düngemittelmischungen berechnen, sich regelmäßig über seine Erträge informieren.

Zurück auf der Farm, wühlt Bernard in seinen Papieren und reicht mir ein Blatt.

«Das hier erhalten wir jede Woche. Du siehst, man kümmert sich um uns!»

16. Juli 2007

Info: Trotz der eher durchschnittlichen Verdunstung sind die Pflanzen in einem Stadium, in dem das Bedürfnis nach Wasser an Bedeutung gewinnt. *Was zu tun ist:*

Mais

Die Aussaat von Anfang April ist mitten in der Befruchtung. 30 bis 35 Millimeter sind zuzusetzen.

Die Aussaat von Ende April ist im Stadium der Seide. Eine Dosis von 30 Millimetern ist unerlässlich.

Die Aussaat von Anfang Juni ist im 13-Blatt-Stadium. Ein Zusatz von 25 Millimetern wird ausreichen.

Soja

Auf der ersten Aussaat ist eine Fruchthülse von 5 Millimeter Länge an einem der vier obersten Knoten zu erkennen. Eine Dosis von 25 Millimetern zuführen.

Für die in Blüte stehende Soja genügt eine Dosis von 25 Millimetern.

Nicht zu vergessen die Unterstützung, welche die Landwirtschaft durch die unfehlbaren Blicke der Satelliten erfährt. Das System *Farmstar* informiert den Bauern über die Bedürfnisse seiner heranwachsenden Saaten. Offenbar kann man vom Himmel aus sehen, ob einem Feld Stickstoff fehlt …

Bald wird auch der Befehl zum Gießen vom Himmel kommen. Ob der Regen sich darüber empören wird? Wer kann wissen, wo sich die Eifersucht einnisten wird.

So verläuft das Leben von Bernard Pujol, dem Bewässerer.

Wir gestehen es: Vor diesen Nachforschungen blickte der Meermensch, der ich bin, mit einiger Verachtung auf die Bodenleute herab. Ich glaubte, sie lebten auf ihrem festen Land im Windschatten, Gefangene einer ewigen Routine.

Ich hatte nicht ermessen, dass ein Bauer, auch er, steuern, das heißt lavieren muss. Zwischen Überschwemmungen und Trockenheit. Zwischen Einbrüchen der Kurse an den Märkten und deren plötzlichem

Wiederanstieg. Zwischen versprochener politischer Unterstützung und deren unvorhergesehenem Ausbleiben. Auch er muss die Wellen eine nach der anderen überwinden: die Reformen der europäischen Landwirtschaftspolitik, die Umweltnormen, den Klimawandel …

Ständig passt er sich an. Er macht weiter. Ein Glück für uns. Ohne diese Hartnäckigkeit wären unsere Teller leer.

Wasserbedarf[26]

1. Lasst uns nicht den Soldaten Mais beschuldigen!

Da das Wasser in bestimmten Regionen immer rarer wird, ist es nur konsequent, seine maximale Effizienz zu erforschen. Erster Schritt: Welche Pflanzen sind am gierigsten nach Wasser?

Man kann die Wassereffizienz, das heißt die durchschnittliche Wassermenge (in Litern), berechnen, die man braucht, um ein Kilo Trockenmasse (Stroh und Korn) zu erhalten.

Natürlich hängt die so errechnete Effizienz von der jeweiligen Beschaffenheit des Bodens und des Klimas ab.

In den gemäßigten Zonen kommt man zu folgenden Durchschnittswerten:

Anbauart	*Wassermenge in Litern*
Silomais	238
Sonnenblumen	350
Körnermais	454
Gerste	524
Kartoffeln	590
Weizen	590
Soja	900
Trockenreis	1600
Wasserreis	5000
Baumwolle	5263

Diese Untersuchungen erlauben insbesondere, den Mais ein wenig zu rehabilitieren. Armer Mais! Man macht ihn häufig für das Austrocknen unserer Flüsse und unserer Grundwasserreserven verantwortlich. Ist es seine Schuld, dass er vor allem im Sommer Wasser braucht, wenn die Städter, diese «Naturliebhaber», sich auf dem Land aufhalten? Es stimmt, dass die Bauern ihn lange Zeit wie wild gegossen haben. Es stimmt, dass er häufig großzügig subventioniert worden ist. Aber er hat unsere Felder auch wegen seines Nährwerts erobert und, entgegen der herrschenden Meinung, wegen seines eher schwachen Wasserbedarfs …

2. *Von Kamel-Pflanzen träumen*

Wird es uns eines Tages gelingen, Nährpflanzen zu schaffen, die kein Wasser brauchen?

Das Pflanzenwachstum hängt von der Photosynthese ab. Dieser Mechanismus impliziert zwei Austauschvorgänge:

- «Wasser gegen Kohlenstoff»: Die Pflanze nimmt über die Poren ihrer Blätter Kohlendioxyd auf und gibt durch Transpiration Wasser ab;
- «Wasser gegen Wärme»: Die Transpiration weist die Sonnenenergie ab, die auf die Blätter fällt.

Wenn die Pflanze weniger Wasser aufnimmt, schwitzt sie weniger. Sie mobilisiert also weniger Kohlenstoff, und die Erträge werden geringer. Außerdem gibt sie weniger von der Energie ab, welche die Blätter erhalten. Diese erwärmen sich: thermischer Stress. Die agronomische Forschung, die Genetik mitinbegriffen, mag noch so große Fortschritte machen, man wird die Pflanzen nie ohne Wasser wachsen lassen können.

3. *Wie die Anfälligkeit der Pflanzen gegen Wassermangel verringern?*

Man wird in den regenreichen, weniger warmen Perioden anbauen, indem man, wenn nötig, den Produktionszyklus verkürzt. Dabei gibt man die Hoffnung auf einen maximalen Ertrag auf, reduziert jedoch das Risiko. Die Wahl von Winterweizen entspricht dieser Strategie.

Man kann auf die Pflanze einwirken, damit sie, ungünstigen Bedingungen ausgesetzt, keinen zu gewaltigen Wasserstress erleidet. Das heißt:

- dass man das Wachstum der Blätter oder der Fortpflanzungsorgane aufhält, mit der Folge eines Rückgangs der Erträge;
- dass man die Wurzeln entwickelt, eine wirkungsvolle Strategie, wenn eine unterirdische Wasserquelle zur Verfügung steht.

Man kann sich auch dafür entscheiden, den Wachstumsprozess nicht zu beeinflussen, trotz Wassermangels. Eine riskante Strategie: Möglicherweise rettet man damit die Erträge, möglicherweise verliert man aber auch seine ganze Produktion.

Schließlich kann man versuchen, die Wassereffizienz zu steigern. Für Mais und Sorgho, die schon gute Schüler in diesem Feld sind, gibt es kaum Möglichkeiten zur Einsparung. Für die anderen Anbausorten sind große Fortschritte denkbar.

4. Was ist von der Genetik zu erwarten?

Schon in den letzten fünfzig Jahren hat die «klassische» Züchtung bestimmter Sorten ohne Einsatz von Biotechnologie erlaubt, eine erhöhte Produktion unter Wasserstressbedingungen zu erreichen. Möglicherweise sind jedoch die Eigenschaften, die man am leichtesten verbessern kann, schon weitgehend ausgereizt. Forschungsinstitute und private Firmen wenden sich daher Strategien zu, welche die Genetik ins Spiel bringen.

Die gegenwärtigen Erfolge betreffen vor allem den Weizen. Australien meldet Produktionszugewinne von über zehn Prozent unter Bedingungen größter Trockenheit (Niederschläge unter 250 Millimeter im Jahr).

In Mexiko soll ein Mais gezüchtet worden sein, der den Wasserstress sehr gut erträgt: Erhöhung der Erträge auf das Zwei- bis Dreifache!

Andere Schritte sind möglich. Zum Beispiel der Versuch, das Wachstum während der Trockenzeiten zu kontrollieren, indem man die für die Produktion wesentlichen Organe begünstigt. Zwei Länder sind hier Vorreiter: Israel (Universität von Haifa) und Südafrika (Universität von Kapstadt). Die Chinesen stehen ihnen nicht nach. Sie haben gerade einen Vertrag mit der Schweizer Firma Syngenta unterzeichnet, um eine breite Palette genetisch veränderter Landwirtschaftsprodukte zu entwickeln (Mais, Soja, Weizen, Zuckerrüben und Zuckerrohr).

Machen wir uns abschließend keine zu großen Hoffnungen.

Es zeichnet sich keine Wunderlösung ab. Denn die Anpassung der Pflanzen an den Wassermangel prallt auf gegensätzliche Anliegen: Will man sich gegen das Risiko absichern oder will man die Produktivität garantieren? Die genetischen Fortschritte werden nicht zu einer reichen Produktion in Trockenzeiten führen, aber zu einer Optimierung der Nutzung des Wassers, um die Erträge bei gleichzeitiger Reduzierung der Wasserzufuhr zu erhalten. Bald wird der Landwirt, die ganze Saison über, die Entwicklung seiner Pflanzen entsprechend den Wasserreserven regulieren können.

Es liegt mir fern, die Wissenschaft zu verachten! Aber auf diesem Feld müssen wir den Nutzen der Biotechnologie relativieren. Das ist auch die Meinung der meisten Forscher, vor allem derjenigen des Institut national de la recherche agronomique.[27] *Der größte Teil des Wassers geht verloren, ehe es zur Pflanze gelangt.*

Lassen Sie uns, anstatt vergeblich auf die eine Wunderlösung zu warten, mit demselben Elan alle Wege erforschen. Die Wahl des Anbausystems bleibt von grundlegender Bedeutung (Winteranbau, kurzfristiger Wechsel der Anbauarten) und muss dem Zustand des Wasserhaushalts entsprechen. Außerdem wird man die Bewässerungstechniken weiterentwickeln und es ermöglichen, dass die Dosen und der Rhythmus der Wasserzufuhr immer genauer angepasst werden können.

China ‹en miniature›

Es war einmal eine Region, einst ein Herzogtum, am Westende Europas, eine Region, die an drei Seiten vom Meer umgeben war. Dieser Teil der Welt war immer arm gewesen. Das war er auch noch in den Tagen nach dem Zweiten Weltkrieg, als ich geboren wurde. Ich fuhr immer wieder dorthin, aber ich war zu jung, um es zu sehen. Was ich über diese Armut weiß, hat man mir später erzählt. Lehmböden statt Parkett, Holzpantinen statt Schuhen. Die Höfe hatten häufig nur zwei Räume, einer davon fürs Vieh. Und als Toilette im Hof: ein Loch. Kein fließend Wasser, kaum Elektrizität. Ein aus dem Mittelalter angelandeter Besucher hätte sich zu Hause gefühlt. Eine Generation, kaum 25 Jahre später, Wechsel der Szenerie: Häuser, nicht immer hübsch, aber herausgeputzt; Maschinen für alles: fürs Kochen, fürs Waschen, fürs Einfrieren; ein Fernseher, ein oder zwei Autos ... Die Kinder auf der Universität.

Das ist die jüngste Geschichte der Bretagne.

Die Geschichte einer beschleunigten Entwicklung.

Jeder Erfolg hat einen Preis, häufig sogar mehrere. Die Bretagne hat zweimal bezahlt. Zunächst mit ihrer Person, indem sie unvorstellbar hart arbeitete. Dann, indem sie ihr Wasser verschmutzte.

Als Motor des Wachstums hatte man ihr «grünes Öl» gewählt, die Landwirtschaft. Welche andere Strategie hätte es gegeben? Aber die Höfe waren klein. Es gab keinen Boden, man machte es ohne. Man begann, Schweine und Geflügel zu züchten. Ohne Boden.

Die Bretagne zählt 3 Millionen Menschen. Dazu weitere 3 Millionen Rinder. Und 14 Millionen Schweine. Und 400 Millionen Hühner. Und alle diese Tiere pissen und scheißen so viel wie 45 Millionen Menschen!

Während die andere Hälfte der Landwirtschaft, die Pflanzenanbau betreibt, Herbizide und Pestizide benutzt – nicht mehr als anderswo, aber auch nicht weniger. In den 1960er und 1970er Jahren, als diese Produkte fast nichts kosteten, schütteten die Bauern Tonnen über Tonnen auf ihre Felder. Umso mehr, weil sie nicht wussten, was ihre Pflanzen wirklich brauchten.

Ergebnis: Die Flüsse wurden verunreinigt.

Ergebnis des Ergebnisses: Die Küsten, an denen diese Flüsse münden, sind mitbetroffen. Algen überschwemmen und verpesten die Strände.

Die Bretagne pflegt eine Partnerschaft mit der chinesischen Provinz Shandong, die sich von der gleichen Algeninvasion bedroht sieht. Als sich einen Monat vor Beginn der Olympischen Spiele die Bucht von Quingdao, die für die Regatten vorgesehen war, grün verfärbte, als die Wasserfläche plötzlich zur Wiese wurde, steuerten die Experten von Saint-Brieuc und Plestin-les-Grèves ihre ernüchternde Sachkenntnis bei. Wenn die Algen erst einmal da sind, gibt es nur eine Lösung: sie abzumähen. Das taten die Chinesen. Jeden Morgen wurden tausend Schiffe für diese neuartige Ernte abkommandiert.

Noch schlimmer ist: Bestimmte Arten erzeugen bei der Vermehrung Gifte, die manchmal Miesmuscheln, Austern und andere Muschelarten ungenießbar machen. Deshalb dienen diese kleinen schmackhaften Tiere als Wachposten: Ihr Gesundheitszustand spiegelt zuverlässig den Zustand der Umwelt wider.

Die Bretagne hat keine Chance: Ihre Geologie verzeiht nichts. Die Gegend ruht auf einem Granitplateau auf. Daher dringt das Wasser nicht in den Boden ein, es sammelt sich nicht als Grundwasser, es nimmt sich nicht die nötige Zeit, um sich zu reinigen – es fließt ab. Die Natur weist das Wasser ab, ohne es aufzubereiten.

Kurz, seit Anfang der 1980er Jahre Großalarm: Manche Fassungen müssen geschlossen werden, die Flüsse enthalten so viel Nitrate, dass man kein Trinkwasser mehr daraus entnehmen kann. Der Ton der Diskussionen wird schärfer. Die Verteidiger der Umwelt, die immer zahlreicher werden, verschaffen sich Gehör. Es bilden sich Vereinigungen, vor allem *Eaux et Rivières*. Anfangs wollen sie nur das Verschwinden der Lachse verhindern. Dann dehnen sie ihre Aktionen aus, und ihre Kompetenz wächst. Rasch erbringen sie den Beweis gegenseitiger Abhängigkeit, tatsächlicher Solidarität. Land und Küstengebiete führen denselben Krieg. «Indem wir unsere Forellen schützen, retten wir eure Austern.»

Anstatt Prioritäten zu setzen – wozu sie eigentlich da sind –, lavieren die Repräsentanten des Staats um die Wette und führen Schattenkämpfe. Unbequeme Entscheidungen sind zu treffen, aber sie schieben sie auf die lange Bank. Ein Gruß an Claude Guéant, er stellt eine Ausnahme dar: Als Präfekt der Region bringt er die betroffenen Sektoren an einen Tisch und sagt ihnen die Wahrheit, dass nämlich die Bretagne ihren Wachstumsmodus ändern muss.

Um sich zu verteidigen, machen die Landwirte andere Umweltbelastungen als die ihren verantwortlich: die Klimaerwärmung und die Abwässer der Bevölkerung, die sich entlang den Küsten immer dichter ansiedelt ...

Ein wissenschaftlicher Umweltrat wird gebildet. Die große Kompetenz seiner Mitglieder und insbesondere seines Präsidenten, im Augenblick Professor Pierre Aurousseau, garantieren die Legitimität seiner Beobachtungen und die allgemeine Akzeptanz seiner Diagnosen. Diesem Umweltrat zufolge scheint die Lage im Moment stabil zu sein. Selbst wenn einige Flussbecken weiterhin stark belastet sind, vor allem die von Horn und Guillec (Finistère Nord), schreitet die durchschnittliche Verschmutzung wenigstens nicht fort.

Das bedeutet jedoch, dass noch ein langer Weg zurückzulegen ist, bis die «gute Qualität des Wassers» erreicht sein wird, die die EU-Richtlinien für ... morgen (2015) anvisieren.

Jeder weiß, dass dieses Ziel ohne eine radikale Änderung der Anbaupraktiken nicht erreicht werden kann. Zumal die Region ein Opfer ihres Erfolgs ist: 25 000 zusätzliche Personen entschließen sich jedes Jahr, sich hier niederzulassen. Der Druck auf Grund und Boden erhöht sich. Die neuen Bewohner brauchen Platz: Dadurch gehen jeden Tag zehn Hektar für die Produktion verloren.

Außer an den Küsten siedeln sich die Neu-Bretonen in den großen Städten an. Diese wurden einst auf den fruchtbarsten Böden gebaut. Sodass man vornehmlich die besten Felder zubetoniert und mit Asphalt versiegelt.

In Pontrieux und in Châteaulin ist die Schlammschicht mehr als zwanzig Meter dick, ohne jeden Stein. Ebenso in der Umgebung von Rennes. Die Bauern sehen deshalb nicht ohne Wut, wie sich Ikea fünfzehn Kilometer weit entfernt, in Pacé, niederlässt. Sie haben nichts gegen die Schweden oder gegen ihre Holzmöbel. Sie trauern den gut zehn verlorenen Hektar Land nach, die zu den fruchtbarsten Europas zählen.

Wer wird die notwendigen Reformen durchführen können?

Der Staat? Er hat ohnehin zu viel zu tun. Ihm fehlen die finanziellen Mittel: Die meisten Kontrollen werden von Praktikanten durchgeführt.

Die Wasserregulierungsbehörde? Orléans ist ziemlich weit von Rennes entfernt, und die Logik eines großen Flusses (der Loire) hat nur wenig mit der kleiner Küstenflüsse zu tun.

Deshalb beansprucht die Region Bretagne die volle Verantwortung. Nicht ohne Grund glaubt sie, den widerstreitenden lokalen Interessen am nächsten zu stehen und gleichzeitig am besten imstande zu sein, Solidaritätsgefühle zu wecken.

Bei den allgemeinen Umwälzungen im Zuge der Globalisierung scheinen die Regionen häufig die *nachhaltigsten* Handlungsräume zu sein.

Lange mit Verachtung als eine zurückgebliebene Provinz, als ein fossiles Relikt verschwundener Epochen betrachtet, verkörpert die Bretagne heute in vieler Hinsicht die moderne Welt. Im Grunde ist sie, auf der anderen Seite des Planeten, ein China *en miniature*, das mit ähnlichen Sorgen konfrontiert wird, auch wenn die Anzahl der betroffenen Menschen und Produkte nicht vergleichbar ist: Wie soll man die lebenserhaltende Notwendigkeit, seine wirtschaftliche Entwicklung weiter voranzutreiben, immer einschneidendere Maßnahmen zum Schutz der Umwelt und einen an den Küsten konzentrierten demografischen Druck miteinander vereinbaren?

Fügen wir diesem Rätsel eine harte Nuss hinzu: Angenommen – Befehl der Welthandelsorganisation –, man müsse seine Grenzen weit öffnen, wie dann der Konkurrenz von Ländern wie Brasilien standhalten, denen keinerlei ökologische Bedenken zu schaffen machen? Verdient die Natur dort unten weniger Respekt als hier? Eine merkwürdige Art, sich die Globalisierung vorzustellen! Die bevorstehende völlige Zerstörung des Amazonaswaldes wird uns bald – reichlich spät! – die klimatische Solidarität auf dem Planeten vor Augen führen.

Wenn es der Bretagne gelänge, mehr und mehr, billiger und billiger, auf einem immer stärker urbanisierten, infolgedessen immer begrenzteren Territorium zu produzieren, ohne das geringste schädliche Molekül in den Ozean auszuscheiden, wobei sie sich von einem zu granithaltigen Untergrund keinerlei Hilfe bei der Reinigung erwarten kann, dann würde es die Menschheit ihr danken: Sie hätte den Stein der Weisen gefunden, eine Möglichkeit, in der Welt von morgen zu überleben.

Es reicht, das Wasser zu betrachten, den ersten aller Spiegel. Es wirft uns unsere Widersprüche ins Gesicht zurück. Widersprüche, die die Knappheit der Rohstoffe, schneller als man denkt, auflösen könnte: Ein Kilo Stickstoff ist schon zwei Euro wert. Die Zeit der Verschwendung ist vorbei. Es beginnt die Zeit der Sparsamkeit. Aufgrund der ständig wachsenden Nachfrage der Schwellenländer (China, Brasilien, Argentinien) werden die Düngemittel immer knapper. Wie ohne Düngemittel ausreichende Erträge sichern, um die Weltbevölkerung zu ernähren?

XV. Die Logik des Sushis

Nehmen wir ein Sushi, jenes kleine rohe Stück Fisch, für das vor allem die Japaner schwärmen. Auf den ersten Blick werden die Süßwasserreserven des Planeten von der Produktion keines anderen Nahrungsmittels so wenig beeinträchtigt, denn Thunfische, Wolfsbarsche und Makrelen leben, wie jeder weiß, im Meer.

Tatsächlich kommen diese Fische zum größten Teil aus riesigen Schleppnetzen, die von ultramodernen japanischen Schiffen gezogen werden. Wie sollen jedoch kleine, lokale Fischer, zum Beispiel in Mauretanien, einer solchen Konkurrenz standhalten? Sie sind gezwungen, ihren Beruf zu wechseln. Die Fischmarktstände leeren sich. Und um den Proteinmangel auszugleichen, isst die Bevölkerung mehr Ziegen und mehr Kühe, die ihrerseits Wasser (Süßwasser) zum Leben brauchen.

Armes, unschuldiges Sushi! Wie soll es auf die Idee kommen, dass es, wenn es sich einigen Gourmets von Yokohama als Köstlichkeit anbietet, Schritt für Schritt und Stück für Stück zur Austrocknung afrikanischen Grundwassers beiträgt?

Man stelle sich die Verblüffung und das Unbehagen der anlässlich eines Kolloquiums in Tokio versammelten japanischen Umweltforscher vor, als ihnen Daniel Renault lächelnd und mit sanfter Stimme diese animalo-planetarische Geschichte erzählte.

Zumal dieser Franzose nicht einfach irgendwer ist, sondern ein anerkannter Agronom, Direktor für Bewässerungssysteme in der Abteilung Böden und Wasser der FAO (der Organisation der Vereinten Nationen für Ernährung und Landwirtschaft).

Das *virtuelle Wasser* ist die Wassermenge, die zur Produktion der Konsumgüter gebraucht wird. Überlegungen auf dem Hintergrund dieses Begriffs erschüttern Ihre Sicht von der Welt. Sie glauben, Marokko verkaufe Europa Tomaten? Es scheint nur so, denn das scherifische Königreich exportiert vor allem Wasser. Wenn ein Lastwagen mit zwanzig Tonnen Tomaten an Bord Tanger in Richtung Spanien verlässt, muss man im Auge haben, dass ihn mindestens hundert andere Lastwagen begleiten, hundert Tankwagen, jeder beladen mit zwanzig Kubikmetern Wasser, den zweitausend Kubikmetern, die diese Tomaten brauchten (die Rechnung ist einfach: Um aus einem Hektar 45 Tonnen Tomaten zu gewinnen, müssen der Erde 4500 Kubikmeter Wasser zugeführt werden).

Ein paar Zahlen geben einen Eindruck von diesen Äquivalenzen:

Die Produktion von 1 kg	*verbraucht ein Wasservolumen von*
Milch	790 Litern
Getreide	1160 Litern
Reis	1400 Litern
Schwein	4600 Litern
Rind	13 500 Litern

Ein Bewohner der Vereinigten Staaten mit einer fleischreichen Ernährung verbraucht täglich 5400 Liter virtuelles Wasser, während ein Vegetarier nur 2600 braucht. Das bedeutet, dass die Erhöhung des Lebensstandards die Nachfrage nach Wasser erhöhen wird. Wenn eine Bevölkerung nicht mehr nur Reis, sondern auch Fleisch isst, verzehnfacht sie ihren Wasserbedarf (Minimum).

Die Berücksichtigung des virtuellen Wassers könnte (müsste?) den Welthandel lenken. Warum zum Beispiel exportiert man Fleisch, wenn man kein Wasser hat? Verschiedene Institutionen, wie der Weltwasserrat, berechnen die Ströme des virtuellen Wassers. Man sieht, dass Amerika, Australien und Südostasien eindeutig Exporteure sind. Die anderen Teile des Planeten importieren.

Wird sich die Richtung dieser Bewegungen nicht ändern müssen, um den klimatischen Entwicklungen Rechnung zu tragen? Wird man weiterhin hemmungslos das virtuelle Wasser der Tomaten exportieren können, wenn sich in bestimmten Regionen, zum Beispiel im Maghreb, wie vorhersehbar das Defizit der Niederschlagsmenge vergrößert?

Das Wasser ist eine lokale Ressource, und es wird nie einen Weltwassermarkt geben! Aber die Logik des Sushis erlaubt, die Perspektiven zu erweitern, ja sogar zu globalisieren.

Einmal mehr kommt uns das Virtuelle zu Hilfe, um die Realität zu erklären.

Schlussbetrachtung

Von all den Reisen, den nahen und fernen,
von allen Dingen, die ich gesehen habe, und allen Menschen, denen ich begegnet bin,
von all den Besichtigungen von Fabriken und Staudämmen mit dem Schutzhelm auf dem Kopf,
von all den Spaziergängen entlang kleiner und großer Kanäle,
von all den Wolken, die ich, eine nach der anderen, kennengelernt, und all den Regengüssen, die ich beobachtet habe,
von all den Lektionen, die ich in Büchern gelesen oder mit lebhaften Stimmen von Wissenschaftlern, Vereinsmitgliedern, Politikern, Industriellen, Fischern und Bauern erhalten habe,
von all den vernommenen Berichten, von aller Verzweiflung, von aller Wut, von aller Resignation, die mir begegnet sind,
von all den Notizen, die ich an den vier Enden der Welt bei unterschiedlichstem Tages- und Nachtlicht auf dem unterschiedlichsten Papier gemacht habe,
was bleibt mir davon nach zwei vollen Jahren des Nachforschens?
Eine intimere und am Ende sehr beunruhigende Kenntnis des Planeten.

Und sieben Überzeugungen:

1. *Am Anfang aller Humanität steht das Wasser.* Am Anfang aller Würde, aller Gesundheit, aller Bildung, aller Entwicklung. In der Abfolge der Prioritäten steht der Zugang zum Wasser an erster Stelle. Und der Zugang zum Wasser ist nichts, wenn er nicht mit einem Entsorgungsnetz verbunden ist. Keine Tatenlosigkeit ist unentschuldbarer als die Unfähigkeit der internationalen Gemeinschaft und die Gleichgültigkeit der Regierungen in diesem Bereich. Die im September 2000 von 189 Ländern proklamierten Ziele des Millenniums waren bescheiden: Bis 2015

sollte die Zahl der Menschen, die keinen Zugang zum Wasser und zur Kanalisation haben, halbiert werden. Jeder weiß, dass das Ziel nicht erreicht werden wird. Weniger als fünf Prozent der Entwicklungshilfe der Geberländer sind dafür bestimmt. Warum dieses mangelnde Interesse? Warum gehen Aktionen in anderen Bereichen immer vor? Wieso begreift man nicht, dass sich eine alptraumhafte Zukunft vorbereitet, wenn das Bewusstsein dem Problem hinterherhinkt? Wo wird man das zusätzlich erforderliche Wasser für die Landwirtschaft der Zukunft finden, die 9 Milliarden Menschen zu ernähren hat?

In welchen riesigen Kloaken werden wir leben, wenn sich die Zahl der Städter verdoppelt, ohne dass die Entsorgung ausgebaut wird?

2. Das Wasser gibt uns die Natur. *Die beste Art und Weise, den Erhalt dieser Ressource zu garantieren, ist also, das natürliche Milieu zu erhalten.* Und diejenigen, denen es gleichgültig ist, wenn sie es verunreinigen, weil es Techniken zur Schadstoffentfernung gibt, sind kostspielige, ja noch schlimmer, verantwortungslose Leute.

Aber wenige Menschen wohnen in der Nähe einer sauberen Quelle, und die Regenfälle, die so folgsam sind, dass sie zur gewünschten Stunde an den gewollten Orten in ausreichender Menge niedergehen, sind selten. Auch verschärft die Konzentration der Bevölkerung in riesigen Städten das Versorgungsproblem: Mehr und mehr Menschen werden fern natürlicher Quellen leben. Das Wasser ist also immer seltener ein *Geschenk* der Natur. Es ist fast immer ein hergestelltes *Produkt* (Aufbereitung) und gleichzeitig eine *Dienstleistung* (Verteilung).

Die Produktion und die Dienstleistung verursachen Kosten.

Ein Gut, das Kosten verursacht, kann nicht umsonst zur Verfügung gestellt werden. Aber bei der Bedeutung, die dem Wasser zukommt, ist es zwangsläufig eine Ressource, die geteilt werden muss, ein *gemeinschaftliches* Gut.

3. Alles Wasser ist an *Orte* gebunden.

Denn das Wasser ist sehr ungleichmäßig über unseren Planeten verteilt.

Und da das Wasser schwer und empfindlich ist, existiert kein Weltmarkt dafür. Daher ist jede Antwort auf den Bedarf von Wasser zwangsläufig lokal. Infolgedessen gibt es keine technische Lösung, die überall anwendbar wäre. Es gibt sowohl schlechte wie vorzügliche Staudämme. Wenn die Entsalzung des Meerwassers an einem Ort das Ökosystem bedroht, wird diese Maßnahme an einem anderen Ort risikolos sein und unersetzliche Dienste leisten. Alles hängt immer von den geografischen Gegebenheiten ab. Ein weltweiter Fortschritt kann nur aus der Addition lokaler Fortschritte hervorgehen. Es mag für die Erziehung nützlich sein, den sparsamen Umgang mit Wasser zu lehren, aber ein geringerer Wasserverbrauch in Kanada wird dem Maghreb nicht im Geringsten helfen.

Die allgemeine Wasserkrise wird nicht stattfinden. Die Klimaerwärmung wird eher *eine Zunahme der globalen Wassermenge* mit sich bringen, *bei gleichzeitiger dramatischer Verschärfung der regionalen Unterschiede.* Die lokalen Konflikte werden zunehmen und aufgrund des explosionsartigen Bevölkerungswachstums erbitterter werden. Wie wird man aus demselben Fluss Nil im Jahr 2025 120 Millionen Äthiopier, 70 Millionen Sudanesen, 150 Millionen Ägypter mit Wasser versorgen und gleichzeitig den Landwirten genug Wasser zur Verfügung stellen können, damit sie genug Pflanzen anbauen, um diese Zahl von Menschen zu ernähren?

4. Aufgrund seiner doppelten Bedeutung, der wirklichen und der symbolischen, untersteht das Wasser, die Quelle des Lebens, der *politischen Verantwortung.*

Wenn einige öffentliche Organe (Staaten, Regionen, Städte) die Wasserwirtschaft Privatunternehmen übertragen, ist dies ihre Wahl.

Dass diese Verfahren *sehr viel* transparenter, korrekter und demokratischer werden müssen, ist offensichtlich.

Wer die Meinung vertritt, die öffentliche Regie sei entschieden besser als private Konzessionen, vergisst die Krankheiten, die alle Verwaltungen auf der Welt haben: die Überbesetzung, das Fehlen von Sanktionen, die Gefügigkeit gegenüber den Interventionen der Abgeordneten, die Rücksichtnahme auf Wahlen …

Wer die Meinung vertritt, man müsse dringend überall privatisieren, schenkt den Machenschaften der Unternehmen wenig Beachtung, deren

Motor und Pflicht darin besteht, Profite zu erzielen, mit der Konsequenz eines ständigen Drucks auf die Preise.

Was die Investitionen betrifft, könnte man der öffentlichen Regie den Vorzug geben. Normalerweise gehört es zu den Kompetenzen der öffentlichen Organe, die Uhren zu stellen, das heißt, Entscheidungen auf lange Sicht zu treffen. Die Wirklichkeit liefert viele Beispiele eines Verhaltens, das dieser Logik widerspricht. Wenn sich ein Privatunternehmen für dreißig Jahre vertraglich gebunden hat, dann ist es verpflichtet, die Netze zu unterhalten. Wenn ein Stadtrat das Ende seines Mandats herannahen sieht, ist die Versuchung groß, die Rechnungen auf Kosten der Installationen niedrig zu halten.

Diejenigen, die für die Abschaffung von Konzessionen und für eine überall und jederzeit *öffentliche* Wasserwirtschaft kämpfen, werden frohlocken: Nach einer großen Begeisterung in den 1990er Jahren ziehen sich die privaten Investoren zurück.[28] Das Kapital der multinationalen Konzerne fließt in andere, risikoärmere (und weniger lebensnotwendige) Bereiche. Muss man sich wirklich über diesen Schwund freuen, wo das Wasser und die Kanalisation so dringend Geldmittel, gleich aus welcher Quelle, brauchen?

Kurz, die Wunderlösung gibt es nicht. Die Bürgermeister müssen wählen. Und die Wähler haben diese Wahl, die so transparent wie möglich sein muss, zu bestätigen.

Zu lernen, das Wasser zu teilen, bedeutet zu lernen, zusammenzuleben. Ein Lernprozess, der umso wirkungsvoller ist, als man verpflichtet ist, zu Ergebnissen zu kommen. Keine Gruppe, fast kein Beruf, kann es sich leisten, ohne Wasser zu leben. Von den französischen Wasserregulierungsbehörden bis zu der Post-Apartheid-Rollenverteilung am Fluss Limpopo über die Assoziationen der Indianer in den Anden ist die Wasserwirtschaft ein Laboratorium, in dem sich Tag für Tag und Krise für Krise die Demokratie erfindet. Das ist vielleicht der Grund, weshalb die Wasserfrage nicht den Platz einnimmt, der ihr bei Licht besehen im Herzen der Gesellschaft gebührt: Das Wasser stört, denn das Wasser löst Diskussionen aus. Wie viele an den Schalthebeln der Macht lieben die Demokratie wirklich? Es ist so viel einfacher, allein und im Schutz der Dunkelheit zu entscheiden!

Aber eine gerechte Verteilung des Wassers hat eine unerlässliche Voraussetzung: Man muss den Verbrauch von jedem Einzelnen kennen. Wie soll man ohne diese Kenntnis zwischen den ebenso widersprüchlichen wie legitimen Bedürfnissen entscheiden? Diejenigen, die am heftigsten die Installation von Zählern ablehnen, sind die, die am schamlosesten von der Undurchsichtigkeit des Systems profitieren. Und nur die Naiven – ich möchte lieber sagen, die Dummen – glauben, dass die Ärmsten der Armen von dieser Anarchie profitieren.

5. *Zwei Schwächen sind von größtem Nachteil.* Zu viele Präsidenten, zu viele Minister und zu viele Bürgermeister machen sich in zweifacher Weise schuldig:

– indem sie das Sichtbare dem Unsichtbaren, die Lösungen, die ins Auge fallen (Installationen, die man in Anwesenheit der Presse einweihen kann), den Strategien der Einsparung und der Wiederverwertung vorziehen, die häufig wirkungsvoller und weniger teuer sind, die jedoch leider nicht fotografiert oder im Fernsehen gezeigt werden können;

– indem sie (wer wird es ihnen verübeln) das Wasser der Scheiße vorziehen. Mit anderen Worten, die Entsorgung vernachlässigen.

6. *Der Illusion der kostenlosen Verfügbarkeit ziehen wir die Verpflichtung zur Solidarität vor.*

Wenn das Wasser nicht unentgeltlich erhältlich ist, weil es Kosten verursacht, heißt das dann, dass die Ärmsten, die es nicht bezahlen können, keines bekommen?

Ich stelle mir das genaue Gegenteil vor. Das Minimum an Solidarität, das man von einer Kommune erwarten kann, ist, dass sie allen ermöglicht, die fünfzig Liter Wasser, die jeder für das tägliche Leben braucht, kostenlos zu erhalten.

Die Begründung für diese auf der Hand liegende Maßnahme scheint mir nicht der *Natur*charakter des Wassers zu sein, der sehr ungewiss ist, sondern die unlösbare Verbindung des Wassers mit dem *Leben.* Dieses Minimum nicht zuzugestehen, bedeutet über kurz oder lang zu töten.

7. Der Reisende, obwohl von Natur und aus moralischen Gründen Optimist, fühlt, von seiner Weltumrundung zurückgekehrt, eine andere Sor-

ge in sich aufsteigen. Umweltverschmutzung, Überproduktion, Erosion, Urbanisierung … Überall fehlen Anbauflächen, überall wird der Boden knapp.

Wo werden wir die Landwirtschaft entwickeln, die in der Lage sein wird, 9 Milliarden Menschen zu ernähren? Die globale Wasserkrise wird nicht stattfinden. Die Krise der Erde beginnt …

Anmerkungen

1 Ich fasse mich kurz und verkneife mir einige schöne wahre Geschichten und notwendige Einsichten. Wenn Sie mehr wissen und verstehen wollen, vertiefen Sie sich in das umfangreiche Werk: Ghislain de Marsily (Hg.), *Les Eaux continentales*, Paris 2006. 2009 ist vom selben Autor erschienen: *L'Eau, un trésor en partage.*

2 *L'Égypte et le Nil*, in: Marie-Agnès Bernadis und Anne Nesteroff (Hg.), *Le Grand Livre de l'eau*, Lyon 1995, S. 76.

3 1. Mose 1,1 (in der Übersetzung von Martin Luther).

4 Koran, 25. Sure (in der Übersetzung von Rudi Paret).

5 *La Naissance du monde*, Paris 1994, S. 339.

6 So erzählt der Schriftsteller Claude Mettra in *Le Grand Livre de l'eau* (s. Anm. 2), S. 23, die sehr berührende Legende der Schöpfungsgeschichte.

7 Geoffrey Blainey, *The Tyranny of Distance*, Melbourne 1966.

8 Siehe Erik Orsenna, *Weiße Plantagen. Eine Reise durch unsere globalisierte Welt*, München 2007.

9 Diejenigen, die mehr über dieses ungewöhnliche Tier erfahren wollen, werden mit Freude und Gewinn das Werk von Tim Flannery, *Country. A Continent, a Scientist and a Kangaroo*, Melbourne 2004, lesen. Diejenigen, die sich entschließen, sich professioneller damit zu befassen, kommen nicht um das Kompendium von Terry Dawson, *Biology of the Largest Marsupials*, Sydney 1995, herum.

10 Siehe Michèle Lavallée, *Actualités du choléra à l'aube du 3e millénaire*, in: *Développement et Santé*, 142, August 1999.

11 *Le Domaine de Lantillac*, 20, rue Rousselet, Paris VIIe. Sehr gute Küche aus dem Südwesten.

12 Gilles Saussier hat aus Bangladesch nicht nur ergreifende Fotos von diesen Menschen mitgebracht, er hat diesen auch zugehört: *Living in the Fringe*, Paris 1998.

13 Joseph de Reviers de Mauny, *Carnet de Chine. 1932, le voyage insensé du père Jo*, hg. von Christine Cornet und François Verdier, Arles 2004.

14 *L'Eau. Un éternel défi pour la Chine*, édition spéciale réalisée à l'occasion du Ve Congrès mondial de l'eau, Peking 2006.

15 Vgl. Patrick Wagnon, Yves Arnaud und Pierre Chevalier, *La source himalayenne se tarit*, in: *La Recherche*, Juli/August 2008.

16 Und vielen Dank an Bernard Pouyaud: Von ihm erhielt ich meinen ersten Gletscherunterricht. Ich mache Sie darauf aufmerksam, dass dieser große Ge-

lehrte gleichzeitig ein Filmemacher ist (*Chercheurs de climats*, unter der Regie von Patrice Desenne, 2007) und dank dieser Seitensprünge ein ausgezeichneter Angler mit künstlichen Fliegen.

17 François-René de Chateaubriand, *Mémoires d'outre-tombe*, hg. von Jean-Paul Clément, Bd. 1, Paris 1997, S. 1005.

18 Diese Zahl fordert natürlich zur Polemik heraus; aber niemand wagt zu behaupten, dass es sich um weniger als zwei Drittel handelt.

19 Es handelt sich um inszenierte Springfluten, durch Öffnen der Schleusentore.

20 Aus diesem Anlass hat der französische Conseil d'État zum ersten Mal, gestützt auf den Vertrag von Rom, den Begriff der «europäischen» Gemeinnützigkeit anerkannt. Das heißt, dass Franzosen von nun an enteignet werden können, um den Bau einer Anlage zu ermöglichen, die dazu bestimmt ist, Wasser zu den Spaniern zu bringen.

21 Liebe Leserin, lieber Leser, wenn Sie sich an dem so schönen und oh so nützlichen Ringen um den Tau beteiligen wollen, dann zögern Sie nicht, sich mit uns zusammenzutun. Unsere völlig friedliche, heitere und bildungsfreundliche Armee nennt sich OPUR. Unsere Generalsekretärin ist Iryna Mylynuk, eine ebenso schöne wie unermüdliche Ukrainerin (60, rue Emériau, 75015 Paris; opuricmcb.u-bordeaux.fr; www.opur.u-bordeaux.fr).

22 FARM bedeutet: Fondation pour l'agriculture et la ruralité dans le monde (www.fondation-farm.org).

23 Siehe den sehr nützlichen, weil sehr unbequemen Essay von Philippe Delmas, *Le bel Avenir de la guerre*, Paris 1995.

24 Unbedingt lesen: *L'Eau – Géopolitique, enjeux, stratégies*, Paris 2008. Der Verfasser, Franck Galland, Experte in der Materie, ist Sicherheitsdirektor bei Suez – Environnement und Präsident des Collège des operateurs d'installations vitales.

25 Centre technique interprofessionel des oléagineux métropolitains (das technische Zentrum für Forschung und Entwicklung der Ölsaatenproduktion in Frankreich).

26 Dank an François Tardieu, Forschungsdirektor am Institut national de la recherche agronomique, für alle seine Informationen. Zahlreiche Laboratorien dieses Instituts arbeiten in vorderster Front an diesen Fragen.

27 J. P. Amigues u. a., *Sécheresse et agriculture. Réduire la vulnérabilité de l'agriculture à un risque accru de manque d'eau*, Expertise collective scientifique, INRA, 2006.

28 Um des richtigen Maßstabs willen halten wir fest, dass die privaten Unternehmen nie mehr als sieben Prozent der Weltbevölkerung mit Wasser beliefert haben.

Literaturhinweise

Das Thema ist unerschöpflich.
Nichts ist leichter, als in der ständigen Flut der dem Wasser gewidmeten Bücher unterzugehen.
Unter den Tausenden von Seiten, die ich gelesen habe, empfehle ich Ihnen:

Sylvie Brunel, Nourrir le monde. Vaincre la faim, Paris 2009
Michel Camdessus u. a., Eau. Rapport du groupe de travail mondial sur le financement des infrastructures de l'eau, Paris 2004
Bernard Francou und Christian Vincent, Les Glaciers à l'épreuve du climat, Paris 2007
Franck Galland, L'Eau – Géopolitique, enjeux, stratégies, Paris 2008
Michel Griffon, Nourrir la planète, Paris 2006
Caroline Idoux, L'État de l'eau en France, Paris 2007
Yves Lacoste, L'Eau dans le monde, Paris 2008
Jean Margat und Vazken Andréassian, L'Eau, Paris 2008
Ghislain de Marsily (Hg.), Les Eaux continentales, Paris 2006
Ghislain de Marsily, L'Eau, un trésor en partage, Paris 2009
Fred Pearce, Wenn die Flüsse versiegen, München 2007

Wir erinnern außerdem an die ausgezeichnete Sondernummer der Monatszeitschrift *La Recherche*, Juli/August 2008, die dem Wasser gewidmet ist.

Danke!

Wissenschaftler, Diplomaten, Mediziner, Industrielle, Mitglieder verschiedener Organisationen, Aktivisten … Dutzende von Menschen haben mich belehrt, unterstützt, gewarnt, verwirrt, begleitet, beschimpft, gezwungen zu arbeiten, zu überarbeiten, zu präzisieren, zu kürzen, zu erweitern, immer wieder und immer wieder …

Ohne sie wäre dies Buch nie erschienen.

Allen sei Dank!

Besonders Pierre Léna, Bernard Pouyaud, Tobie und Nathalie Nathan, Philippe Delmas, Jean-Michel Casa, Jean-Paul Ghonheim, Sophie Lagnier, Jean-Marc Jahn, Samira Negrouche, Bouchra Ghiati, Marcel Kuper, Catherine Legna, Anne Le Strat, Claude Allègre, Anne de Bayser, Noël Mathieu, Ambroise Guellec, François Bordry, Laurence Beau, François Descoueyte, Danielle Fauque, Laurent Evrard, Gilles Huet, Pierre Aurousseau, Jean-Louis Blanc, Joël de Rosnay, Rémi Paul, Régis Calmels, Christine Cornet, Li Hao, Michel Rousseau, Huang Xia Jun, Caroline Puel, Yves und Runa Marre, Jean Romnicianu, Claire-Lise Chaignat, Christian Chatton, Xavier Beulin, Pierre Buhler, Yves Carmona, Stefano Farolfi, Pierre Chevallier, Amat Sall, Jean Labrousse, Pascal Briand, Sylvain Ballu, Daniel Beysens, Patrice Garin, Dinah Louda, Nicolas Fornage, Ylin Gu, Jean-Baptiste Cuisinier, Joël Calmettes, Magali Thevenon, Henri Tardieu, Hassane Kemmoun, Pierre-Cyril Caldera, Franck Galland, Gilles Marjolet, Véronique-Marie Juricic, François Tardieu, Jean-Luc Fauré-Tournaire, Guy Le Coz, Pierre Lorillou, Jean-Paul Simier, Jean-Yves Jamin, Serge Miquel, Stéphane Yrlès, André Merrien, Pierre Jouffret, Jacques Maroteix, Bernard Rousseau, Gérard Payen.

Nicht zu vergessen, versteht sich, das Team meiner teuren Stiftung FARM, an erster Stelle Bernard Bachelier und Billy Troy.

Dank der Übersetzerin

Für fachlichen Rat dankt die Übersetzerin Dr. Clara Sacré und Jean-Pierre Losser, Generaldirektor von Caléo, Guebwiller.

Kapitel im Internet

Zur freien Verfügung

Verfolgen Sie die Reise Erik Orsennas auf den Spuren des Wassers, indem Sie die Seiten aufrufen, die im Internet unter der Adresse www.erik-orsenna.com/blog in loser Folge erschienen sind.

I. Porträts des Wassers
1 Das Wasser ist ein Paar
2 Lavoisiers Aquädukt
3 Eine norwegische Legende
4 Hommage an Anna Politkovskaja

II. Australien
1 Die Aktion der nationalen Forschungsgemeinschaft (CSIRO)
2 Australien braucht Wahrheit
3 Der Weinberg von Clonakilla
4 Eine Hypothese über die Boshaftigkeit der Tiere
5 Lieder von der Trockenheit

III. Singapur
1 Der Kopf von Lee Kuan Yew

IV. Bangladesch
1 Es lebe die Konkurrenzfähigkeit Bangladeschs!

V. China
1 Landung in Peking
2 Verloren in Peking
3 Der Große Kanal

VI. Afrika
1 Casablanca
2 Wasserdilemmata
3 Das Wasser nach der Apartheid
4 Madagaskar: Warum haben die Einwohner von Tanambe kein Wasser mehr?
5 Tanambe, Fortsetzung

VII. Berlin
1 Den Fledermäusen sei Dank
2 In der Höhle

VIII. Frankreich
1 Es lebe der Regen!
2 Es leben die schiffbaren Wege!
3 Ein Feenvolk
4 Die Feen bei der Arbeit
5 Die europäische Fee
6 Die Neste
7 Michel Rocard